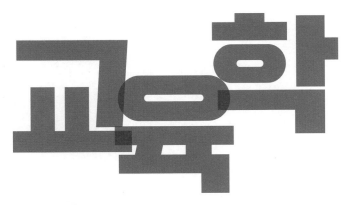

교육학

핵심주제 기본편

백개를

신과 함께

김 신 편저

· 최근 15년 9급 국가직 및 지방직 이론 분석
· 기출문제 257제 완벽 분석

https://**hmstory.kr**
gong.conects.com

KB213952

드리는 말씀

이 책의 페이지는 100페이지에 불과하나

그 내용은

2,500년간의 교육학

1,000권의 교육학 도서

2,000문제의 공무원 5급, 7급, 9급, 유ㆍ초등 및 중등 임용시험의 내용 중

정수 중에 정수만을 담아내려 노력하였습니다.

앞으로도 수험생 여러분들의

고득점을 위해

단기합격을 위해

백 가지 핵심주제만 선별하여 제공하겠습니다.

아리스토텔레스는 '훌륭한 사람이 훌륭한 행동을 하는 것이 아니다.

훌륭한 행동을 하는 사람이 훌륭한 사람이 된다.'고 하셨습니다.

지능이 뛰어난 사람이 합격하는 것이 아닙니다.

하루하루 단 1시간이라도 최선을 다하는 사람이 합격할 것입니다.

수험생 여러분의 그 1시간의 소중함을 알고 저 또한 최선을 다하겠습니다.

수험생 여러분의 합격을 기원합니다.

끝으로 이 책이 나오기까지 도움을 주신 출판사 대표님과 실장님 및 모든 분들께 감사의 마음을 전합니다.

- 김 신 올림 -

교재의 특징

1. 최근 15여 년 7·9급 국가직, 지방직 기출문제 완벽 분석

모든 시험에서 고득점을 달성하기 위해서는 기출문제에 대한 철저한 분석이 필요하며, 좋은 문제를 풀어보는 훈련이 필요합니다. 기출문제는 현존하는 가장 좋은 문제입니다.

본 교재는 7·9급 국가직, 지방직 기출문제를 완벽 분석하여 9급 국가직 및 지방직 공무원 교육학개론 시험에 대한 기출 경향을 철저하게 분석하였습니다.

2. 기본주제 100선

기본 백신 교재를 바탕으로 최근 15년간 기출문항의 주요 핵심내용과 심화내용을 엄선하여 고득점을 위한 필요한 내용만을 선정하였습니다. 교육학의 전체 내용은 방대하지만, 주요 내용을 심층적으로 학습할 필요가 있습니다. 교육학개론 과목 시험의 목적은 응시자가 교육행정 업무에 필요한 기본적인 역량을 가지고 있는지 물어보기 위함입니다.

3. 교재 이용 방법

1단계 : 역대 기출문제의 출제 경향을 통해 교육학 구조와 심층 내용 파악

2단계 : 출제 경향을 통한 핵심 및 심화 내용 학습

3단계 : 기출문제 풀이

4단계 : 필수 키워드 암기

일러두기

1.
주요 테마 확인 및 기출 빈도
분석으로 학습내용 구조 파악

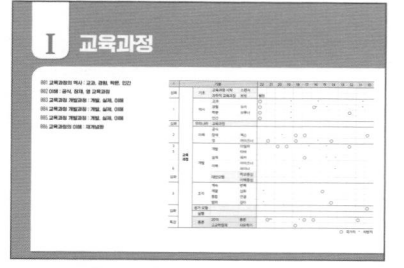

2.
내용 학습

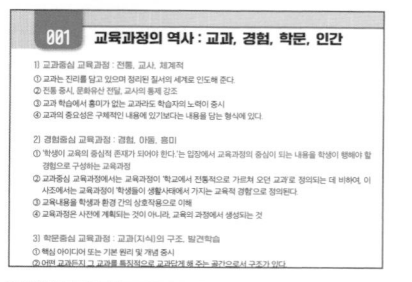

3.
수업 중 키워드 정리 및
문제해결 전략 수립

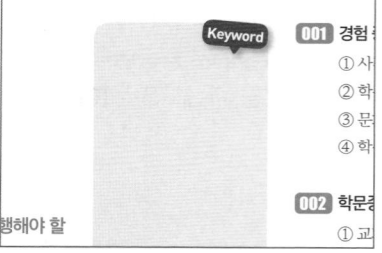

4.
기출문제 풀이

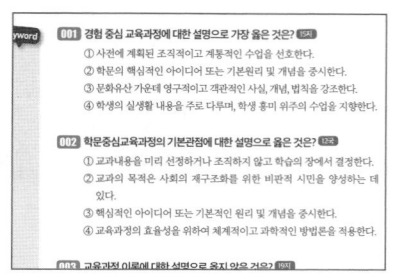

교육학 핵심주제 **백**개를 **신**과 함께

Contents

첫 걸음은 자신에 대한 존경으로부터

자신을 대단치 않은 인간이라 폄하지 마라. 그런 생각은 자신의 행동과 사고를 옭아매기 때문이다. 첫 걸음은 맨 먼저 자신을 존경하는 것부터 시작하라. 아직 아무것도 하지 않은 자신을, 아직 아무런 성공도 이루지 못한 자신을 인간으로서 존경하라. 자신을 존경할 줄 아는 자는 결코 악한 일을 행하지 않는다. 그리고 손가락질 당할 행동 따위도 하지 않는다. 그렇게 자신의 삶을 변화시키고 자신의 꿈에 차츰 다가가다 보면, 어느 사이에 남들의 본보기가 되는 인간으로 완성된다. 그리고 그것은 자신의 가능성을 열어 자신의 꿈을 이루는데 필요한 능력으로 탈바꿈 된다. 자신의 인생을 완성시키기 위해 가장 먼저 스스로를 존경하라.

니체(F. W. Nietzsche, 1844~1900)

I 교육과정

1	기본			22	21	20	19	18	17	16	15	14	13	12	11	10
심화	교육과정	기초	교육과정 시작	스펜서													
			과학적 교육과정	보빗	행정												
1		역사	교과		○				*		*						*
			경험	듀이	○				*		○*	*					*
			학문	브루너	○				*					○			
			인간		○				*								
심화		우리나라	교육과정														
2		이해	공식														
			잠재	잭슨			*	○	○							○	
			영	아이즈너	○			○		*		○					
3 5		개발	개발	타일러		○	○		*		*		○				
				타바													
			실제	워커					○			*	*				
6			이해	아이즈너													
				파이너					*				*				
심화			대안모형	학교중심													
				이해중심													
3		조직	계속	반복													
			계열	심화	*							○					
			통합	연결													
			범위	깊이	*								○				
심화		평가 모형															○
		실행															
특강		총론	2015	총론		○**				*	○	○			○		
			고교학점제	자유학기					○								

○ : 국가직 * : 지방직

001 교육과정의 역사 : 교과, 경험, 학문, 인간

1) 교과중심 교육과정 : 전통, 교사, 체계적
① 교과는 진리를 담고 있으며 정리된 질서의 세계로 인도해 준다.
② **전통 중시, 문화유산 전달, 교사의 통제 강조**
③ 교과 학습에서 흥미가 없는 교과라도 학습자의 노력이 중시
④ 교과의 중요성은 구체적인 내용에 있기보다는 내용을 담는 형식에 있다.

2) 경험중심 교육과정 : 경험, 아동, 흥미
① '학생이 교육의 중심적 존재가 되어야 한다.'는 입장에서 교육과정의 중심이 되는 내용을 학생이 행해야 할 **경험으로 구성하는 교육과정**
② 교과중심 교육과정에서는 교육과정이 '학교에서 전통적으로 가르쳐 오던 교과'로 정의되는 데 비하여, 이 사조에서는 교육과정이 '학생들이 생활사태에서 가지는 교육적 경험'으로 정의된다.
③ 교육내용을 학생과 환경 간의 상호작용으로 이해
④ 교육과정은 사전에 계획되는 것이 아니라, 교육의 과정에서 생성되는 것

3) 학문중심 교육과정 : 교과(지식)의 구조, 발견학습
① 핵심 아이디어 또는 기본 원리 및 개념 중시
② 어떤 교과든지 그 교과를 특징적으로 교과답게 해 주는 골간으로서 구조가 있다.
③ **교과의 구조란 각 교과가 모태로 삼고 있는 학문 분야의 기본적인 아이디어나 개념 및 원리**
④ 학문중심 교육과정에서는 지식의 탐구, 실험 등을 통해 학습자가 해당 교과의 구조에 통찰력을 갖도록 하기 위해서 능동적인 발견학습을 한다.

4) 인간중심(인본주의)교육과정 : 자아실현, 전인교육
① 인간중심 교육운동은 현대교육의 비인간성과 몰개성, 교과가 주인이 되는 것을 비판하면서 1960~70년대 등장하였다.
② **교육의 궁극적인 목표는 인간적 성장, 인격적 통합, 자율성 등의 이상을 추구하는 데 있다.**
③ 교육을 삶 그 자체로 간주하고 학생의 정서를 중시한다.

Keyword

001 경험 중심 교육과정에 대한 설명으로 가장 옳은 것은? 15지
① 사전에 계획된 조직적이고 계통적인 수업을 선호한다.
② 학문의 핵심적인 아이디어 또는 기본원리 및 개념을 중시한다.
③ 문화유산 가운데 영구적이고 객관적인 사실, 개념, 법칙을 강조한다.
④ 학생의 실생활 내용을 주로 다루며, 학생 흥미 위주의 수업을 지향한다.

002 학문중심교육과정의 기본관점에 대한 설명으로 옳은 것은? 12국
① 교과내용을 미리 선정하거나 조직하지 않고 학습의 장에서 결정한다.
② 교과의 목적은 사회의 재구조화를 위한 비판적 시민을 양성하는 데 있다.
③ 핵심적인 아이디어 또는 기본적인 원리 및 개념을 중시한다.
④ 교육과정의 효율성을 위하여 체계적이고 과학적인 방법론을 적용한다.

003 교육과정 이론에 대한 설명으로 옳지 않은 것은? 19지
① 학문중심 교육과정은 나선형 교육과정의 원리를 채택한다.
② 인간중심 교육과정은 정의적 특성의 발달보다는 지적 능력의 성취를 강조한다.
③ 경험중심 교육과정은 학습자의 삶과 관련이 있는 다양한 경험을 주된 교육내용으로 삼는다.
④ 교과중심 교육과정은 문화유산의 전달을 목적으로 하는 내용을 논리적으로 체계화하여 교과로 분류한다.

1) 공식적 교육과정(formal curriculum)

① 공적 문서 속에 기술되어 있는 교육계획으로서의 교육과정이다.

② 공식적 교육과정은 사전에 계획되고 실천 및 평가가 가능한 교육과정이다.

③ 교육과정의 가장 일반적인 모습이며 '교육과정은 교과목 혹은 해당 교과의 내용이다.'라는 정의와 잘 부합하는 교육과정이다.

2) 잠재적 교육과정(latent curriculum) : 잭슨(P. Jackson)

① 공식적 교육과정에서 의도하지 않았으나 학생들이 은연중에 배우게 되는 경험된 교육과정이다.

② 잠재적 교육과정은 공개적으로 가르치거나 다루어지지 않았지만, 수업 분위기, 학급문화, 학교의 관행 등으로 학생이 은연중에 배우거나 경험한 것들이다. (군집성, 상찬, 권력구조)

③ 학교가 의도하지 않았는데 학생의 학습경험이 생기는 것

④ **주로 정의적인 영역이나 학교풍토와 관련된다.**

⑤ 잠재적 교육과정은 사후적 개념이며 결코 사전적 개념이 아니다. 교육과정이나 수업 후 나타나서 사후에 확인이 가능하다. 그래서 아이즈너(E. Eisner)는 잠재적 교육과정을 '사후적 결과(expressive outcomes)'라고 표현하였다.

⑥ 사례 수업시간에 배운 한자를 30번씩 써 오라는 숙제 때문에 한문을 싫어하게 되었다.

3) 영(null) 교육과정 : 아이즈너(E. Eisner)

① **교육적 가치가 있음에도 불구하고 공식적 교육과정에서 배제된 교육과정**

② 'null'은 '없다'라는 의미이다. 따라서 영 교육과정은 '없는' 교육과정이다.

③ 당연히 발생해야 할 학습경험이 학교의 의도 때문에 일어나지 않은 것

④ 영 교육과정은 학교에서 공개적으로 가르치지 않거나 소홀히 다루어지는 교과지식, 사회양식, 가치, 태도, 행동양식 등을 일컫는다.

⑤ 사례 일본의 역사교과서에서 한국 침략 내용을 의도적으로 배제

```
━━ * 영 교육과정의 내용 선정기준 * ━━
  ① 그 내용이 목적 달성에 유용한 것
  ② 그 내용이 학습하는 학생들에게 그것이 의미가 있는 것
```

004 교실생활의 군집성, 상찬, 권력구조 등이 학생들의 행동과 학습결과에 미치는 영향을 설명하면서, 잠재적 교육과정의 개념을 제시한 인물은? 15국

① 잭슨(P. Jackson)

② 보빗(F. Bobbitt)

③ 프레리(P. Freire)

④ 위긴스(G. Wiggins)

005 아이즈너(E. W. Eisner)가 제시한 영교육과정(Null Curriculum)에 대한 설명으로 옳은 것은? 14국

① 공식적 교육과정에서 의도하지 않았으나 학생들이 은연중에 배우게 되는 경험된 교육과정이다.

② 교사가 교실에서 실제로 가르친 교육과정이다.

③ 교육적 가치가 있음에도 불구하고 공식적 교육과정에서 배제된 교육과정이다.

④ 공적 문서 속에 기술되어 있는 교육계획으로서의 교육과정이다.

1) 실제 중심 교육과정 개발틀 : 타일러(R. Tyler)

* 현재 실행 시 고려사항 5가지*
① 학습자 ② 현대사회 ③ 교과전문가 ④ 교육철학 ⑤ 교육심리
1. 교육목표 : 학습자가 성취해야 할 행동 그리고 내용 또는 영역이 담긴 표현
2. 학습경험 : 교육목표에 기초하여 그리고 학생경험 등을 선정·조직해야 한다.
  (1) 학습경험 선정 : 기회, 만족, 가능성, 일목표 다경험, 일경험 다성과, 타당성
  (2) 학습경험 조직 : 계속성, 계열성, 통합성
3. 평가

2) 학습경험 선정
① 기회의 원리 : 교육목표를 달성하기 위한 학습경험이 제공되도록 선정(2019기출)
② 만족의 원리 : 학습자의 흥미, 필요와 합치되는지를 선정(2019기출)
③ 학습가능성의 원리 : 학습자의 발달단계에 맞는 경험 선정
④ 일목표 다경험의 원리 : 다양한 학습경험으로 교육목표를 달성할 수 있도록 함
⑤ 일경험 다성과의 원리 : 하나의 학습경험을 통해서 여러 가지 결과를 가져올 수 있도록 계획
⑥ 타당성의 원리 : 교육내용이 교육목표 달성에 도움이 되도록 선정

3) 학습경험 조직
① 계속성(continuity) : 주요 교육과정 요소들을 수직적으로 반복하는 것. 동일 내용이나 영역을 수준을 높이면서 더 심화시킬 수 있도록 학습을 조직하는 것이다.
② 계열성(sequence) : 각각의 학습경험을 순차적으로 제시하되, 폭과 깊이가 더 심화되도록 조직. 이전에 배운 것을 기초로 하여 다음 내용을 전개하는 것으로 단순한 학습에서 복잡한 학습으로 점진적으로 조직하는 것이다.
③ 통합성(integration) : 교육과정의 여러 요소 혹은 학습경험이 서로 연결되고 통합되어 의미 있는 학습이 이루어지도록 조직하는 것이다. 이때 학습자의 횡적 관계와 수평적 내용의 관계를 강조하며, 교과목들이 상호 연관성을 갖도록 조직한다.
[예] 수학, 사회 교과를 통해 사회현상을 수치화, 과학 교과 등에 적용한다.

006 타일러(Tyler)가 제시한 학습경험을 효과적으로 조직하는 원리에 해당하지 않는 것은? 20논술
① 범위 ② 계속성 ③ 계열성 ④ 통합성

007 다음 각 교육내용의 관련성을 강조한 교육과정 조직의 원리는? 05중등
① 계열성의 원리 ② 유용성의 원리 ③ 계속성의 원리 ④ 통합성의 원리

008 다음 설명에 해당하는 교육과정 조직의 원리는? 15중
• 교육과정 내용의 제시되는 시간적 순서를 의미
• 단순한 내용에서 복잡한 내용 순으로 제시
• 친숙한 내용에서 낯선 내용 순으로 제시
• 구체적인 개념에서 추상적인 개념 순으로 제시
① 범위 ② 계속성 ③ 계열성 ④ 균형성

009 다음 교육과정 조직의 원리 중 밑줄에 해당하는가? 10기출
① 계속(continuity)의 원리
② 계열(sequence)의 원리
③ 범위(scope)의 원리
④ 통합(integration)의 원리

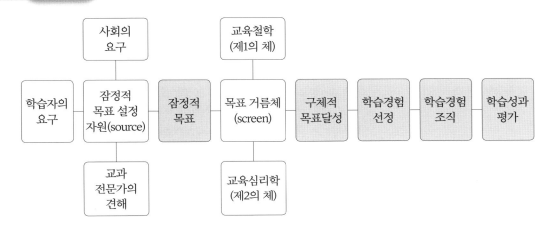

4) 타일러의 교육과정 개발 논리에 대한 평가

① **합리적 모형** : 보통 타일러의 논리는 합리적인 것으로 평가된다. 어떤 교과나 수업수준에서도 활용될 수 있는 폭넓은 유용성을 장점으로 가진다.

② **목표중심 모형** : 타일러의 논리에서 교육목표는 사전에 정해진다. 교육과정 설계에서 교육목표는 가장 먼저 결정되어야 하고, 그 이후 모든 활동의 기준 역할을 하는 것으로 간주되었다.

③ **평가중심 모형** : 타일러는 교육과정 이수 후, 교육목표달성 여부를 평가를 통해 확인할 것을 요구한다. 교육과정의 효과성을 평가를 통해 확인하는 것이다.

④ **가치중립적 모형** : 교육목표를 설정할 때 학습자, 사회, 교과를 균형 있게 고려하며 교육과정 개발에 개입되는 정치적 이해관계에 관심을 기울이지 않는다.

5) 타일러의 교육과정 개발 논리에 대한 비판

① 교육과정 개발을 지나치게 단순화해서 파악한다. (기계적이고 절차적인 모형)

② 목표를 우위에 두어 내용을 목표 달성을 위한 수단으로 전락시킴

③ 교육과정이 교육평가에 종속되기도 함

④ 교육과정 개발에 개입되는 정치적 이해관계에 관심을 기울이지 않는다. (가치중립적)

010 타일러(R. W. Tyler)의 교육과정 이론에 대한 설명으로 옳지 않은 것은? 19국

① 교육목표를 설정할 때 학습자, 사회, 교과를 균형 있게 고려한다.

② 교육과정을 교육목적, 교육내용, 교육방법, 학습활동까지 포함하는 경험으로 파악한다.

③ 학습목표를 행위동사로 진술할 것을 주장한다.

④ 기존 교육과정에 대해 기계적이고 절차적인 모형이라는 비판을 가하였다.

011 타일러(R. Tyler)의 교육과정 개발 모형의 특징 및 한계에 대한 설명으로 옳지 않은 것은? 13국 7

① 교육과정 설계에서 교육목표는 가장 먼저 결정되어야 하고, 그 이후 모든 활동의 기준역할을 하는 것으로 간주되었다.

② 교육의 과정에서 형성되는 사회적 관계, 가치갈등 등에 주목하면서 내용을 목표보다 우위에 두었다.

③ 교육목표의 원천은 제시하고 있으나, 무엇이 교육목표이고 왜 다른 목표보다 우선적으로 선정되어야 하는지를 밝혀주지 못했다.

④ 교육목표는 학생들의 목표도달 여부를 판단할 수 있는 준거가 될 수 있도록 구체적이고 명시적으로 표현할 것이 강조되었다.

012 교육내용 선정 시 고려해야 할 일반적인 원리에 대한 설명으로 옳지 않은 것은? 18국 7

① 다성과(多成果)의 원리 - 하나가 아닌 여러 가지 교육목표를 달성하는 데 도움이 되는 행동을 선택한다.

② 다활동(多活動)의 원리 - 동일한 목표를 달성하는데도 다양한 학습경험을 사용할 수 있다.

③ 만족의 원리 - 학생에게 요구되는 행동이 현재의 능력, 성취, 발달 수준에 맞아야 한다.

④ 기회의 원리 - 교육목표가 의미하는 행동을 학생 스스로 해보는 기회를 가지게 한다.

005 교육과정 개발과정 : 개발, 실제, 이해

1) 교사가 만드는 교육과정 개발 : 타바(H. Taba)

① 타바는 교사가 만드는, 수업 및 실천 지향적인 교육과정 개발을 주장하였다.

② 외부의 권위자가 교육과정을 개발하기보다, 현장의 교사가 만들어야 한다고 생각하였다.

③ 교사가 일반적인 교육과정을 개발하는 것이 아니라, 수업에 즉각 활용되는 단원을 만든 것부터 시작해야 한다고 주장하였다.

2) 자연주의적 교육과정 개발[숙의모형] : 워커(D. Walker)

① 토대(platform)의 과정에는 다양한 개념, 이론, 가치관. 이미지, 절차 등이 혼재한다.

② 토대는 강령을 표방하고, 해당 강령을 지지하는 자료를 검토하는 1단계

③ 숙의(deliberation)의 과정은 앞 단계의 강령이 행동 차원의 정책으로 전환되는 과정이다.

④ 숙의는 강령을 토대로 현실적인 대안을 찾는 2단계이다.

⑤ 설계(design)는 교육과정의 구체적 내용, 즉 구체적 프로그램을 만드는 3단계이다.

⑥ 현장의 다양한 특수성을 반영한 융통적인 모형이다.

⑦ 개발의 과정에서 참가자들 간의 대화를 통한 타협과 조정을 강조한다.

⑧ 정치적 혹은 관료적 압력 등에 의해 통제되기도 한다.

3) 예술적 교육과정 : 아이즈너의 교육과정(Eisner's curriculum)

① 행동목표의 한계 : 수업은 복잡하고 역동적이어서 예측하지 못한 결과가 많이 나타난다. 그러므로 수업 후 나타날 모든 것을 수업 전에 미리 행동목표로 진술하는 것은 불가능하다.

② 문제해결목표 : 문제와 문제해결에 필요한 조건만 가지고 해당 조건을 충족시키면서 문제를 해결하는 것

③ 표현적 결과 : 목표를 미리 설정하지 않고 어떤 활동을 하는 과정에서 혹은 활동의 결과에서 얻게 되는 것

```
* 교육적 감식안에 기반을 둔 교육비평 *

① 아이즈너는 타일러(R. Tyler)의 목표지향적 평가(objectives oriented evaluation)와 행동주의(behaviorism) 학습관이
   개인의 질적인 측면을 고려하지 못하여 다양성을 저해한다고 비판하였다.

② 대안으로 그는 교육적 감식안에 기반을 둔 교육비평을 주장하였다.

③ 아이즈너는 평가란 교육과정 계획이나 개발과정의 최종 단계에서 이루어지는 것이 아니라, 교육과정 계획 및 개
   발과정의 전반에 널리 퍼져 있는 활동이라 했다.
```

Keyword

013 타바(H. Taba)의 교육과정 개발 모형에 대해 바르게 설명한 것을 <보기>에서 모두 고른 것은? 10 중등

```
ㄱ. 귀납적 접근 방법을 사용하였다.
ㄴ. 요구 진단 단계를 설정하였다.
ㄷ. 내용과 학습경험을 구별하여 개발 단계를 설정하였다.
ㄹ. 반응평가모형을 제안하였다.
```

① ㄱ, ㄷ   ② ㄱ, ㄹ

③ ㄴ, ㄹ   ④ ㄱ, ㄴ, ㄷ

⑤ ㄴ, ㄷ, ㄹ

014 다음 ⊙과 ⓒ에 해당하는 용어로 올바른 것은? 15 지

```
• 타일러(R. Tyler)는 교육과정 개발 단계를 ( ⊙ ), 학습경험 선정,
  학습경험 조직, 교육평가로 제시하였다.
• 워커(D. Walker)가 제안한 교육과정 개발 단계는 강령(platform),
  ( ⓒ ), 설계(design) 로 구성된다.
```

	⊙	ⓒ
①	교육목표 설정	숙의(deliberation)
②	교육내용 결정	숙의(deliberation)
③	교육목표 설정	처방(prescription)
④	교육내용 결정	처방(prescription)

1) 재개념주의에서 교육과정의 의미

① 1970년대부터 일군(一群)의 학자들이 교육과정의 전통적 의미를 재개념화하고 새롭게 해석하기 시작하였다. 이들이 바로 재개념주의자들(reconceptualists)이다.

② 'currere'의 본래 의미를 회복하고자 하는 것이 그들의 의도이다.

③ 재개념주의자들은 교육과정을 학교에서 배우는 교과목이나 경험을 넘어 '삶의 궤적(軌跡, course of life)'으로 간주한다.

④ 교육과정의 개념을 삶의 궤적으로 할 경우 교육과정의 범위는 매우 확대된다. 그것은 교과 교육과정은 물론 교과 외 교육과정을 포함하며, 학교 교육과정은 물론 학교 밖의 가정과 사회에서의 학생이 겪는 경험까지 포함하게 된다.

⑤ 공식적 교육과정은 물론 잠재적 교육과정도 포함하게 된다.

> ── * 교육과정 '재개념화(reconceptualization)'의 특징 * ──
> ① 개인적 교육체험의 자서전적 서술 방법 도입 (쿠레레 방법 4단계) - 파이너
> ② 해석학과 현상학 같은 다양한 방법론을 교육과정 연구에 적용한다.
> ③ 역사적, 정치적, 심미적 텍스트로서의 교육과정 탐구
> ④ 교육내용의 이데올로기적 성격이나 쟁점을 드러내는 데 관심이 있다. - 애플

2) 파이너(W. Pinar)의 쿠레레(currere) 방법 4단계

① **회귀** : 자신의 실존적 경험을 회상하면서 기억을 확장하고, 과거의 경험을 상세히 묘사
  (그대로 기억, 평가, 해석 금물, 과거의 순간순간의 관점 유지 기록, 현재와 반응 체크)

② **전진** : 자유연상을 통해 아직 현실화되지 않은 **미래**의 모습을 상상한다.
  (미래를 상상, 자유연상, 비판적 사고 금물, 편안함)

③ **분석** : 과거 · 미래 · 현재라는 세 장의 사진을 놓고, 이들 간의 복잡한 관계를 탐구한다.
  (현재를 기록하고, 회귀와 진보의 세 사진을 탐구, 나열, 상호관계)

④ **종합** : 내면의 목소리에 귀를 기울이고, 자기에게 주어진 현재의 의미를 자문한다.
  (내면의 목소리, 나는 누구인가?, 나는 함께 놓여 있다.)

015 미국에서 1970년대부터 시작된 교육과정의 재개념화(Reconceptualization)에 대한 옳은 설명은? 14지

① 교육과정 설계와 개발을 위한 이론 체계를 제시하였다.

② 과학적 합리주의에 바탕을 둔 교육과정 이론을 개발하였다.

③ 사회과학적 방법을 통한 지식의 구조화를 통해 교육과정 내용을 이론화하였다.

④ 해석학이나 현상학 같은 다양한 방법론을 교육과정 연구에 적용하였다.

016 교육과정 학자와 그의 업적이 바르게 연결된 것은? 14지

① 워커(Walker) : 교육과정을 쿠레레(Currere)의 관점으로 재개념화하였다.

② 보비트(Bobbitt) : '목표 설정 - 학습경험의 선정 - 학습경험의 조직 - 평가의 교육과정' 구성요소를 밝혔다.

③ 파이너(Pinar) : 실제 교육현장에서 이루어지는 교육과정 개발 과정을 3단계로 제시하였다.

④ 아이즈너(Eisner) : 예술 교육과 교육과정에 대한 질적인 연구를 시도하였다.

017 교육과정 '이해' 패러다임에 대한 설명으로 옳지 않은 것은? 12국 7

① 교육과정의 정치적 독립성과 가치중립성을 강조한다.

② 교육과정 '개발' 패러다임의 행동주의와 과학주의를 비판한다.

③ 교육과정 개선을 위한 처방적 원리보다 교육과정 문제의 복합성에 더 관심을 갖는다.

④ 애플(Apple)의 정치적 텍스트로서의 교육과정 탐구, 아이즈너(Eisner)의 심미적 관점에서의 교육과정 탐구 등을 그 예로 들 수 있다.

Ⅱ 교육심리

2		기본		22	21	20	19	18	17	16	15	14	13	12	11	10
심화		발달								○		*				
7		인지발달	피아제	개인적 구성		*	*		○				*			
8			비고츠키	사회적 구성		*			○*		○				○	
9		성격발달	프로이드	심리성적발달 ○			○	○			○	*		○		○
10		사회성	에릭슨	심리사회적				○				○		○		
심화			마샤	정체성 발달	○											
11			브론펜	생물생태학적							○					
심화			셀만	사회적 조망												
12		도덕성	피아제							*						
12	교육심리		콜버그						*	*					○	
12			길리건							*						
13		행동주의	고전적 조건형성	○												
14			조작적 조건형성		○*	*	*		○			○	○			
15		사회인지	관찰학습	○	*		○		○	○			○			
16		인지주의	개념										○			
16			통찰학습	형태주의		*	○	*								
17			정보처리		*	*○	○			*	○					
심화			전이													
18		동기	귀인	와이너		○										○
18			자기결정								○	*				
18			목표지향			○										
19		학습양식	장독립	장의존								*				
19			숙고형	충동형												
20		지능	고전	서스톤								○				
20				카텔							○	○				
20			대안	가드너 *							○					
20				스턴버그			○				○		○			
21			창의성	길포드							○					
21			영재	렌줄리	*							○				
심화			특수 학습자						○							

○ : 국가직   * : 지방직

1) 개념

① **피아제(Piaget)**는 우리의 인지가 환경과의 끊임없는 상호작용을 통해 발달한다고 하였다.

② **도식(schema)**이라고 하는 인지구조를 끊임없이 재구성함으로써 주어진 환경에 효과적으로 맞추어 나간다.

③ **도식** : 사고의 기본단위, 조직화된 행동 및 사고형태를 의미한다.

④ **동화** : 자신의 기존 도식에 맞추어 새로운 지식이나 정보를 **수용**하는 것

⑤ **조절** : 자신의 기존 도식을 새로운 지식이나 정보에 부합되도록 **변화**시키는 것

⑥ **평형화** : 현재의 인지구조와 새로운 정보 간의 **균형**을 회복하는 과정

⑦ **조작** : 논리적인 정신작용으로 피아제는 과학자로서 논리적인 사고를 중요시하였기 때문에 **조작(operation)**의 발달에 주목하였다.

2) 피아제의 인지발달 단계

단계	연령	주요 특성
감각운동기	출생~2세 (영아기)	• 감각운동적 도식 발달 • 대상 영속성 습득 : 대상이 시야에서 사라지더라도 계속 존재한다는 것을 인식하는 능력
전조작기	2~7세 (유아기)	• 직관적 사고와 중심화 • 물활론 : 생명이 없는 대상에게 생명과 감정을 부여하는 것
구체적 조작기	7~11세 (학령기)	• 구체적인 상황에서의 논리적 사고발달 • 가역성의 개념을 획득하여 보존 과제를 수행한다.
형식적 조작기	11세 이후 (청소년기~)	• 추상적 사고 • 가설 연역적 추리 가능, 조합적 추리 가능

Keyword

018 피아제(Piaget)의 구체적 조작기에 해당되는 아동의 인지적 특성으로 알맞은 것은? 15 지

① 장난감이나 인형과 같은 생명이 없는 모든 사물도 생명과 감정을 가지고 있다고 생각한다.

② 컵에 담겨져 있던 우유를 크기와 길이가 다른 컵에 옮겨 부어도 그 양이 동일하다는 것을 이해한다.

③ 비유, 풍자, 은유 등과 같은 복잡한 언어형식을 이해한다.

④ 어떤 물건을 눈에 보이지 않는 곳에 숨기면 그것이 없어져 더 이상 존재하지 않는다고 믿는다.

019 피아제(Piaget)의 인지발달이론에 대한 설명으로 옳지 않은 것은? 07 국 7

① 인지발달은 인지구조의 변화에 의해 일어난다.

② 인지발달단계는 사고의 질적 변화를 나타낸다.

③ 인지기능은 적응과 조직화 기능으로 구성된다.

④ 고차적 인지능력은 사회적 상호작용의 결과다.

020 피아제(J.Piaget)와 비고츠키(L.S.Vygotsky)의 발달이론이 지닌 공통점은? 11 국 7

① 인지발달 단계를 4단계로 구분하였다.

② 인지발달에서 환경과의 상호작용을 강조했다.

③ 인지발달이 학습에 선행하는 것으로 보았다.

④ 자기중심적 언어를 문제해결의 도구로 보았다.

008 비고츠키(Vygotsky) 인지발달이론 : 사회적 구성주의

1] 개념

① 비고츠키(Vygotsky)는 발달 수준을 실제적 발달 수준과 잠재적 발달 수준으로 구분하였다.

② **실제적 발달 수준**은 아동이 주위의 도움 없이 스스로 문제를 해결할 수 있는 수준을 말한다.

③ **잠재적 발달 수준**은 도움을 받아서 문제를 해결할 수 있는 더 높은 수준을 말한다.

④ 이 두 수준 사이에 존재하는 영역이 근접발달영역이다.

⑤ **근접발달영역(Zone of Proximal Development : ZPD)**은 혼자서는 문제를 해결할 수 없지만, 성인의 안내를 받거나 친구와 협동하면 성공적으로 문제를 해결할 수 있는 영역

⑥ **비계설정(scaffolding)**은 근접발달영역에서 제공되는 더 뛰어난 친구나 성인의 도움을 뜻한다.

⑦ 비고츠키는 피아제와 달리 언어가 인지발달에 중요한 역할을 한다고 하였다.

⑧ 비고츠키는 아동의 자기중심적 언어가 문제해결을 위한 사고의 도구라고 주장하였다.

⑨ 비고츠키는 비계설정을 포함하여 대부분의 사회적 상호작용이 언어를 통해 이루어지며 언어는 학습자로 하여금 다른 사람이 이미 가지고 있는 지식에 접근하도록 해 준다고 하였다.

피아제 이론과 비고츠키 이론의 차이점

	피아제(인지적 구성주의)	비고츠키(사회적 구성주의)
공통점	인지발달에서 환경과의 상호작용을 강조	
아동관	꼬마 과학자 스스로 세계를 구조화	사회적 존재 타인과 관계에 영향
지식형성과정	개인 내적 지식이 사회적 지식으로 확대 또는 외면화 된다.	사회적 지식이 개인 내적 지식으로 내면화 된다.
환경	물리적 환경 중시	사회, 문화, 역사적 환경 중시
학습과 발달의 관계	발달에 기초하여 학습이 이루어진다.	학습은 발달을 주도한다.
인지발달과 언어	인지 발달 후 언어발달	언어발달이 인지를 발달
혼잣말	미성숙하고 자기중심적인 성향을 대변하는 표상이다.	자신의 사고와 행동을 지도하기 위한 수단, 문제해결을 위한 사고의 도구이다.
경험제공	평형화를 깨뜨리는 경험	발판을 제공하고 상호작용

021 아동의 인지발달과정에 대한 피아제(Piaget)와 비고츠키(Vygotsky)이론의 차이점으로 옳지 않은 것은? 20 지

① 피아제는 학습이 발달을 주도한다고 보는 반면 비고츠키는 발달에 기초하여 학습이 이루어진다고 본다.

② 피아제는 아동은 스스로 세계를 구조화하고 이해하는 존재라고 생각한 반면 비고츠키는 아동이 타인과의 관계에서 영향받아 성장하는 사회적 존재임을 강조한다.

③ 피아제는 혼잣말을 미성숙하고 자기중심적 언어로 보지만 비고츠키는 혼잣말이 자신의 사고를 위한 수단, 문제해결을 위한 사고의 도구라고 생각한다.

④ 피아제는 개인 내적 지식이 사회적 지식으로 확대 또는 외면화된다고 보는 반면 비고츠키는 사회적 지식이 개인 내적 지식으로 내면화된다고 본다.

022 아동의 혼잣말(private speech)에 대한 비고츠키(L. Vygotsky)의 견해로 옳지 않은 것은? 17 지

① 자기중심적 언어로서 미성숙한 사고를 보여 준다.

② 자신의 사고과정과 행동을 스스로 조절하고 주도한다.

③ 연령이 증가함에 따라 점차 줄어들면서 내적 언어로 바뀐다.

④ 쉬운 과제보다 어려운 과제를 해결할 때 더 많이 사용한다.

023 비고츠키(L. Vygotsky)의 관점에 부합하지 않는 것은? 05 초등

① 언어가 사고를 발달시키기보다는 사고가 언어 발달을 촉진한다.

② 교사의 역할은 역동적 평가를 통해 학습 잠재력을 확인하는 일이다.

③ 교사는 협력적인 학습 환경을 조성함으로써 아동의 학습을 촉진할 수 있다.

④ 아동의 인지 발달은 더 성숙하고 유능한 사람과의 상호작용을 통해 촉진될 수 있다.

1) 개념

① 정신분석학에서 성격발달단계를 최초로 설정하였고 성격이 생물적 성숙 요인에 의해 형성된다고 함
② 정신결정론 입장 : 어릴 적 한 번 형성된 성격은 회복 불가능하다고 주장한다.
③ 건전한 성격의 아동을 키우기 위해 생리적 본능의 충족을 적절한 시기에 잘 얻도록 도와야 함을 시사했다는 점에서 의미를 갖는다.
④ 성격발달에 가장 영향력이 큰 것은 성 본능이며, 성적 에너지인 리비도^(libido)가 일생 동안 정해진 순서에 따라 구강, 항문 및 성기와 같은 다른 신체 부위에 집중된다고 보고 일련의 발달단계를 기술하고 있어서 그의 이론을 심리성적이론^(psychosexual theory)이라고 한다.
⑤ 각 단계에서 아동이 성적 쾌감을 충분히 느끼지 못하여 욕구불만이 생기거나 지나치게 몰두하면 고착 ^(fixation) 현상을 일으켜 다음 단계로 순조롭게 발달이 이루어지지 못한다.

2) 프로이드의 성격구조

① 원초아^(id) : 태어날 때부터 가지고 있는 정신에너지의 원천적 저장고, 성욕이나 공격욕과 같은 본능적 충동을 주관하며 쾌락원리를 따름
② 자아^(ego) : 원초아의 욕구가 현실적으로 합당한 방법으로 만족을 얻을 수 있는 방도를 모색하고 계획함
③ 초자아^(super-ego) : 사회적 가치와 도덕이 내면화된 것으로, 무엇이 옳고 그른가를 판단하는 원천이 되며 행동을 규제함

3) 발달단계

	프로이드	에릭슨	피아제
0~18개월	구강기	신뢰 대 불신	감각운동기
18~3세	항문기	자율성 대 수치심	전조작기
3~6세	남근기	주도성 대 죄의식	
6~11세	잠복기	근면성 대 열등감	구체적 조작기
11세~	성인기	자아 정체감 대 역할혼미	형식적 조작기

Keyword

024 프로이드(Freud)가 제안한 성격발달 단계와 에릭슨(E. Erikson)이 제안한 심리사회적 발달단계를 짝지은 것 중 시기적으로 유사하지 않은 것은? `10 국`

① 항문기 - 자율성
② 구강기 - 기본적 신뢰
③ 남근기 - 주도성
④ 잠복기 - 친밀성

025 프로이드(Freud)의 심리성적(심리성적) 발달이론과 에릭슨(Erikson)의 심리사회적(심리사회적) 발달이론에서는 원만한 성격 발달을 위하여 성장과정에서 어떤 경험을 많이 해야 한다고 보는가? `02 중등`

① 여러 가지 욕구가 적절하게 충족되어야 한다.
② 무엇이든 스스로 할 기회를 많이 가져야 한다.
③ 유아기 때부터 생활 습관이 잘 형성되어야 한다.
④ 좋지 못한 행동을 했을 때에는 벌을 받아야 한다.

① 에릭슨은 프로이드의 이론을 사회·환경적 상황과 연계하여 확대하였다.
② 인간의 생애는 신체적·심리적으로 성장하는 유기체가 사회적 영향과 상호작용하면서 형성되므로, 생애주기를 통한 발달적 변화, 사회적·역사적인 요인에 기초해 성격을 이해하는 것이 중요함을 강조
③ 에릭슨은 인간이 발달 시기에 따라 겪게 되는 중요한 인생 문제를 어떻게 극복하며, 이를 제대로 극복하지 못했을 때 성장한 후 어떤 어려움을 갖게 하였는가를 설명함으로써 우리의 삶을 이해하는 데 초점을 둠
④ 에릭슨은 점진적 분화의 원리(epigenetic principle)에 의해 심리사회적 발달이 이루어진다고 보고, 아동의 자아정체감 발달과 사회화에 관심을 기울였다.
⑤ 점진적 분화의 원리 : 발달이 선천적으로 예정된 시점에 따라 이루어짐
⑥ 각 단계에는 심리사회적 위기(psycho-social crisis)가 있으며, 각 단계의 위기를 성공적으로 해결했을 때 성격발달이 제대로 이루어진다고 보았다.
⑦ 현 단계의 위기를 극복하지 못해도 다음 단계로 넘어갈 수 있음
⑧ 청소년기에는 이전 단계에서의 발달적 위기가 반복
⑨ 인생 주기 단계에서 심리사회적 위기가 우세하게 출현하는 최적의 시기는 개인에 따라 차이가 있지만, 그것이 출현하는 순서는 불변한다고 가정

심리사회적 위기	연령	주요 사회관계	주요특징
신뢰 대 불신	출생~18개월	어머니 (구강기)	유아는 일관성 있는 양육자에 대한 사랑과 신뢰감을 형성하며 양육자의 거부적 태도는 불신감을 발달시킨다.
자율성 대 수치 및 의심	18개월~ 3세	부모 (항문기)	걷기, 잡기 등 통제를 포함하는 신체적 기술의 발달이 이루어지도록 허용하고 격려할 때 자율성이 발달한다. 도움이 부족하거나 과잉보호하는 것은 자신의 능력에 의심을 갖게 하여 수치심이 형성된다.
주도성 대 죄의식	3~6세	가족 (남근기)	탐색할 수 있는 자유를 허용하고 아동의 질문에 충실히 답해줄 때 주도성이 발달한다. 어린이들이 좋아하는 이야기에 어울리는 옷을 스스로 선택하고 등장인물이 되어 실연하면서 학습에 참여하게 한다.
근면성 대 열등감	6~12세	이웃, 학교 (잠복기)	새로운 것을 학습할 기회를 부여하고, 성취한 것에 대한 인정을 받으면 근면성이 발달한다. 성취할 기회를 갖지 못하거나 결과에 대해 비난을 받으면 열등감이 형성된다.
정체감 대 역할혼미	청년기	또래집단 교사	자신의 존재, 가치에 대한 인식이 정체감을 발달시킨다. 신체적 불안감, 성 역할과 직업선택의 불안정은 역할혼미를 초래한다. 자서전을 쓰게 한다.

026 에릭슨(E. Erikson)의 심리사회적 발달단계에 대한 설명으로 옳은 것만을 모두 고른 것은? 18국

> ㄱ. 인생 주기 단계에서 심리사회적 위기가 우세하게 출현하는 최적의 시기는 개인에 따라 차이가 있지만, 그것이 출현하는 순서는 불변한다고 가정한다.
> ㄴ. 현 단계에서는 직전 단계에서 실패한 과업을 해결할 수 없다고 본다.
> ㄷ. 청소년기에는 이전 단계에서의 발달적 위기가 반복하여 나타난다고 본다.

① ㄱ　　　② ㄴ　　　③ ㄱ, ㄷ　　　④ ㄱ, ㄴ, ㄷ

027 에릭슨(Erikson)의 심리사회적 발달단계에 따라 취학 전 아동의 주도성 (initiative)을 격려하기 위한 수업지침으로 가장 적절한 것은? 13국
① 어린이들이 좋아하는 이야기에 어울리는 옷을 스스로 선택하고 등장인물이 되어 실연하면서 학습에 참여하게 한다.
② 짧고 간단한 숙제부터 시작해서 점차 양이 많은 과제를 내어주고, 항상 점검점(check point)을 설정하여 목표를 향해 열심히 학습하도록 격려한다.
③ 유명한 위인들의 생일을 표시한 달력을 만들어 각각의 생일마다 그 사람의 업적에 대해서 토론하고 자신의 미래 직업에 대해 탐색하게 한다.
④ 수학문제를 틀렸을 경우, 다른 어린이들의 모범답안을 보여주어 자신의 문제풀이 과정과 비교할 수 있게 한다.

028 에릭슨(E. Erikson)의 사회심리적 발달이론에서 볼 때, 다음과 같이 지도한 결과로 형성되는 것과 가장 관련이 있는 것은? 11국

> • 자서전을 쓰게 한다.
> • 자신의 약점과 강점을 스스로 평가하게 한다.
> • 학습한 내용이 직업에서 어떻게 활용될 수 있는지 생각하게 한다.

① 자율성　　② 주도성　　③ 근면성　　④ 정체성

011 생물생태학적 접근 : 유리 브론펜브레너(U. Bronfenbrenner)

1) 개요

① 인간발달은 진공상태에서 **개인적 특징**에 의해서만 일어나는 현상이 아니라 **인간과 사회적 및 물리적 환경**의 끊임없는 **상호작용**을 통해 이루어진다.

② 최근에는 환경체계들이 개인에게 영향을 미칠 뿐만 아니라 개인의 기질, 건강, 체격 등 유전적 소인과 생물학적 요인들이 환경체계에 미치는 영향력도 인정하면서 '생물생태학적 체계 이론(bio-ecological systems theory)'이라는 명칭을 사용한다.

2) 주요 개념

① **미시체계(microsystem)** : 개인에게 가장 근접해 있으며 개인과 직접적인 상호작용을 하는 환경체계. 건강한 미시체계는 호혜성(mutuality)에 기반을 둔다.
   예 가족, 학교, 또래 친구, 놀이터, 거주지역

② **중간체계(mesosystem)** : 둘 또는 그 이상의 미시체계가 상호 관련되어 서로 영향을 주고받는 양방향 관계다.
   예 부모-교사 관계, 가정-학교 관계, 부모-또래 친구 관계

③ **외체계(exosystem)** : 개인에게 직접 영향을 미치지는 않지만, 미시체계나 중간체계에 영향을 미침으로써 개인에게 간접적인 영향을 주는 생태체계를 말한다. 개인은 외체계에 직접 참여하지 않으며 외체계의 구성원이 아니다.
   예 부모의 직장, 교육청, 대중매체, 법집행기관 등

④ **거시체계(macrosystem)** : 미시체계, 중간체계, 외체계를 모두 포함하는 환경체계다. 거시체계는 매우 광범위하고 추상적이어서 개인에게 미치는 영향을 파악하기가 쉽지 않다. 거시체계가 미치는 영향력을 살펴보면, 자율성을 강조하는 사회에서 성장한 아동과 관계성을 강조하는 사회에서 성장한 아동의 행동방식이나 적응상태가 다른 경우가 있다. 거시체계가 여타의 생태체계보다 더 안정적이기는 하지만, 국가가 경제적 위기에 처하거나 전쟁이 일어나는 등 사회의 변화에 따라 불안정해질 수도 있다.
   예 문화, 신념, 가치관, 전통, 관습, 정치적 이념, 법률제도 등

⑤ **시간체계(chronsystem, 연대체계)** : 개인이 생활하는 시대적 배경, 역사적 조건, 개인의 전 생애에 걸쳐 일어나는 변화를 포함한다.
   예 청소년기에 부모의 이혼

Keyword

029 브론펜브레너(U. Bronfenbrenner)에 의해 제안된 인간발달의 생태이론에서 중간체계(mesosystem)에 대한 설명으로 가장 적절한 것은? 15국

① 아동이 속해 있는 사회의 이념, 가치, 관습, 제도 등을 의미한다.

② 아동과 아주 가까운 주변에서 일어나는 활동과 상호작용을 나타낸다.

③ 가정, 학교, 또래집단과 같은 미시체계들 간의 연결이나 상호관계를 나타낸다.

④ 아동이 직접적으로 접촉하고 있지는 않지만 아동에게 영향을 주는 환경(부모의 직장, 보건소 등)을 나타낸다.

030 인간 발달에 대한 연구자와 이론을 바르게 연결한 것은? 20국7

① 비고츠키(Vygotsky) - 동화와 조절을 통해 환경에 적응해 나감으로써 인지발달이 이루어진다.

② 콜버그(Kohlberg) - 아동은 인지적 성숙과 사회적 경험을 통해 타율적 도덕성 단계에서 자율적 도덕성 단계로 발달한다.

③ 프로이드(Freud) - 생의 특정 시점에서 경험하는 사회적 요구에 의해 나타나는 위기를 어떻게 해결하느냐에 따라 심리사회적 발달이 이루어진다.

④ 브론펜브레너(Bronfenbrenner) - 인간은 개인에게 직접적인 영향을 주는 가족뿐만 아니라 사회적·문화적 환경을 포함한 여러 수준의 환경과 다양한 상호작용을 통해 발달한다.

012 도덕성 발달이론 : 피아제, 콜버그, 길리건

1) 피아제의 도덕성 발달이론 : 아동 중심

① 전도덕성 단계(~4세 : 감각운동기) : 아동은 규칙을 전혀 이해하지 못하며 규칙을 따라야 한다는 생각도 거의 없다.

② 타율적 도덕성 단계(5~6세 : 전조작기) : 5~6세의 아동은 규칙과 질서를 절대적인 것으로 인식하는 도덕적 사실주의를 따른다.

③ 자율적 도덕성 단계(8세~ 구체적조작기) : 규칙이나 질서가 다른 사람과의 협의에 의해 결정된다는 것을 이해하고 다른 사람과의 상호작용을 고려하며 행동의 결과보다는 의도를 기준으로 선악을 판단할 수 있다.

2) 콜버그(Kohlberg)의 도덕성 발달이론 : 아동~성인

① 콜버그(Kohlberg)는 도덕적 딜레마(moral dilemmas)나 어려운 결정을 해야 하는 가설적 갈등상황을 제시하고 '어떻게 하겠는가?', '왜 그렇게 해야 하는가?'를 질문하였다.

② 이러한 질문에 대하여 '예', '아니요'라는 응답에 관심을 둔 것이 아니라, 왜 그렇게 생각하는지의 이유를 분석함으로써 옳고 그름에 대한 도덕적 판단, 도덕적 추론(moral reasoning)의 발달 순서를 세 가지 수준으로 구분하였고, 각 수준을 하위 단계로 나누어 설명하였다.

인습 이전 수준	1단계 : 복종과 처벌 지향
	2단계 : 개인적 쾌락주의
인습 수준	3단계 : 착한 소년/소녀 지향
	4단계 : 사회질서와 권위 지향
인습 이후 수준	5단계 : 사회계약 지향
	6단계 : 보편적 원리 지향

3) 길리건(Gilligan)의 도덕성 발달단계

① 길리건은 「다른 목소리로(In a Different Voice)」라는 저서에서 서양의 기존 윤리관을 남성 중심의 성차별적 윤리관으로 규정하고 이에 대한 대안으로서 배려의 윤리를 주장하였다.

② 길리건은 콜버그의 도덕성 발달이론이 추상적인 도덕원리를 강조하며, 백인 남성과 소년만을 대상으로 도덕성 발달단계를 설정한 것에 대해 비판하였다.

③ 남성은 추상적 판단에 기초한 정의 관점으로 도덕적 판단을 하고, 여성은 인간관계와 타인을 돌보는 것을 기초로 하는 배려와 책임감을 중심으로 판단한다.

④ 여성의 도덕성 발달단계는 세 가지 수준의 단계와 각 단계 사이의 2개의 전환기로 설명

Keyword

031 콜버그(L. Kohlberg)의 도덕성 발달이론에 대한 설명으로 옳은 것을 <보기>에서 고른 것은? 16 지

┌─────────────────────────────────────┐
│ ㉠ 피아제(J. Piaget)가 구분한 아동의 도덕성 발달단계를 더 세분화하여 성인기까지 확장하였다.
│ ㉡ 도덕적 사고력을 길러 주기 위해서는 성인에 의한 사회적 전수가 중요한 교육방법이라고 하였다.
│ ㉢ 다섯 번째 단계인 '사회계약 정신 지향' 단계에서는 '착한 소년·소녀'처럼 타인으로부터 도덕적이라고 인정받는 것이 중요하다.
│ ㉣ 길리건(C. Gilligan)은 콜버그의 도덕성 발달이론에 대해 남성 중심의 이론이며 여성의 도덕성 판단기준은 남성과 다르다고 비판하였다.
└─────────────────────────────────────┘

① ㉠, ㉡ 　② ㉠, ㉣ 　③ ㉡, ㉢ 　④ ㉡, ㉣

032 길리건(Gilligan)의 도덕성 발달이론의 특징에 대한 설명으로 맞지 않는 것은? 11국 5

① 여성은 정의와 개인의 권리라는 관점에서 도덕적 판단을 하는 경향이 있다.

② 남성과 여성의 도덕적 지향과 선호는 다르다.

③ 여성의 도덕성은 인간관계에서의 보살핌과 애착을 강조하는 대인지향적이다.

④ 도덕성에서 감정과 정서가 중요한 역할을 한다.

⑤ 여성들의 도덕성 발달이론을 3단계와 2개의 과도기로 제시하였다.

1) 행동주의 학습원리

① 행동주의 학습이론에 내재된 근본적인 학습 원리는 **자극과 반응 간의 연합**이다.
② **자극**(stimulus)이란 환경에서 학습자에게 제시되는 모든 것을 의미한다.
③ **반응**(response)이란 자극에 의한 행동을 의미한다.

2) 행동주의 학습특징

① 바람직한 행동뿐만 아니라 부적응 행동도 학습의 결과이다.
② 학습은 외현적 행동으로 나타나기 때문에 과학적 연구가 가능하다.
③ 환경은 학습자의 행동에 영향을 끼치는 변인이다.
④ 비판점 : 행동주의 학습이론이 학습이 진행되는 내적 과정을 지나치게 간과
⑤ 시사점 : 선천적 능력의 차이가 개인차를 만든다는 결정론적 시각을 거부하고 학습자에게 제공되는 환경의 중요성을 역설하였다. 모든 인간은 평등하다는 이념을 기반으로 한다.

3) 고전적 조건형성과 조작적 조건형성

① **고전적 조건형성**은 러시아의 생리학자 파블로프(Ivan Pavlov)에 의해 체계화된 이론이다.
② 개의 타액 분비반응에 관한 실험에서 자극(고기)-반응(침)이 연합되는 학습과정을 설명
③ **조작적 조건화**는 스키너에 의해 제안되었다.
④ 스키너의 조작적 조건형성은 조작반응을 조건형성시키기 위한 절차를 말한다.
⑤ 조작적 조건화는 행동의 결과에 따라 이후 행동의 변화가 일어난다고 설명한다.

4) 강화 : 바람직한 행동을 습득하고 행동의 발생 빈도를 증가시키는 것

　　벌 : 바람직하지 않은 **행동의 발생 빈도를 약화시키는 것**

	자극 제시	자극 제거
행동 촉진	정적 강화(칭찬, 성적, 스티커)	부적 강화 (학습규칙 잘 지킬 시 청소면제)
행동 감소	수여성 처벌(꾸중, 체벌)	제거성 처벌 (수업시간에 자리 이탈하는 학생은 자유시간 박탈)

① **일차적 강화물**이란 그 자체로 강화능력을 가지고 있어 생리적 욕구를 충족해 주는 것으로서 음식물이나 물 같은 것이 해당된다.
② **이차적 강화물**이란 그 자체로 강화능력을 가지지 않는 중립자극이 강화능력을 가지고 있는 자극과 결합되어 강화의 속성을 갖고 있는 것으로 돈, 토큰(별 도장, 스티커 차트 등) 같은 것이 해당된다.

Keyword

033 행동주의 학습이론에 대한 설명으로 옳지 않은 것은? 19 지

① 환경은 학습자의 행동에 영향을 끼치는 변인이다.
② 학습자는 상황에 관계없이 스스로 사고하고 판단하는 존재이다.
③ 바람직한 행동뿐만 아니라 부적응 행동도 학습의 결과이다.
④ 학습은 외현적 행동으로 나타나기 때문에 과학적 연구가 가능하다.

034 강화에 대한 설명으로 옳은 것만을 모두 고르면? 21지

> ㄱ. 행동의 강도와 빈도를 높이는 데 있어 강화보다 벌이 더 효과적이다.
> ㄴ. 선호하지 않는 것을 제거함으로써 행동의 강도와 빈도를 높일 수 있다.
> ㄷ. 선호하는 것을 제공함으로써 행동의 강도와 빈도를 높일 수 있다.

① ㄱ, ㄴ　　　② ㄱ, ㄷ　　　③ ㄴ, ㄷ　　　④ ㄱ, ㄴ, ㄷ

035 다음과 가장 관계가 깊은 학습 이론은? 22 국

> 영수는 국어 성적이 좋지 않아서 시험 성적이 나올 때마다 여러 번 국어 선생님으로부터 꾸중을 들었고, 꾸중을 들을 때마다 기분이 상해서 얼굴이 붉어졌다. 어느 날 영수는 우연히 국어 선생님을 복도에서 마주쳤는데, 잘못한 일이 없음에도 불구하고 자신도 모르게 얼굴이 붉어졌다.

① 구성주의 이론　　　② 정보처리 이론
③ 고전적 조건형성 이론　　　④ 조작적 조건형성 이론

1) 강화계획

① 고정간격 강화계획(fixed interval schedules)은 일정한 시간 간격을 기준으로 강화가 제시되는 것을 의미한다.

② 변동간격 강화계획(variable interval schedules)은 강화가 제시되는 시기를 학생들이 예측할 수 없도록 설정하여 행동의 빈도를 증가시키고 유지하는 방법이다.

③ 고정비율 강화계획(fixed ratio schedules)은 정해진 반응 횟수에 따라 강화물이 제시되는 것을 의미한다.

④ 변동비율 강화계획(variable ratio schedules)은 학생들이 강화물을 얻기 위해서 수행해야 하는 수행 횟수를 전혀 예측하지 못하도록 강화물을 제시하는 것을 의미한다.

2) 프리맥(Premack)의 원리 : 학습자에게 빈번하게 발생하는 행동이 상대적으로 덜 빈번하게 일어나는 행동의 빈도를 증가시키기 위한 강화물로 사용될 수 있다는 것을 의미한다.

예 독서를 싫어하는 아이에게 독서를 하면 좋아하는 축구를 하게 해 주겠다고 한다.

3) 행동조성(조형) : 강화를 이용해서 목표행동을 점진적으로 형성하는 기법이다. 행동조성은 정적 강화를 포함하고 있지만, 목표행동에 점진적으로 접근하는 행동만 강화한다는 점에서 단순한 정적 강화와 다르다.

4) 소거(消去, extinction) : 강화를 주지 않을 때 반응의 확률이나 강도가 감소하는 현상이다. 따라서 바람직하지 못한 행동을 소거시키자면 그 반응을 할 때 강화를 주지 않으면 된다.

예 수업시간에 발표를 하기 위해 열심히 손을 들어도 교사가 계속 지명하지 않으면 손을 들지 않게 되는 것은 소거되었기 때문이다. 보채는 아이를 무시하는 부모나 교실에서 떠드는 학생을 무시하는 교사는 소거절차를 활용하고 있다.

5) 체계적 둔감법 : 불안과 공포 등 부정적 정서를 치료하는 기법으로, 긴장을 이완한 상태에서 부정적 정서를 가지게 하는 원인의 가장 낮은 단계부터 점차 경험하게 하여 부정적 정서를 극복하도록 하는 것으로 이완된 상태에서 불안을 유발하는 상황들을 생각하도록 함으로써 불안과 병존할 수 없는 이완을 연합시켜 불안을 감소 또는 소거시키는 기법이다.

Keyword

036 행동주의 학습이론에 대한 설명으로 옳은 것은? 20지

① 고정비율 강화계획은 일정한 시간 간격을 기준으로 강화가 제시되는 것을 의미한다.

② 부적 강화란 어떤 행동 후 싫어하는 자극을 제거함으로써 특정 행동을 증가시키는 것을 의미한다.

③ 일차적 강화물은 그 자체로 강화능력을 가지고 있지 않은 자극이 다른 강화물과 연합하여 가치를 얻게 된 강화물이다.

④ 프리맥 원리는 차별적 강화를 이용하여 목표와 근접한 행동을 단계적으로 형성해 나가는 것이다.

037 다음 대화에서 교사가 적용하려는 행동수정방법은? 16 국 7

> 학생 : 오늘도 이론만 공부해요? 다른 반은 실험을 하면서 재미있게 공부하고 있는데요.
>
> 교사 : 다른 반은 지난 시간에 이론을 다 마쳐서 실험을 할 수 있는 거예요.
>
> 학생 : 저희도 실험하고 싶어요. 이론은 너무 지겨워요. 실험부터 하면 안 될까요?
>
> 교사 : 그럼 이론을 먼저 30분 공부하고 나서 20분 동안 실험을 하도록 하지요. 이론 공부가 잘 되면 더 일찍 실험을 시작할 수도 있어요.

① 간헐적 강화　　　　　　② 프리맥(Premack) 원리

③ 체계적 둔감법　　　　　④ 타임아웃(Time out)

015 사회인지 학습이론 : 반두라(Bandura)

1) 개요

① 학습은 단순히 모델을 관찰하는 것만으로도 이루어질 수 있다.
② 학습에서는 개인의 신념, 자기 지각 등과 같은 인지적 요인들의 역할이 중요하다.
③ 모델이 높은 지위와 능력을 가지고 있다고 판단될 경우 모델의 행동을 모방할 가능성이 높아진다.

2) 주요 개념

① 모델링 : 특정행동을 관찰하고 흉내 내는 과정
② 대리적 조건 형성 : 다른 사람의 행동에 제공되는 강화와 벌을 관찰하고, 그 행동의 빈도 정도가 형성되는 과정
③ 관찰학습 : 타인이나 주변에 일어나는 일에 선택 주의집중하여 정보와 기술을 획득하는 과정
④ 관찰학습단계 : 주의집중 - 파지 - 재생(운동) - 동기화
⑤ 자기효능감 : 과제를 성공적으로 수행하는 데 요구되는 개인의 능력에 대한 자신의 판단 또는 신념이다.
⑥ 자기효능감 요인 : 성공경험, 모델링, 사회적 설득, 심리적 상태
⑦ 자기조절 : 학습자가 스스로 설정한 목표를 달성하기 위해 체계적으로 인지, 행동정서를 조절하고 유지하는 과정
⑧ 자기조절 단계 : 자기관찰, 자기판단, 자기반응

행동주의 학습이론과 사회인지 학습이론의 비교

구분	행동주의 학습이론	사회인지 학습이론
공통점	• 강화와 처벌의 개념을 받아들인다. • 학습의 요인으로 경험의 중요성을 인정한다. • 행동을 촉진하기 위해서는 피드백이 중요하다고 본다.	
차이점	• 관찰 가능한 행동의 변화 • 개인이 환경으로부터 일방적인 영향을 받는 관계	• 정신구조(기대, 신념)의 변화 • 개인과 환경이 서로 영향을 주고받는 관계
강화	• 외적강화	• 내적강화

Keyword

038 다음에 해당하는 학습이론은? 16국

> • 강화 없이 관찰하는 것만으로 학습이 일어날 수 있다.
> • 강화는 수행을 위해 필요한 조건이지 학습을 위해 반드시 필요한 조건은 아니다.
> • 인간의 행동은 보상이나 처벌보다는 자기 조절에 의해 이루어진다.

① 형태주의 학습이론
② 사회인지 이론
③ 행동주의 학습이론
④ 병렬분산처리 이론

039 사회인지이론(social cognitive theory)에서 주장하는 것으로 적절하지 않은 것은? 12국7

① 학습은 단순히 모델을 관찰하는 것만으로도 이루어질 수 있다.
② 학습에서는 개인의 신념, 자기 지각 등과 같은 인지적 요인들의 역할이 중요하다.
③ 모델이 높은 지위와 능력을 가지고 있다고 판단될 경우 모델의 행동을 모방할 가능성이 높아진다.
④ 행동의 빈도를 결정하는 것은 결과에 대한 개인의 해석으로서, 강화는 행동의 지속에 중요한 역할을 하지 못한다.

040 반두라(Bandura)의 관찰학습 단계 중 모델의 행동을 언어적·시각적으로 부호화하는 단계는? 22국

① 재생
② 파지
③ 동기화
④ 주의집중

1) 개요

① 지식을 구조화하는 데 환경적 조건(자극)과 관찰 가능한 행동(반응) 간의 최적의 연합에 초점을 맞추었던 행동주의와는 달리
② 인지주의는 인간 내부에서 일어나는 인지적 과정, 즉 사물을 인식하고 해석하고 기억하는 방법 등을 강조하였다.

	행동주의 학습이론	인지주의 학습이론
인간관	백지설, 수동적 존재	백지설 거부, 능동적 존재
학습과정	자극과 반응의 연합을 통한 점진적 행동의 형성	종종 갑작스러운 통찰을 포함한 인간의 인지구조의 변화
강화물의 역할	학습의 필요조건	인지구조의 변화를 행동으로 나타나게 만드는 유인책
학습의 범위	직접 경험에 근거한 행동의 변화	직접 경험을 뛰어넘는 행동잠재력의 변화

2) 톨만(Tolman)의 잠재학습 : 목적적 행동주의

① 신호 형태 학습 : 톨만에 따르면 학습자는 학습장면에서 구체적인 자극-반응 연합을 학습하는 것이 아니라, 행동을 하면 어떤 목표를 달성할 것이라는 신호 형태 즉, 기대(sign gestalt-xpectation)를 학습한다.
② 잠재적 학습 : 실제 학습이 이루어졌지만, 그것이 직접 관찰할 수 있는 행동(즉, 수행)으로 나타나지 않은 학습이다.
③ 인지적 학습 : 톨만에 따르면 학습자들은 행동주의의 주장과 같이 구체적인 행동을 학습하는 것이 아니라, 인지(기대 신념) 즉, 환경에 대한 인지도(認知, cognitive map)를 학습한다. 인지도는 환경에 대한 정신적 표상이다.

3) 형태주의 심리학(Gestalt psychology) : 통찰학습 ('아하' 현상)

① 독일에서 출현한 형태주의(Gestalt theory)는 유기체가 환경을 있는 그대로 받아들이는 것이 아니라, 환경을 능동적으로 구조화하고 조직함으로써 형태(Gestalt)를 구성한다고 하였다.
② 대표적인 형태주의 이론가인 쾰러(W. Köhler)의 유인원 실험은 중요한 근거를 제공한다. 아프리카에서의 유인원연구소 소장으로 근무하면서 침팬지의 문제해결능력을 알아보는 실험
③ 학습자는 세상을 지각할 때 외부자극을 단순히 합하는 것 이상의 작업을 수행한다.
④ 문제 장면에 존재하는 다양한 요소의 관계를 파악하는 통찰에 주목한다.
⑤ 통찰학습은 문제 상황에서 관련 없는 여러 요인이 갑자기 완전한 형태로 재구성되어 문제를 해결하는 것을 뜻한다.

041 다음 설명에 해당하는 이론은? 19 국 7

- 강화가 없어도 학습이 이루어진다.
- 눈에 보이는 행동의 변화만이 학습은 아니다.
- 구체적인 행동이 아니라 인지도(cognitive map)를 학습한다.
- 학습은 자극-반응을 결합하는 것이 아니라 어떤 행동을 하면 특정한 결과를 얻을 것이라는 기대를 획득하는 것이다.

① 목적적 행동주의　　　　　② 사회적 구성주의
③ 행동수정　　　　　　　　④ 메타인지

042 다음 설명에 해당하는 학습이론은? 18 국 7

- 문제해결의 과정에서 관련 없어 보이던 요소들이 유의미한 전체로 파악되고 결합된다.
- 전날 저녁 내내 문제가 풀리지 않았으나 새벽에 일어나서 보니 해결방법이 갑자기 떠올랐다.

① 스키너(B. F. Skinner)의 조작적 조건 형성
② 톨만(E. C. Tolman)의 잠재학습
③ 쾰러(W. Köhler)의 통찰학습
④ 반두라(A. Bandura)의 관찰학습

043 학습이론에 대한 설명으로 옳지 않은 것은? 21 지

① 형태주의 심리학에 따르면 학습은 계속적인 시행착오의 결과이다.
② 사회인지이론에 따르면 개인, 행동, 환경의 상호작용에 의해 학습이 이루어진다.
③ 행동주의 학습이론에 따르면 학습의 근본적인 원리는 자극과 반응 간의 연합이다.
④ 정보처리이론에 따르면 정보저장소는 감각기억, 작업기억, 장기기억의 세 가지로 구분된다.

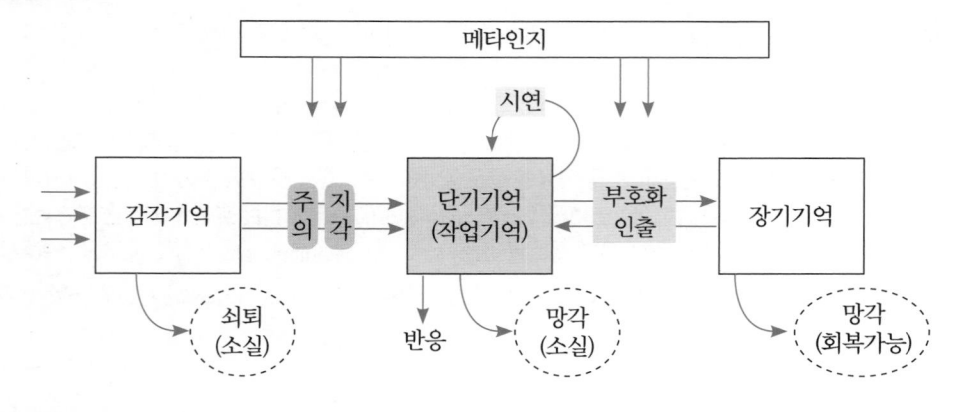

1) 주요개념

① 감각기억(sensory memory) : 환경으로부터 들어온 자극 또는 정보를 원래의 형태 그대로 잠시 보존하는 저장고이다. (사례 학생들의 주의를 환기하고 유지하기 위해 다양성, 호기심, 놀라움을 강조한다.)

② 작업기억(working memory) : 새로운 정보를 조작하여 저장하거나 행동적인 반응을 하는 곳으로, 지금 이 순간 의식적으로 활성화된 기억 저장고다. 따라서 작업기억은 작업대로 비유될 수 있다.

③ 장기기억(long-term memory) : 작업기억의 정보는 부호화 과정을 통해 장기기억에 저장된다.

④ 부호화(encoding) : 제시된 정보를 처리 가능한 형태로 변형하는 과정으로 만약 정보가 부호화되지 않으면 그 정보는 작업기억에서 사라진다. 부호화는 정교화, 조직화, 심상을 통해 촉진된다.

⑤ 정교화 전략(elaboration) : 기존에 가지고 있던 정보를 새 정보에 연결하여 정보를 유의미한 형태로 저장하는 과정(자신의 경험 + 새로운 정보 + 장기기억 연결)

⑥ 조직화 전략(organization) : 공통 범주나 유형을 기준으로 새로운 정보를 장기기억에 저장되어 있는 정보와 연결하는 부호화 전략이다. (개요작성 또는 개념도)

⑦ 심상전략(imagery) : 새로운 정보를 우리의 마음속에 그림으로 만드는 과정으로, 심상전략을 통해 우리는 정보를 오래 기억할 수 있다. (언어정보 + 시각적 자료)

⑧ 인출 – 장기기억 속에 있는 정보를 작업기억으로 가져오는 과정

⑨ 초인지(metacognition) : 사고과정에 대한 지식으로 자신의 인지과정 전체를 지각하고 통제하는 정신활동으로 인지과정 전체를 계획하고 점검하며 평가하는 역할을 한다. (계획-점검-조절-평가)

Keyword

044 정보처리 이론의 부호화 과정에 해당하지 않는 것은? 16국

① 필요한 정보를 도표, 개념지도, 개요 등으로 조직화한다.

② 새로운 정보를 장기기억에 저장되어 있는 선행지식과 연결시키는 작업을 한다.

③ 새로운 정보를 유사하고 유관한 정보 조각과 연합하여 유의미하게 한다.

④ 새로운 자극에 주의를 기울일 수 있도록 화려한 멀티미디어를 사용한다.

045 다음은 정보처리이론에서 부호화(encoding)를 촉진하기 위한 전략을 설명한 것이다. (가)~(다)에 해당하는 전략을 바르게 짝지은 것은? 17지

> (가) 개별적 정보를 범주나 유형으로 묶는다. 도표나 그래프, 위계도를 작성하는 것이 그 예이다.
>
> (나) 정보를 시각적인 형태인 그림으로 저장한다. 자동차를 언어적 서술 대신에 그림으로 기억하는 것이 그 예이다.
>
> (다) 새로운 정보를 기존의 지식과 관련짓는다. 학습한 정보를 자신의 말로 바꾸어 보거나 또래에게 설명해 보는 것이 그 예이다.

	(가)	(나)	(다)
①	정교화	심상	조직화
②	정교화	조직화	심상
③	조직화	정교화	심상
④	조직화	심상	정교화

046 인지학습이론(cognitive learning theories)에 기초한 수업방식으로 적절하지 않은 것은? 13국

① 관련된 모든 내용을 학생들에게 제공하여 더 많은 정보를 얻게 한다.

② 주어진 내용을 분명하게 조직적으로 제시한다.

③ 학생들의 주의를 환기하고 유지하기 위해 다양성, 호기심, 놀라움을 강조한다.

④ 새로운 내용과 이미 알고 있는 내용을 연결할 수 있도록 도와준다.

1) 귀인 이론(attribution theory) : 와이너(Weiner)

① 학습자가 자신의 성공과 실패를 설명하려는 동기에 대한 인지적 이론이다.

② 성공이나 실패의 원인을 찾으려고 하고 그 원인을 무엇으로 귀인하느냐에 따라서 학습자의 후속 행동과 정서적 경험이 영향을 받는다고 본다.

③ "나는 언어에 대한 재능이 통 없나봐." (자신의 **능력** 부족으로 귀인)

④ "시험을 위하여 충분한 공부를 하지 못했던 것 같아." (자신의 **노력** 부족으로 귀인)

⑤ "이번 시험 문제는 나한테 너무 어려웠던 것 같아." (과제의 **난이도**로 귀인)

⑥ "내가 예상했던 문제가 하나도 안 나왔어! 행운이 따르지 않은 거야." (**운**으로 귀인)

귀인과 각 차원의 관계

	원인의 소재	안정성	통제 가능성
능력	내적	안정적	통제 불가
노력	내적	불안정적	통제 가능
운	외적	불안정적	통제 불가
과제의 난이도	외적	안정적	통제 불가

2) 자기결정성 이론(self-determination theory: SDT) : 데시(DECI)와 라이언(RYAN)

① 자기결정성은 환경에 대해 어떤 행동을 취할 것인가를 스스로 결정하는 것으로 개인의 의지를 사용하는 과정이다.

② 학생이 스스로 과제를 선택할 때, 보다 오랫동안 과제에 참여하고 즐거운 학습경험을 하게 된다.

③ 기본 가정으로 내재동기의 기초에 기본 심리욕구가 있으며 이 욕구들이 학습, 성장, 발달을 위한 동기를 제공한다고 설명한다. 인간은 **자율성**(autonomy), **유능감**(competence), **관계성**(relatedness)의 세 가지 기본 욕구를 가지고 있고 이를 충족하기 위해 노력한다.

3) 목표지향성(성취목표) 이론 : 숙달목표, 수행목표

① **숙달목표**(mastery goal) : 과제의 숙달 및 향상, 이해 증진 등 학습과정 자체에 가치를 부여하며 자신의 유능감을 발전시키는 것을 중요하게 생각하는 목표유형이다.

② 숙달목표 유형 학생 : 학습에 도전적, 노력 귀인, 절대적·내적 자기참조 평가, 내재동기

③ **수행목표**(perfomance goal) : 자신의 유능함과 능력이 다른 사람의 능력과 어떻게 비교되느냐에 초점을 둔 목표유형이다. 자신의 능력이 타인에 의해서 어떻게 평가받는가에 관심을 둔다.

④ 수행목표 유형 학생 : 쉬운 과제 선호, 능력 입증, 도움 요청 잘 안 함

047 와이너(Weiner)의 귀인이론에 의하면 그 요소가 외적이며, 안정적이고, 통제불가능한 귀인은? 21국

① 운 ② 능력 ③ 노력 ④ 과제난이도

048 다음 설명에 해당하는 동기이론은? 15국

> 학생은 자기 자신의 행동과 운명을 자율적으로 선택할 수 있다.
> 학습에 대한 선택권을 제공함으로써 학생의 자율성을 신장시킬 수 있다.
> 학생이 스스로 과제를 선택할 때, 보다 오랫동안 과제에 참여하고 즐거운 학습경험을 하게된다.

① 귀인이론 ② 기대 - 가치이론
③ 자기결정성 이론 ④ 자기효능감 이론

049 목표지향이론에서 제시하고 있는 수행접근목표에 해당하는 것은? 20국7

① 그림을 못 그린다고 놀림을 받을 것 같아 미술 과제를 제출하지 않았다.

② 지난번보다 더 나은 결과물을 만들기 위해 열심히 과제를 준비하였다.

③ 기말시험에서 경쟁자인 동급생보다 더 잘하기 위하여 열심히 공부하였다.

④ 뛰어난 운동선수가 실력이 떨어질 것 같아 새로운 기술의 습득을 주저하였다.

019 학습양식 및 학습의 이해

1) 장독립형과 장의존형

① 장독립형(field-independent)은 장(배경)의 영향을 별로 받지 않는 인지양식이고,
② 장의존형은 장(배경)의 영향을 많이 받는 인지양식이다.

학습유형	
장독립형	장의존형
분석적으로 지각 자신이 구조화할 수 있음 비판의 영향을 적게 받음	전체적으로 지각 구조화된 것이 필요함 비판의 영향을 많이 받음
교수유형	
개별학습 선호 주제소개로 질문 사용 정확한 피드백 : 부정적 평가 사용	협동학습 선호 수업상황 확인을 위해 질문 사용 적은 피드백 : 부정적 평가 피함
학생 동기화 방법	
개인 목표를 통해 과제가 그에게 얼마나 유용한지 알려주는 것 구조를 디자인할 자유를 주는 것을 통해	언어적 칭찬을 통해 다른 사람에게 과제의 가치를 보여주는 것 윤곽과 구조를 제시하는 것을 통해

2) 숙고형과 충동형

① 케이건(Kagan)과 동료들(1964)은 같은 그림 찾기 검사(Matching Familiar Figure Test:MFFT)를 통해 과제에 대한 반응속도와 반응에서 틀린 수로 개념적 속도라는 학습유형 차원을 제시하였다.
② 숙고형(reflective style)은 대답은 늦게 하지만 거의 틀리는 경우가 적다.
③ 충동형 (impulsive style)은 대답은 빨리하지만 틀린 답이 많다.
④ 충동형 학생은 문제를 해결할 때 빠른 행동을 좋아하지만, 숙고형 학생은 행동하기 전에 정보를 수집하고 분석하는 것을 좋아한다.
⑤ 단순한 문제의 경우에는 충동형이 나은 과제 수행을 보이지만, 다차원적인 복잡한 과제의 경우에는 모든 대안을 고려해야 하기 때문에 숙고형의 수행 수준이 높게 나타난다.
⑥ 그러나 극단적인 충동형과 숙고형은 모두 문제가 될 수 있다.

 Keyword

050 인지양식을 장독립적 양식과 장의존적 양식으로 구분할 때, 장독립적 양식을 지닌 학습자의 일반적인 특성으로 옳은 것은? 15지

① 정보를 분석적으로 처리한다.
② 개별학습보다는 협동학습을 선호한다.
③ 비구조화된 과제의 수행에 어려움을 겪는다.
④ 교사 또는 동료 학생과의 대인관계를 중시한다.

051 개인차에 대한 설명으로 옳지 않은 것은? 17국7

① 결정성 지능은 경험에 따라 변화될 수 있다.
② 창의적인 사람은 모호성을 잘 견디고 과제 집착력이 높은 경향이 있다.
③ 문제를 해결할 때 충동형 학습자는 속도에 주안을 두지만 숙고형 학습자는 정확성에 주안을 둔다.
④ 장독립형 학습자는 사물을 전체적으로 지각하기 때문에 정보 항목들 사이의 관련성을 파악하는 데 능하다.

020 지능(고전지능, 대안지능 : 가드너, 스턴버그)

1) 고전지능

① 스피어만(spearman) : 2요인설(일반요인, 특수요인), 능력의 차이는 일반요인의 개인차
② 서스톤(Thurstone) : 지능의 구성요인으로 7개의 기본정신능력
③ 길포드(Guilford) : 지능은 내용, 산출, 조작(operation)의 세 차원으로 구성
④ 카텔(R. B. Cattell) : 지능을 유동적 지능과 결정적 지능으로 구분
⑤ 유동적 지능(Fluid) : 유전적이고 생리적인 영향을 많이 받는 지능요인으로 암기, 지각, 추리와 같은 정보의 관계성이나 기억력과 관련된 능력
⑥ 결정적 지능(Crystallize) : 교육이나 훈련으로 형성, 정보의 내용과 관련된 것으로, 언어능력, 문제해결능력, 논리적 추리력과 같이 경험의 영향을 많이 받는 능력

2) 대안지능 : 가드너의 다중지능, 스턴버그의 삼원지능

① 인간의 지능을 사회 문화적 맥락을 고려하여 이해한다.
② 학교 수업과 평가는 학생의 강점 지능을 활용하고 약점 지능을 교정보완
③ 가드너(Gardner)의 다중지능이론은 8개의 독립적인 지능이 존재하며, 각각의 지능의 가치는 문화나 시대에 따라 달라진다.
④ 스턴버그의 삼원지능이론은 인간이 어떠한 문제를 해결하고 지적으로 행동하기 위한 정보를 어떻게 모으고 사용하는지의 관점에서 지능을 바라보았다.
⑤ 분석적 지능(analytical intelligence)은 지적인 행동과 관련되어 있는 인간의 정신과정과 연관된 것으로서 흔히 학문적인 영역의 지능을 의미한다. (메타, 수행, 지식획득 요소)
⑥ 창의적 지능(creative intelligence)은 인간의 경험과 긴밀하게 연관되어 있는 것으로서 창조적인 지능을 의미한다. (경험이론)
⑦ 실제적 지능(practical intelligence)은 전통적인 지능검사의 점수나 학업성취도와는 무관한 지능으로서 실용적인 능력을 의미한다. (맥락이론)

3) 플린 효과(Flynn effect) : 인간의 지능검사 점수가 해를 거듭할수록 점차 높아지는 세계적인 경향을 말한다.

Keyword

052 지능에 대한 설명으로 옳지 않은 것은? 20국

① 서스톤(Thurstone) - 지능의 구성요인으로 7개의 기본정신능력이 존재한다.
② 길포드(Guilford) - 지능은 내용, 산출, 조작(operation)의 세 차원으로 구성되어 있다.
③ 가드너(Gardner) - 8개의 독립적인 지능이 존재하며, 각각의 지능의 가치는 문화나 시대에 따라 달라진다.
④ 스턴버그(Sternberg) - 지능은 유동적 지능과 결정적 지능으로 구성되며 결정적 지능은 경험에 따라 변할 수 있다.

053 지능에 대한 학자의 설명으로 옳은 것은? 16국

① 길포드(J. P. Guilford)는 지능이 내용, 형식, 조작, 산출이라는 4개의 차원으로 구성된다고 가정하였다.
② 스턴버그(R. J. Sternberg)는 지능이 맥락적 요소, 정신적 요소, 시간적 요소로 구성된다는 삼위일체이론을 주장하였다.
③ 가드너(H. Gardner)는 지능이 사회문화적 맥락의 영향을 받지 않는, 서로 독립적이며 다양한 능력으로 구성되어 있다고 보았다.
④ 카텔(R. B. Cattell)은 지능을 유동적 지능과 결정적 지능으로 구분하고, 결정적 지능은 교육이나 훈련의 결과로 형성되는 것으로 보았다.

054 지능이론에 대한 설명으로 옳지 않은 것은? 14국

① 유동지능은 탈문화적이고 비언어적인 능력과 관련되며 두뇌발달에 영향을 받는다.
② 삼원지능이론에서는 일상적인 문제와 사회적 상황을 효과적으로 처리하고 반응하는 것이 지능의 주요 요소 중 하나이다.
③ 요인설을 통해 언어 능력과 추론 능력이 동시에 우수한 사람에 대한 설명이 가능하다.
④ 결정지능은 태어날 때 이미 결정되어 있기 때문에 새로운 지식이나 경험이 영향을 미치지 않는다.

1) 창의성

① 창의적 욕구를 장기간 억압할 경우 인성의 파멸을 유발하고 삶의 만족을 감소시킬 수 있기 때문에 창의적 사고는 인성발달과 정신건강에 중요하다.

② 창의적 사고는 정보습득에 중요한 역할을 하므로 궁극적으로 다른 지적 기능만큼 중요한 능력이다.

③ 창의적 사고는 지식을 일상의 개인적, 전문적 문제에 적용하는 데 중요한 역할을 한다.

④ 문명의 미래는 다음 세대의 창의적 상상력에 달려 있기 때문에 창의적 재능을 확인하고 개발하고 활용하는 것은 사회발전에 있어 매우 중요하다.

⑤ 인간이 창의적인 활동을 하고 있을 때 그 어느 때보다도 강한 생명력을 느낄 수 있으며, 만약 인간의 창의성이 고갈된다면 인류는 미래에 생존할 수 없을 것이기에 결국 인류의 생존은 창의성에 달려 있다.

2) 길포드(Guilford)의 창의성 : 유창성, 유연성, 독창성, 정교성, 민감성, 재정의 능력

① 길포드는 지능구조 모델(structure of intelligence)에서 창의적 사고는 지능구조의 한 부분인 확산적 사고(divergent thinking) 능력을 포함하는 것으로 보았다.

② **유창성(fluency)** : 확산적 사고의 요인으로 많은 답을 내는 것, 반응의 수

③ **유연성(flexibility)** : 다양한 답을 내는 것, 각기 다른 반응범주의 수로 측정

④ **독창성(originality)** : 남들이 생각하지 못한 답을 내는 것, 100명 중 10명 또는 5명 이하 반응

⑤ **정교성(elaboration)** : 아이디어를 세심하게 발전시킬 수 있는 것

⑥ 또한 창의사고에는 이러한 확산적 사고에 추가로 문제에 대한 **민감성(sensitivity)**과 **재정의(redefinition) 능력**이 포함된다고 하였다.

3) 렌줄리(J. S. Renzulli)가 제안한 영재성 개념의 구성요인

① 평균 이상의 일반능력
② 높은 수준의 과제집착력
③ 높은 수준의 창의성

Keyword

055 렌줄리(Renzulli)가 제시한 영재성의 세 가지 요소에 해당하지 않는 것은? `21지`

① 높은 도덕성
② 높은 창의성
③ 높은 과제집착력
④ 평균이상의 일반능력

056 창의성과 관련한 다음 진술 중 가장 적절한 것은? `02 중등`

① 유창성은 창의성의 주요 요소이다.
② 창의성은 학교 학업 성적에 영향을 주지 않는다.
③ 창의성이 높은 학생일수록 자신을 개방하려는 경향이 적다.
④ 지능이 높을수록 창의성이 높으며 그 상관계수는 약 80 정도이다.

III 진로상담

3	기본				22	21	20	19	18	17	16	15	14	13	12	11	10
22	진로상담	생활지도	기본원리						*		*		○				
23		정신분석	프로이드	방어기제	○		○	○			○		*		○		○
25		인간중심	로저스		*			*	*	○		*					○
26		인지주의	엘리스		*			*			*			○	○		
27		교류분석	번												○		
		현실요법	글레이서				*										
28		진로	홀랜드				○								○		

○ : 국가직 * : 지방직

1) 생활지도 원리

① **개인 존중과 수용** : 개인의 권리와 존엄성 및 가치의 인정
② **전인성(통합)** : 학생의 지, 덕, 체의 조화로운 성장 도모, 교육과정과 통합
③ **적극성** : 교정이나 처벌보다 **사전예방과 지도 및 선도에 중점**
④ **균등성** : 모든 학생을 대상
⑤ **계속성** : 1회성이 아닌 연속적인 과정

2) 생활지도 과정

① **학생조사활동** : 학생의 특성을 객관적, 과학적으로 파악 **예** 표준화 검사, 학업성취도 검사
② **정보활동** : 학생들의 환경 적응과 문제해결을 돕기 위해 각종 정보를 수집, 제공 **예** 교육정보, 직업정보
③ **상담활동** : 정보활동의 자료를 바탕으로 학생의 합리적이며 현실적인 의사결정을 지원
④ **정치활동** : 학생들의 희망과 적성을 고려하여 적재적소에 배치
⑤ **추수활동** : 사후 활동, 생활지도를 받은 학생이 어느 정도 적응, 개선되었는지를 알아보고 계속 지도하는 활동

Keyword

057 **학교교육에서 생활지도의 기본 원리로 옳지 않은 것은?** 14 국

① 치료나 교정보다 예방에 중점을 두고 있다.
② 학교 교육과정과 통합될 필요가 있다.
③ 문제유발 가능성이 없는 학생은 대상에 포함되지 않는다.
④ 개인의 권리와 존엄성 및 가치의 인정을 기초로 한다.

058 **(가), (나)에 해당하는 생활지도 영역을 바르게 짝지은 것은?** 18 지

> (가) 생활지도 업무를 담당하는 김 교사는 학기 초에 생활지도 계획을 수립하기 위해 전교생에게 학교생활 적응검사를 실시하였다.
> (나) 취업지도 업무를 담당하는 송 교사는 기업체에 취업한 졸업생들에게 전화를 걸어 직장 생활에 잘 적응하고 있는지를 점검하고 격려하였다.

	(가)	(나)
①	조사(調査) 활동	정치(定置) 활동
②	정보(情報) 활동	정치(定置) 활동
③	조사(調査) 활동	추수(追隨) 활동
④	정보(情報) 활동	추수(追隨) 활동

023 프로이드(S. Freud) 정신분석학

1) 개요
① 프로이드(Freud) 정신분석이론의 핵심개념은 무의식으로, 상담의 목표는 무의식을 의식화하는 것이다.
② 인간의 행동을 인과적 관계로 해석하는 결정론적 관점

2) 주요개념
① 원초아(id)는 인간의 본능들로 구성된 성격구조다. 이것은 태어날 때부터 존재하는 구조로서, 인간이 생존하기에 필수적인 욕구와 충동들을 포함하고 있다.
② 자아(ego)는 현실적인 외부세계와 관계를 가지며, 성격의 행정부로서 제어하고 통제하며, 조절한다. 자아는 현실원리에 입각하여 현실적이고 논리적인 사고를 하며, 욕구충족을 위한 활동계획을 수립한다.
③ 초자아(superego)는 성격의 도덕적인 부분, 혹은 양심에 해당된다. 초자아는 사람의 도덕적 규범으로서 행동의 선악과 옳고 그름에 관한 것이 초점이 된다.
④ 정신역동성은 성격구조들이 서로 상호작용하는 과정이다. 성격은 원초아, 자아, 초자아의 세 구조로 구성되어 있다. 원초아 속의 본능 혹은 충동들이 만족을 추구하려고 할 때마다 자아 혹은 초자아의 구조들은 원초아의 만족과 금지를 위하여 상호 역동적으로 기능한다.

3) 상담기법
① **자유연상** : 프로이드는 최면술보다는 브로이어(J. Breuer)가 사용했던 담화치료(talking cure)에 매료되어 이를 자유연상(free association)으로 발전시켰다. 자유연상은 내담자로 하여금 자신의 마음에 떠오르는 모든 것을 검열이나 비판 없이 표현하게 하는 방법이다.
② **꿈의 해석** : 잠을 잘 때 자아의 힘이 약해지므로 억압된 소망과 본능이 꿈을 통해 표현된다. 그러나 잠을 잘 때도 자아의 검열기능이 미약하게나마 작동하므로 꿈은 덜 위협적인 형태로 왜곡된 내용을 표현한다. 내담자가 보고한 꿈의 내용을 상담자가 듣고, 꿈의 의미를 내담자가 깨닫도록 설명하는 것을 해석이라고 한다. 따라서 프로이트에게 꿈의 해석은 무의식에 이르는 왕도다.
③ **전이의 분석** : 전이(transference)란 한 사람이 과거에 가졌던 의미 있는 인간관계에서 체험한 소망, 기대 혹은 좌절 등이 지금 여기에서 만나는 상대(예컨대, 상담자)와의 관계에서 무의식적으로 활성화되면서 반복되는 현상을 말한다. '전이'는 정신역동이론의 핵심 개념으로 내담자는 전이를 통하여 상담자를 과거의 중요한 사람으로 경험한다.

059 정신분석이론에 기초한 상담기법이 아닌 것은? 15국
① 자유연상
② 꿈의 분석
③ 전이의 분석
④ 무조건적인 긍정적 수용

060 정신분석 상담과 행동주의 상담의 공통점에 해당하는 것은? 18국
① 상담과정에서 과거 경험보다 미래 경험을 중시한다.
② 상담기법보다는 상담자의 인간적 자질과 진솔한 태도를 중시한다.
③ 인간의 행동을 인과적 관계로 해석하는 결정론적 관점을 가진다.
④ 비합리적 신념을 인식하고 수정하는 논박 과정을 중시한다.

024 프로이드의 심리성적 발달이론(psycho-sexual development theory)

1) 개요

① 정신분석학에서 성격발달단계를 최초로 설정하였고 성격이 생물적 성숙 요인에 의해 형성된다고 보았다. 어릴 적 한 번 형성된 성격은 회복 불가능하다고 주장한다.

② 건전한 성격의 아동을 키우기 위해 생리적 본능의 충족을 적절한 시기에 잘 얻도록 도와야 함을 시사했다는 점에서 의미를 갖는다.

③ 성격발달에 가장 영향력이 큰 것은 성 본능이며, 성적 에너지인 리비도(libido)가 일생 동안 정해진 순서에 따라 구강, 항문 및 성기와 같은 다른 신체 부위에 집중된다고 보고 일련의 발달단계를 기술하고 있어서 그의 이론을 심리성적이론(psychosexual theory)이라고 한다.

④ 각 단계에서 아동이 성적 쾌감을 충분히 느끼지 못하여 욕구불만이 생기거나 지나치게 몰두하면 고착(fixation) 현상을 일으켜 다음 단계로 순조롭게 발달이 이루어지지 못한다.

2) 주요개념

방어기제	정의	예시
동일시	• 상대와 비교해서 자신이 무능하다고 느끼는 사람이 상대의 바람직한 점을 자신에게 받아들여 자신과 유능한 사람이 같다고 여기는 것	• 부모가 자식의 성공을 자신의 성공으로 여긴다.
치환	• 어떤 대상에 대한 욕구를 충족시키지 못하여 불편감을 느낄 때, 대상을 바꾸어 원래의 욕구를 만족시키는 것	• 상사에게 꾸중을 들었지만 상사에게 표현하고 싶은 불만을 부하 직원에게 대신 표현한다.
반동형성	• 자기가 실제로 가지고 있는 감정과 정반대되는 감정을 나타내는 것	• 부모의 사랑을 빼앗아 간 어린 동생에 대한 증오심을 숨기기 위하여 동생을 더 예뻐한다.
합리화	• 자신의 욕구를 만족시키지 못하는 대상에 대해 그럴듯한 이유를 둘러대는 것	• 키가 닿지 않아서 먹고 싶은 포도를 따 먹지 못하게 된 여우가 "저건 맛없는 신 포도니까 먹을 가치가 없어."라고 말한다.
퇴행	• 심한 스트레스 상황에 처해 어린시절의 유치한 행동이나 원시적인 방어 행동으로 돌아가는 것	• 동생이 태어나자 형이 야뇨증세를 보이기 시작한다.
승화	• 원래의 욕구나 충동을 사회적으로 용납될 수 있는 방식으로 만족시키는 것	• 현실적으로 충족시킬 수 없는 성적욕구를 창작 활동으로, 공격적 충동을 스포츠 활동으로 표현한다.

Keyword

061 다음 설명에 해당하는 방어기제는? 19국

> • 사회적으로 용인될 수 없는 충동을 정반대의 말이나 행동으로 표출하는 과정
> • 친구를 좋아하면서도 표현하기가 힘든 아이가 긴장된 상황에서 '난 네가 싫어!'라고 말하는 것

① 억압(repression)　　　　② 반동형성(reaction formation)
③ 치환(displacement)　　　④ 부인(denial)

062 스트레스에 대처하는 다양한 방어기제들에 대한 설명으로 옳지 않은 것은?
12국

① 퇴행 - 만족이 주어졌던 발달 초기의 수준으로 돌아가 미숙한 반응을 나타내어 불안을 극복하려는 것

② 합리화 - 사회적으로 용납될 수 없거나 수치스러운 욕구가 외부로 나타나지 않도록 욕구와 반대되는 행동과 태도를 보이는 것

③ 승화 - 사회적으로 가치있는 일을 성취하려고 노력함으로써 자신이 억압당하고 있는 욕구를 만족시키는 것

④ 동일시 - 다른 사람의 행동특성이나 심리특성을 자신의 특성처럼 받아들여 불안을 극복하려는 것

025 인간(내담자)중심 상담이론 : 로저스^(C. Rogers), 매슬로우^(Maslow)

1) 개요

① 칼 로저스(Carl Rogers)에 의해 창시된 인간중심상담은, 인간은 선하며 독특한 존재이며 근본적으로 자신의 문제를 스스로 해결할 수 있는 **가능성과 잠재력**을 가지고 태어났다고 보았다.

② 모든 인간은 지지해주고 존중해주며 신뢰해주는 환경에서 자아실현을 강조하고, 인간행동을 설명할 때 원인보다는 목적, 과거보다는 **미래에 관심**을 갖는다.

③ 행동주의의 인간에 대한 **결정론적 관점에 반대**하고 **인간의 자유의지를 중요시**한다.

④ 이 이론의 초기 명칭은 비지시적 상담이었는데, 발전하는 과정에서 **내담자중심상담**으로 불리웠고, 그 후 **인간중심적 상담**으로 명칭이 바뀌었다.

⑤ 인간의 행동은 지금 그리고 여기에서 어떻게 생각하고 느끼느냐에 따라 결정된다고 보았다. 외적으로 부여된 가치의 조건화가 주관적인 경험을 왜곡하고 부정할 때 문제가 발생한다고 본다. 즉, 객관적 현실이 아닌, 지금 여기에서의 주관적인 경험세계에 초점을 두고 인간의 행동을 이해하려고 하였다.

⑥ 인간중심상담에서는 내담자의 성장을 돕기 위해 상담자가 갖추어야 할 세 가지 조건으로, 진솔성(솔직성), 무조건적인 긍정적 존중과 수용, 그리고 공감적 이해를 들고 있다.

2) 상담 기법 : 진솔성, 무조건적인 긍정적 존중, 공감적 이해

① **진솔성(솔직성)** : 내담자의 경험에 대한 상담자의 반응으로, 상담자가 내담자와의 관계에서 감지되는 바를 왜곡하거나 부정하지 않고, 순간순간 경험하는 감정을 있는 그대로 솔직히 인정하고 표현하는 태도이다.

② **무조건적인 긍정적 존중과 수용** : 상담자가 내담자를 그 어떠한 가치 기준도 적용하지 않은 채, 상담자가 내담자를 하나의 인격체로서 있는 그대로 수용하고 무조건적으로 존중해 주는 것이다.

③ **공감적 이해** : 상담자가 여기와 지금에서 나타나는 내담자의 감정과 경험을 민감하고 정확하게 느끼는 것이다. 즉, 내담자의 내면적 감정을 마치 상담자가 자신의 감정인 것처럼 느끼는 것을 말한다. 몸은 둘이지만 느끼는 감정은 하나인 것과 같다.

063 로저스(C. Rogers)의 인간중심 상담이론에 대한 설명으로 적절하지 않은 것은? 17국

① 인간에게는 선천적으로 자아실현의 경향이 있다고 본다.

② 내면의 경험을 자각하고 수용할 수 있도록 하기 위해 지금 - 여기보다 과거에 더 주목한다.

③ 상담자가 갖추어야 할 중요한 태도로 진솔성, 무조건적 긍정적 존중, 공감적 이해를 제안하였다.

④ 외적으로 부여된 가치의 조건화가 주관적인 경험을 왜곡하고 부정할 때 문제가 발생한다고 본다.

064 다음의 특징을 가진 상담기법은? 19지

- 비(非)지시적 상담이라는 별칭을 갖고 있다.
- 상담자와 내담자 사이의 촉진적 관계를 강조한다.
- 인간은 합목적적이고 건설적이며 선한 존재라고 가정한다.
- 상담의 목표는 내담자가 자신의 모습대로 살아가게 하고 잠재력을 실현하도록 하는 데 있다.

① 인지적 상담기법
② 행동주의 상담기법
③ 인간 중심 상담기법
④ 정신분석 상담기법

1) 개요

① 인간의 심리적 문제는 여러 가지 사고 중에서 어떤 상황이나 외부에서 주어진 자극을 합리적이지 못한 방식으로 지각하고 받아들이기 때문에 일어난다는 것이다.

② 어떤 사건을 자신이 가지고 있는 비합리적인 사고방법으로 해석하기 때문에 정서적 문제를 경험하게 된다는 것이다.

③ 따라서 인간의 비합리적인 사고로 인해 나타나는 문제를 해결하기 위해서는 비합리적 사고를 합리적인 사고로 바꾸어야 한다고 주장한다.

④ 심리적 고통과 그 고통의 처리에 대한 엘리스의 작업 뒤에는 두 가지 주요 논제가 있다. 첫 번째 논제는 사람들은 세상 사건에 감정적으로 반응하는 것이 아니고 그 사건에 대한 자신의 신념에 반응한다는 것이다. 두 번째 논제는 더 독특하다. 심리적 고통을 만드는 신념은 특별한 성질을 가진다는 것이 그의 주장이다. 그것은 비합리적이다. 즉 그 신념은 자신의 심리적 고통을 가져올 것이 분명하기 때문에 합리적인 사람이 심사숙고하다 보면 결코 그런 신념을 가지고 싶어 하지 않을 것이다. 결국 엘리스에 따르면 심리적 어려움의 원인은 비합리적인 신념 또는 우리가 스스로에게 하는 비합리적인 진술이다. 예를 들어 뭔가를 꼭 해야 한다는 신념, 어떤 식으로 느껴야만 한다는 신념, 다른 사람들은 늘 우리를 어떤 식으로 대해야 마땅하다는 신념이다.

2) 인간관

① 인간은 합리적이고 올바른 사고를 할 수 있는 존재일 뿐만 아니라 비합리적이고 올바르지 못한 왜곡된 사고도 할 수 있는 존재이다.

② 인간이 실수할 수 있다는 것을 인정하고, 계속 실수를 하면서도 더 평화롭게 사는 것을 배우는 창조물인 자신을 수용하도록 돕는다.

3) 비합리적 신념

사람들이 정서적 문제를 겪는 이유는 일상생활에서 겪는 구체적인 사건들 때문이 아니라 그 사건을 합리적이지 못한 방식으로 지각하고 받아들이기 때문이다^(Ellis, 1989). 즉, 어떤 사건을 자신이 가지고 있는 비합리적인 사고방법으로 해석하기 때문에 정서적 문제를 경험하게 된다는 것이다.

- 나는 내가 만나는 모든 사람에게 사랑이나 인정을 받아야 한다고 생각한다.
- 나는 완벽할 정도로 유능하고 합리적이며 가치 있고 성공한 사람으로 인식되어야 한다.
- 어떤 사람들은 나쁘고 사악하고 악랄하기 때문에 비난과 벌을 받아야 한다.
- 내가 원하는 대로 일이 되지 않는 것은 내 인생에서 큰 실패를 의미한다.

Keyword

065 다음 설명에 해당하는 상담이론으로 가장 적절한 것은? `13국`

> 내담자의 사고 과정을 수정 또는 변화시켜 정서적 장애와 행동적 장애를 극복하게 하는 데 상담의 중점을 둔다. 정서적 장애는 주로 비적응적인 사고 과정의 결과로서, 이 잘못된 사고 과정을 재구성하는 것이 상담의 주요 과제라고 본다.

① 인지적 상담   ② 행동 수정 상담
③ 인간 중심 상담   ④ 의사결정적 상담

066 엘리스(A. Ellis)의 합리적·정서적 상담에 대한 설명으로 옳은 것은? `16지`

① 내담자의 이상적 자아와 현실적 자아의 일치를 정신건강의 지표로 간주한다.

② 주요 상담기법으로 자유연상, 꿈의 분석, 전이의 분석, 저항의 해석이 있다.

③ 상담자는 내담자로 하여금 자신의 문제가 왜곡된 지각과 신념에 기인한 것임을 깨닫도록 논박한다.

④ 내담자는 부모, 어른, 아이의 세 가지 자아를 필요에 따라 적절하게 사용할 수 있는 능력을 갖추는 것이 중요하다.

1] 교류분석(Transactional Analysis: TA) 상담 : 에릭 번(Eric Berne)

(1) 자아상태(ego-state)

① **어버이 자아**(P) : 정신분석에서의 **초자아** 기능처럼 가치체계, **도덕 및 신념**을 표현하는 것으로 주로 부모나 형제 혹은 정서적으로 중요한 인물들의 행동이나 태도의 영향을 받아 형성된다.

② **어른 자아**(A) : 객관적 사실에 의해 사물을 판단하고 감정에 지배되지 않으며 **이성**과 관련되어 있어서 사고를 기반으로 조직적, 생산적, 적응적 기능을 하는 성격의 일부분으로 정신분석의 자아개념과 같이 설명될 수 있다.

③ **어린이 자아**(C) : 어린 시절 실제로 경험한 **감정**이나 행동 또는 그와 비슷한 느낌이나 행동에 관한 성격의 일부분이다. 정신분석의 **원초아**(id)의 기능처럼, 내면에서 **본능적**으로 일어나는 모든 충동과 감정 및 5세 이전에 경험한 외적인 일들에 대한 감정적 반응체계를 말한다.

2] 현실요법상담 : 윌리엄 글래서(William Glasser)

① 글래서의 현실요법상담은 정신분석의 결정론적 입장을 반대하며,

② 인간은 자유롭고 자신의 목표를 스스로 선택하고자 하는 욕구를 가진 존재로 궁극적으로 **자기결정**을 하며 **자기 행동 및 삶에 책임**을 질 수 있는 존재라고 본다.

③ 즉, 우리 모두가 성장할 수 있는 힘(growth forth)을 가지고 있으며, 이 힘이 우리의 환경을 통제하면서 다섯 가지 생리적인 욕구(생존, 사랑 성취, 즐거움, 자유)를 충족시키고 성공적인 정체감을 발전시킬 수 있다고 본다.

④ '거의 대부분의 인간의 행동은 자신이 선택한 것이다.'라는 관점을 가지고 따라서 선택한 행동에 대한 책임이 개인에게 있음을 강조한다. (실존주의 선택)

067 상담이론에 대한 설명으로 옳지 않은 것은? 12국

① 프로이드(Freud) 정신분석이론의 핵심개념은 무의식으로, 상담의 목표는 무의식을 의식화하는 것이다.

② 글레이서(Glasser)의 현실주의 이론은 책임있는 행동이 성공적인 자아 정체의식을 효과적으로 형성한다고 가정한다.

③ 엘리스(Ellis)의 합리적 - 정서적 치료이론은 인지적 측면의 합리성과 정의적 측면의 정서, 행동주의의 원리를 절충한 방법이다.

④ 번(Berne)의 교류분석이론은 인간을 원본능, 자아, 초자아의 세 가지 자아상태로 구성된 존재로 간주한다. 이에 인간이 가진 신체적 욕구와 심리적 욕구들은 다른 사람과의 교류를 통해서만 충족될 수 있다고 강조한다.

068 다음 설명에 해당하는 상담이론은? 21지

> 이 상담이론에서는 인간이 통제력 또는 선택할 수 있는 능력을 갖고 있으므로, 궁극적으로 자기 삶에 책임을 가져야 한다고 주장한다. 상담의 목표는 내담자로 하여금 책임 있는 행동을 학습하여 성공정체감을 발달시키게 하는 것이다. 따라서 상담자는 내담자에게 '원하는 게 무엇인지를 확인한 후 지금부터 계획을 세우자'고 유도함으로써 내담자가 변명이나 구실을 찾지 못하게 하고 자신의 감정이나 행동에 책임을 지도록 도와준다.

① 인간중심 상담　　　　② 정신분석적 상담

③ 행동주의 상담　　　　④ 현실 요법

1) 개요

① 홀랜드(Holland)는 유형론에 초점을 두고 있다. 즉, 개인은 여섯 가지 기본 성격유형(실재적, 탐구적, 예술적, 사회적, 설득적, 그리고 관습적) 중의 하나와 유사하다고 주장한다.

② 홀랜드는 개인은 자신의 능력과 기술을 발휘하고 태도 및 가치를 표현하고 자신에게 알맞은 역할을 수행할 수 있는 환경을 찾는다고 가정하였고, 개인의 행동은 성격과 환경적 특성의 상호작용에 따라 결정된다고 보았다.

③ 즉, 개인의 성격유형이 진로선택 및 발달에 중요한 영향을 끼치기 때문에 개인의 **직업적 흥미는 곧 그 사람이 가진 성격의 표현**이라고 주장하였다.

2) 여섯 가지 성격유형

① 실재적(realistic) : 기계, 도구, 동물에 관한 체계적인 조작 활동을 좋아함. 사회적 기술 부족. (기술자)

② 탐구적(investigative) : 분석적이고 호기심이 많고 조직적이며 정확함. 리더십 기술이 부족. (과학자)

③ 예술적(artistic) : 표현이 풍부하고 독창적이며 비순응적. 규범적인 기술 부족. (음악가와 미술가)

④ 사회적(social) : 다른 사람과 일하고 돕는 것을 좋아함. 조직활동을 싫어하고 기계적이고 과학적인 능력이 부족함. (사회복지가, 교육자, 상담가)

⑤ 설득적(기업가적) (enterprising) : 조직목표나 경제적 목표를 달성하기 위해 타인을 조작하는 활동을 함. 상징적이고 체계적인 활동을 싫어하고 과학적 능력이 부족함. (기업경영인, 정치가)

⑥ 관습적(conventional) : 체계적으로 자료를 잘 처리하고 기록을 정리하거나 자료를 재생산하는 것을 좋아함. 심리적 활동을 피함. (경리사원, 사서)

Keyword

069 홀랜드(Holland)가 제안한 직업흥미유형 간 유사성이 가장 낮은 조합은? 20국

① 탐구적(I) - 기업적(E)

② 예술적(A) - 사회적(S)

③ 사회적(S) - 기업적(E)

④ 예술적(A) - 탐구적(I)

070 홀랜드(Holland)의 진로이론에 대한 설명으로 옳지 않은 것은? 12국

① 대부분의 사람들은 실재적, 탐구적, 예술적, 사회적, 기업가적인 다섯 가지 유형 중의 하나로 분류될 수 있다.

② 실재적 유형은 기계, 전기 등과 같이 옥외에서 하는 육체노동에 관련된 직업을 선택하는 경향이 높다.

③ 사회적 유형과 예술적 유형은 매우 높은 상관이 있다.

④ 진로의식의 핵심요소로 직업흥미를 중시한다.

IV 교수학습

029 브루너(J. Bruner)의 교수이론 : 발견학습(discovery learning)

030 오수벨(D. Ausubel)의 유의미 수용학습 이론, 개념

031 가네(Gagne)의 처방적 교수 이론 : 목표별 수업 이론

032 교수설계이론 : ADDIE모형

033 켈러(J. Keller)의 ARCS 모형 : 주의, 관련성, 자신감, 만족감

034 라이겔루스(C. Reigeluth), 메릴(M. D. Merrill)

035 협동학습과 개별학습

036 구성주의 학습

037 구성주의 학습이론

038 공학

039 원격교육과 블렌디드 교육

4	기본				22	21	20	19	18	17	16	15	14	13	12	11	10
29	교수방법	객관주의	브루너	발견학습	*		*	*			○	*					
30			오수벨	유의미 학습	0												
			캐롤	학교학습모형													
			블룸	완전학습													
31			가네	처방적 교수			○		○	*					○		
32			교수설계	ADDIDE		○	*					*					
				딕앤캐리							*						
33			켈러	ARCS		○			○								
34			라이겔루스	정교화									*				
			메릴	내용요소제시													
심화			토의토론		*												
35			개별화 수업								○						
			협동학습		○*				*		*			○			
36		구성주의	개념				*			○				*	○		
37			인지유연성	스피로													
			상황학습	브라운				○									
			인지적도제	콜린스		*	○						*				
			정착수업	밴더빌트대학													
			상호교수	팔린사와브라운													
			PBL	배로우스	*							○					
심화			구성주의학습환경	조나센													
심화		공학	ASSURE모형														
38			영역									○					
39			원격교육				*										
			교수매체							○			○				
			블랜디드 거꾸로		*			○		*							
			emu러닝		○											○	

○ : 국가직 * : 지방직

029 브루너(J. Bruner)의 교수이론 : 발견학습(discovery learning)

1) 개요
① 발견학습은 학생이 교사의 설명에 의해 지식을 습득하는 것이 아니라 **학생 스스로 문제해결의 과정을 통해 지식을 발견하는 것이다.**
② 기본적 원리나 개념의 이해를 통해 전이의 가능성을 최대로 한다.
③ 교수-학습의 과정에서 지식습득의 결과보다는 과정을 중시한다.
④ 외재적 보상보다는 내재적 보상(적절한 피드백을 제공)을 강조한다.

2) 교수 이론의 주요 개념 : 학습경향성, 지식의 구조, 계열성, 강화
① **학습경향성** : 학습하기 전에 학생이 학습에 대해 갖고 있는 경향성으로 학습동기의 개념에 해당한다.
② **지식의 구조(structure of knowledge)** : 브루너의 교수 이론에서 가장 특징적인 것이 **지식의 구조**이다. 지식의 구조란 한 학문을 구성하고 있는 가장 기본적인 아이디어, 개념, 원리, 법칙 등을 말한다. 지식의 구조가 중요하게 고려되는 이유는 표현방식이 다양하다는 것, 경제성이 있다는 것, 그리고 생성력이 높다는 것이다.
③ **표현방식의 다양성** : 작동적 · 영상적 · 상징적
④ **계열성(sequence)**이란 학습할 과제를 제시해 주는 순서와 관련되어 있다. 일반적으로 쉬운 내용을 먼저 학습하고 어려운 내용으로, 구체적인 개념을 학습하고 추상적인 학습으로 나아가는 것이 특징이다.
⑤ **강화(내적＞외적)** : 강화(reinforcement)란 학습결과에 대해 보상을 주는 것을 말한다. 학습자가 스스로 탐구해 가는 발견학습에서 교사는 학습자의 학습정도를 수시로 확인해 주어야 한다. 그렇게 함으로써 학습의 방향이 옳게 나아갈 수 있다.

3) 발견학습의 특징
① 교재의 기본구조에 대한 철저한 학습을 강조한다. (개념, 원리, 지식의 구조)
② 학습의 결과보다 과정과 방법을 중요시한다. (학습과정에서의 방법적 지식)
③ 학습자의 능동적인 학습을 강조한다. (내적 보상 강조)
④ 학습효과의 전이를 중시한다. (방법적 지식은 다양한 장면에 적용, 전이)

Keyword

071 브루너(Bruner)의 교수이론에 대한 설명으로 옳지 않은 것은? 20지

① 어떤 교과든지 지적으로 올바른 형식으로 표현하면 어떤 발달 단계에 있는 아동에게도 효과적으로 가르칠 수 있다.
② 학습자의 발달 단계에 맞게 학습내용을 구조화하고 조직함으로써 학습자가 교과내용을 잘 이해할 수 있다.
③ 지식의 표상 양식은 영상적 표상으로부터 작동(행동)적 표상을 거쳐 상징적 표상의 순서로 발달해 나간다.
④ 지식의 구조를 이해하게 되면 학습자 스스로가 사고를 진행할 수 있으며, 최소한의 지식으로 많은 것을 알 수 있다.

072 브루너(J. Bruner)의 발견학습이론에 근거한 교사의 행동으로 가장 거리가 먼 것은? 06 중등

① 외재적 보상보다 내재적 보상을 강조한다.
② 다양한 학습 자료를 준비하여 제시한다.
③ 어떤 사건의 원인과 결과를 찾도록 한다.
④ 모든 교과 학습에 동일한 탐구 방식을 적용한다.

073 다음에서 설명하는 교수 - 학습방법은? 15지

• 브루너(J. Bruner)에 의해 제시되었다.
• 수업의 과정은 '문제인식, 가설설정, 가설검증, 적용'의 순으로 진행된다.
• 교사는 지시를 최소한으로 줄이고, 학생 스스로 자발적인 학습을 통해서 학습목표를 달성하도록 지도한다.

① 설명학습　　② 협동학습　　③ 발견학습　　④ 개별학습

오수벨(D. Ausubel)의 유의미 수용학습 이론, 개념

1) 개요

① 브루너(J. Bruner)의 발견학습이 학습자가 중심이 되어 구체적인 경험을 통해 이론으로 나아가는 것(귀납적 계열)이라면, 오수벨(D. Ausubel)의 이론은 교사의 설명을 통해 의미로운 학습이 이루어진다는 것이다.

② 따라서 오수벨의 이론을 수용학습 또는 설명식 수업이라고도 한다.

2) 유의미 언어학습의 조건(유의미 학습과제, 관련정착지식, 유의미 학습태세)*

유의미 언어학습(meaningful verbal learning)이 이루어지기 위한 조건은 학습과제가 갖추어야 할 조건, 인지구조가 갖추어야 할 조건, 그리고 학습자 자신이 갖추어야 할 조건으로 구분해서 볼 수 있다.

① **학습과제가 갖추어야 할 조건** : 유의미 학습과제(실사성, 구속성)

② **인지구조가 갖추어야 할 조건** : 관련 정착 지식이 있어야 한다. 새로운 학습과제가 의미롭게 학습되려면 학습자의 기존 인지구조 속에 새 학습과제와 어떠한 관련을 맺을 수 있는 지식이 있어야 하는데, 이 지식을 관련정착 지식이라한다.

③ **학습자가 '유의미 학습태세'를 갖추어야 한다.** 유의미 학습태세란 학습하려는 동기를 말한다.

④ **포섭(subsumption)** : 새로운 학습과제를 학습자의 인지구조 속에 병합시키는 과정이며, 이것이 곧 학습이다.

3) 선행조직자

① **선행조직자**는 수업의 도입 단계에서 교사가 해주는 언어적 설명으로, **학습과제와 인지구조 사이에 다리를 놓아주는 기능**을 한다.

② 선행조직자는 학습과제의 성질, 학습자의 기존 인지구조의 수준 등에 따라 설명조직자와 비교조직자를 적절하게 활용하여야 한다.

　㉠ **설명조직자** : 학습과제와 학습자의 인지구조 사이에 **전혀 관련이 없을 때** 사용한다. 교사가 학습과제보다 상위에 있는 지식을 설명해 주는 것이다.

　㉡ **비교조직자** : 학습과제와 학습자의 인지구조 사이에 **어떠한 유사성이 있는 경우**에 사용한다. 즉, 학습과제와 인지구조 간의 유사점과 차이점을 지적해 주면서 상호관계를 부각시켜 명료하게 함.

Keyword

074 다음 내용에 해당하는 교수학습이론은? 22지

> • 새로운 지식·정보와 선행 학습내용의 통합을 강조한다.
> • 학습자의 인지구조에 알맞게 포섭 및 동화되도록 학습과제를 제시한다.
> • 일반적이고 포괄적인 지식을 먼저 제시하고, 그다음에 세부적이고 상세한 지식을 제시한다.

① 블룸(Bloom)의 완전학습이론
② 오수벨(Ausubel)의 유의미학습이론
③ 스키너(Skinner)의 행동주의 학습이론
④ 콜린스(Collins)의 인지적 도제학습이론

075 박 교사는 오수벨(D. Ausubel)의 유의미 수용학습 이론에 따라 수업을 하고자 한다. (가), (나), (다)에 들어갈 내용을 바르게 짝지은 것은? 10 중등

> 박 교사는 학생들에게 먼저 수업목표를 명확히 제시하고, 수업내용을 쉽게 이해하도록 하기 위해 수업내용을 포괄하는 예를 (가)로 제시하였다. 박 교사는 (가)가 학생들의 인지구조 내에서 새로운 학습내용을 (나)하여 의미 있는 수용학습이 이루어지도록 촉진할 것이라고 기대하였다. 그 이유는 수업내용을 학습하기 전에 수업내용에 관한 포괄적인 예를 제시하면 그것이 (다)의 역할을 수행하여 학습의 정교화를 촉진할 것이기 때문이다.

	(가)	(나)	(다)
①	비교조직자	대조	정착 아이디어(anchoring ideas)
②	비교조직자	포섭	지식망(knowledge network)
③	설명조직자	대조	정착 아이디어(anchoring ideas)
④	설명조직자	포섭	지식망(knowledge network)
⑤	설명조직자	포섭	정착 아이디어(anchoring ideas)

1) 개요

① 가네(R. Gagné)는 교수목표(학습결과)에 따라 학습조건(conditions)이 달라져야 한다고 주장했다.

② **5가지 학습결과**(outcomes) : **언어정보, 지적기능, 인지전략, 태도, 운동기능**

③ **지적 기능**(intellectual skills) : **변별 - 개념 - 원리 - 문제해결** 순서로 가르친다.

④ 학습자의 내적 학습 과정을 지원하기 위한 9가지 외적 교수사태(events) : **9단계 수업사태**

⑤ 학습안내 : 학생들에게 학습내용에 대한 힌트나 질문을 던진다. 지난 시간에 학습한 내용과의 유사점과 차이점을 설명해준다.

2) 학습결과(learning outcomes) : 5가지 학습영역

① **언어정보**(verbal information) : 정보를 진술하거나 말하는 능력으로 선언적 지식 또는 명제적 지식이라고도 한다. 사물의 이름이나 단순한 사실, 원리, 조직화된 정보 등을 말한다.

② **지적기능**(intellectual skills) : 변별 – 개념 – 원리 – 문제해결 순서로 가르친다.

지적 기능은 대상이나 사건 등을 구별하고, 결합하고, 도표화하고, 분류하고, 분석하고 적용하는 등 기호나 상징을 사용하거나 방법을 아는 것으로 절차적 지식이라고도 한다. 학교교육에서 가장 많은 비중을 차지하는 영역이다.

③ **인지전략**(cognitive strategies) : 학습자 스스로 학습하고, 기억하고, 사고하는 과정을 관리하는 능력을 의미하는 것으로, 학습자 스스로 자신의 내적 인지과정을 유의미하게 통제하고 조절하는 메타인지적 사고(metacognitive)도 이에 포함된다.

④ **태도**(attitudes) : 태도는 사람·사물 방안 등에 대해 나타나는 개인의 경향성을 의미하는 것으로 구체적인 수행을 결정하는 내적인 경향성을 말한다.

⑤ **운동 기능**(motor skills) : 운동 기능은 신체적 움직임을 행할 수 있는 능력으로, 바느질을 하거나 공을 던지거나 기계를 조작하는 등의 행동 계열을 수행하는 능력을 의미한다.

3) 9가지 수업사태(events of instruction)

① 주의 집중

② 목표 제시

③ 사전학습 요소의 회상 자극

④ **자극자료의 제시** 예 학습내용의 적용 예를 설명, 핵심 요소를 설명. 관련된 영상자료를 보여준다.

⑤ **학습의 안내** 예 학생들에게 학습내용에 대한 힌트나 질문을 던진다. 지난 시간에 학습한 내용과의 유사점과 차이점을 설명해 준다.

⑥ 수행의 유도

⑦ 피드백의 제공

⑧ 수행의 평가

⑨ 파지와 전이의 촉진

Keyword

076 다음 설명에 해당하는 가네(R. Gagné)의 학습 결과 유형은? 18국

> • 학습자가 그의 주위 환경을 개념화하여 반응하는 능력을 말한다.
> • 지식이나 정보의 내용(what)을 아는 것이 아니라, 그 방법(how)을 아는 것으로 정의한다.
> • 복잡성 수준에 따라 가장 단순한 것에서부터 변별, 개념, 규칙, 문제해결 등의 형태로 이루어져 있다.

① 지적기능　　　　　　② 인지전략

③ 언어정보　　　　　　④ 운동기능

077 가네(Gagné)가 제시한 수업 설계 이론의 기본 가정을 가장 적절하게 설명한 것은? 02초등

① 수업이 추구하는 학습의 결과 유형에 따라서 수업을 설계해야 한다.

② 학습자의 고차적 사고 능력의 향상에 초점을 두고 수업을 설계해야 한다.

③ 사용할 수업 매체를 결정하고 난 후 매체의 성격에 따라 수업을 설계해야 한다.

④ 포괄적이고 일반적 내용이 구체적 내용에 앞서 제시되도록 수업을 계열화해야 한다.

078 학습에 대한 인지적 접근에서 말하는 선언적 지식(declarative knowledge)에 해당하는 가네(R.M.Gagné)의 교육목표는? 11국7

① 언어정보　　　　　　② 지적기능

③ 인지전략　　　　　　④ 태도

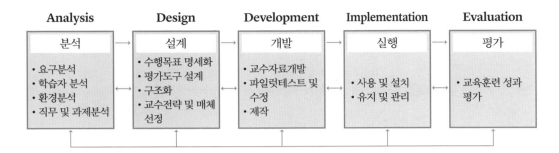

1) 분석 단계(Analysis)

① 교수목표 설정을 위한 요구분석(현재 수준과의 차이)
② 학습자 분석 : 일반적인 특성, 출발점 행동, 사회경제적 수준, 동기, 학습양식
③ 환경(Contexts / Settings) 분석 : 학습한 기술을 사용할 환경과 상황
④ 직무/과제 분석 : 교수내용을 분석

2) 설계 단계(Design) : 선행단계인 분석단계의 결과를 토대로 수행목표 서술, 평가도구 개발 및 교수전략 선정 · 개발이 이루어진다.

① 수행목표 서술 : 성취목표를 구체적으로 명세화
② 평가도구 개발 : 학습성취를 측정할 평가도구를 설계하고 개발
③ 교수전략 선정 개발

3) 개발 단계(Development) : 분석과 설계 단계의 결과인 교수의 청사진에 따라 교수 프로그램을 개발하는 이 단계에서는 교수자료의 개발과 형성평가 실시에 따른 자료의 수정보완이 이루어진다.

4) 실행 단계(Implementation) : 이 단계는 완성된 교수 프로그램을 현장에서 사용하고 이를 유지, 관리하는 활동을 포함한다.

5) 평가 단계(Evaluation) : 이 단계에서는 설계가 완료된 교수자료의 효과를 총체적으로 평가하는 활동을 포함한다. 총괄평가는 교수설계와 관련된 요원을 중심으로 하는 내부평가와 별도의 전문인에 의해 실시하는 외부평가로 이루어질 수 있다.

079 교수설계이론에 대한 설명으로 옳은 것은? 20 지

① 개발단계 - 학습을 위해 개발된 자원과 과정을 실제로 사용하는 것을 말한다.
② 실행단계 - 설계에서 구체화된 내용을 물리적으로 완성하는 단계로 실제 수업에서 사용할 자료를 만든다.
③ 평가단계 - 앞으로의 효과 및 결과를 예견하고 평가하는 과정으로 학습과 관련된 요인과 학습자 요구를 면밀히 분석한다.
④ 설계단계 - 설정된 목표를 달성하기 위해 어떤 내용을 어떻게 조직하고 제시해야 효과적인 결과를 얻을 것 인가를 핵심질문으로 하는 수업의 청사진이다.

080 체제적 교수설계(ADDIE) 모형에서 '개발(development)' 단계에 해당하는 활동은? 15 지

① 교수자료 및 매체를 제작한다.
② 학습자의 선수지식 정도를 확인한다.
③ 수업목표에 따라 단원의 계열을 결정한다.
④ 학습과제의 특성과 하위요소 간의 관계를 파악한다.

081 교수설계절차인 ADDIE 모형의 단계에 대한 설명으로 옳지 않은 것은? 16국 7

① 설계 - 평가도구를 고안하고 교수전략과 교수매체를 선정한다.
② 개발 - 실제 수업에 사용할 교수 프로그램이나 교수자료를 제작한다.
③ 분석 - 요구분석, 환경분석, 과제분석 등을 포함한다.
④ 실행 - 투입된 교수자료의 효과성과 효율성을 결정한다.

1) 이론의 배경

① 켈러가 개발한 ARCS 모형은 **주의**(Attention), **관련성**(Relevance), **자신감**(Confidence), **만족감**(Satisfaction)의 영어두음을 조합한 모형으로 보통 '악스(**ARCS**)모형'이라 불린다.

② 행동을 일으키는 원인으로 정의되는 동기는 심리학 분야에서 오랫동안 연구되어 온 주제이다. 한 연구에서 동기는 학업성취의 주요 요인으로 학업성취 변량의 16~38%를 설명한다고 보고되기도 하였다.

③ 켈러는 학습과 동기에 관한 행동주의적, 인지주의적 이론들을 통합하여 효과적, 효율적으로 교수에 적용할 수 있는 동기 모형을 개발하였다. 켈러의 악스모형은 국내 평생교육이나 이러닝 교수설계에 매우 적극적으로 활용되고 있는 모형이다.

2) 이론의 가정

① 학습 동기는 수업에 적용되는 동기 전략에 따라 조절될 수 있다. 즉, 학습자의 동기는 교수전략에 따라 적절하게 증진될 수 있는 변인인 것이다.

② 동기의 조절은 체계적인 접근을 통해 촉진될 수 있다. 동기와 관련되는 노력, 수행, 결과를 체계적으로 고려하였을 때 동기는 촉진될 수 있다.

3) 주요 개념

① 주의집중(**Attention**) : 주의집중을 위해 교사가 고려해야 하는 핵심적인 질문은 '학습자의 주의집중을 어떻게 유발시키고 어떻게 유지시킬 수 있는가?'이다.

　예 비일상적인 내용이나 사건의 제시를 통해 흥미 유발

② 관련성(**Relevance**) : 관련성을 위한 핵심 질문은 '이 수업이 어떠한 측면에서 학습자에게 가치 있을 수 있는가?'이다.

　예 친밀한 인물이나 사건의 활용

③ 자신감(**Confidence**) : 자신감을 위한 핵심 질문은 '학습자들이 자신의 통제하에서 성공하도록 하기 위해 어떻게 도와줄 수 있는가?'이다.

　예 도전감을 느낄 수 있는 문제를 제시하고, 이를 해결했을 때 기분 좋게 느끼도록 한다. 쉬운 것에서 어려운 것의 순서로 과제 제시

④ 만족감(**Satisfaction**) : 만족감을 위한 핵심 질문은 '학습자들이 그들의 학습경험에 대해 만족하고, 계속적으로 학습하려는 욕구를 가지도록 하기 위해 어떻게 도와줄 수 있는가?'이다.

　예 성공적 학습 결과에 대한 긍정적 피드백 제공

Keyword

082 다음은 켈러(J. Keller)의 ARCS 이론에 기초하여 동기 유발·유지를 위해 수립한 교수학습 전략들이다. (가)~(라)에 해당하는 ARCS요소를 바르게 짝지은 것은? 18국

> (가) 비일상적인 내용이나 사건을 제시함으로써 학습자의 흥미를 유발한다.
> (나) 쉬운 것에서부터 어려운 것 순으로 과제를 제시해 준다.
> (다) 친밀한 예문이나 배경지식, 실용성에 중점을 둔 목표를 제시한다.
> (라) 적절한 강화계획을 세워, 의미 있는 강화나 보상을 제공한다.

	(가)	(나)	(다)	(라)
①	주의집중	관련성	만족감	자신감
②	자신감	주의집중	관련성	만족감
③	만족감	관련성	주의집중	자신감
④	주의집중	자신감	관련성	만족감

083 다음의 교수설계 전략에 해당하는 ARCS 모형의 요소는? 21국

> • 학습에서 성공기회를 제시한다.
> • 학습의 필요조건을 제시한다.
> • 개인적 조절감 증대 기회를 제시한다.

① 주의집중　　　　　　② 관련성

③ 자신감　　　　　　　④ 만족

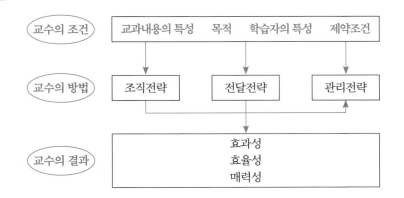

1) 라이겔루스(C. Reigeluth)의 정교화 이론(Elaboration Theory)

① 정교화 이론은 메릴의 내용요소제시이론을 거시적 수준으로 확장시키기 위해 라이겔루스가 개발한 것으로 수업내용을 선정, 계열, 종합, 요약하기 위한 적절한 방법을 처방하는 수업설계 이론이다.
② 정수(epitome)를 시작으로 과제를 단순 또는 간단한 것에서부터 시작하여 보다 세부적인 것으로 조직하는 계열화 원리에 의해 구축되었다. 정교화의 계열화 원리는 카메라의 줌 렌즈에 비유된다.
③ 요약자 : 학습자가 학습한 것을 망각하지 않도록 하기 위해 체계적으로 복습하는 데 사용되는 전략요소이다.
④ 종합자 : 아이디어들을 서로 연결시키고 통합시키기 위하여 사용되는 전략요소이다.
⑤ 비유 : 배워야 할 새로운 아이디어를 친숙한 아이디어들과 관련시켜 새로운 아이디어를 좀 더 쉽게 이해할 수 있도록 하는 전략이다.

2) 메릴(M. D. Merrill)의 내용요소제시이론(Component Display Theory)

① 수업과 관련하여 주요한 요인을 다음과 같이 세 가지의 차원으로 나누었는데, 가르칠 대상이 되는 교과로서 내용(contents)과 교수자의 활동인 제시(display), 학습자의 활동인 수행(performance)의 차원이다.
② 이중에서 학습자의 활동인 수행과 교과내용 간의 관계를 수행 – 내용 메트릭스로 교수자의 활동인 제시와 교과내용 간의 관계를 자료제시형태라는 교수처방이론으로 개발하였다.
③ 블룸, 가네, 라이겔루스 등이 학습유형을 지식의 내용적 차원으로 구분한 반면 메릴은 학습자 관점의 수행 차원을 따로 분리하여 적용한 이론을 개발하였다.

084 라이겔루스(Reigeluth)의 정교화 이론에 대한 설명으로 알맞은 것은?
`14 지`

① 내용요소를 하나씩 교수할 때 적용할 수 있는 미시적 교수설계이론이다.
② 요약자는 학습이 효율적으로 이루어지도록 하기 위해 필요로 하는 학습내용 바로 앞에 제시한다.
③ 정수(epitome)를 시작으로 과제를 점차 상세하게 다루는 계열화 전략을 사용한다.
④ 종합자는 새로운 정보를 친숙한 아이디어에 연결시켜 좀 더 쉽게 이해할 수 있도록 도와주는 전략요소이다.

085 교수설계 모형을 제시한 학자와 그에 대한 설명으로 옳은 것은? `19 국 7`

① 켈러(Keller) - 학습자의 내적 학습과정을 유발하기 위한 외적 상황을 9가지로 제시하였다.
② 메릴(Merrill) - 복잡한 학습내용을 수행-내용 매트릭스에 따라 유형별로 나누고 그에 기초하여 교수전략을 개발하였다.
③ 라이겔루스(Reigeluth) - 인지과학적 구성주의를 기반으로 한 수행역량중심 모형을 제안하였다.
④ 가네(Gagné) - 학습동기를 유발하고 유지하기 위해 가장 중요한 변인들을 주의, 관련성, 자신감, 만족감으로 세분화하여 동기설계의 전략을 제공하였다.

1) 협동학습

협동학습이란 공동의 목표를 달성하기 위해 학습자들이 함께 학습해 가는 것을 말한다. 협동학습의 근원은 학교교육이 학생들로 하여금 사회생활에서 서로 협동하며 살아갈 수 있는 능력과 태도를 길러주어야 한다는 교육이념에서 연유한다.

목표	• 지식의 이해	• 사고력의 신장
	• 사회적 기능과 가치의 형성	
필요 조건	• 이질적 집단의 구성	• 개별적 책무성 부여
	• 적극적 상호 의존성의 강화	• 공동의 목표
	• 평가(소집단 보상)	
효과	• 개별적 책무성의 증가	• 적극적 상호 의존성과 협력의 증대
	• 대면적 상호작용의 증가	• 사회적 기능과 가치의 형성

2) 협동학습 종류

과제분담학습 I (Jigsaw I) : 과제의 상호의존성은 높고 보상의존성은 낮은
과제분담학습 II (Jigsaw II) : Jigsaw I + 집단보상
성취 과제분담학습(Student Teams-Achievement Division) : 개선점수 + 집단보상
자율적 협동학습(Co-op Co-op) : 자기결정성

3) 개별학습 : 학습목표, 교육내용, 교육방법, 평가의 개별화 + 자기주도학습
① 교육목표는 학습자 개인의 동기 · 능력 · 희망 · 흥미에 따라 선택되고 결정된다.
② 평가 결과에 따라 교정이 이루어지거나 보충 · 심화 과제가 주어진다.
③ 학생의 수준과 속도에 따라 학습내용의 분량과 진도 등이 결정된다.

Keyword

086 수업모형의 하나인 '협동학습'에 대한 설명으로 옳지 않은 것은? 13국
① 모든 구성원이 함께 참여하여 성취할 수 있는 명확한 공동의 목표가 있어야 효과적이다.
② 효과적인 협동학습이 되기 위해서는 기본적으로 동질집단으로 구성되어야 한다.
③ 자신의 역할을 완수하지 않으면 구성원이 불이익을 받게 된다.
④ 협동학습이 잘 이루어지기 위해서는 신뢰에 바탕을 둔 구성원 간의 상호의존관계가 필요하다.

087 개별화 수업의 특징으로 볼 수 없는 것은? 16국
① 교육목표는 학습자 개인의 동기 · 능력 · 희망 · 흥미에 따라 선택되고 결정된다.
② 평가 결과에 따라 교정이 이루어지거나 보충 · 심화 과제가 주어진다.
③ 효율적인 수업을 위해 교수자가 주도권을 가진다.
④ 학생의 수준과 속도에 따라 학습내용의 분량과 진도 등이 결정된다.

088 협동학습의 일반적인 원리로 옳지 않은 것은? 22국
① 개별 책무성
② 동질적 집단구성
③ 긍정적 상호의존성
④ 공동의 목표 달성 노력

036 구성주의 학습

1) 구성주의에 관한 기본가정

① 지식은 인식의 주체에 의해서 구성되며, (학생)
② 지식은 맥락적이어서 발생하는 상황에 영향을 받으며, (실생활)
③ 지식은 사회적 협상을 통해서 형성된다는 것이다. (토론, 협동)

2) 구성주의 교수방법

① 실제 환경에서 직면하게 되는 문제를 학습과제로 제시하여 학습한 내용과 실제 세계를 연결하도록 한다.
② 학생 스스로 사고과정을 통해 문제를 해결하도록 촉진한다.
③ 협동학습을 통해 학생이 생각을 능동적으로 발전시키도록 돕는다.

구분	객관주의(교사중심)	구성주의(학습자중심)
지식	개인의 정신과 독립적으로 존재하는 고정적이고 확인할 수 있는 객체로서 내부로 전달되는 것	사회적 경험을 바탕으로 개인의 인지적 작용에 의하여 지속적으로 구성, 재구성되어지는 것
실재	인식 주체의 외부에 존재	인식 주체에 의해 결정
문제	학습할 가치가 있다고 객관적으로 검증된 학습내용	실제적 · 맥락적, 비구조화된 문제
학습자	수동적 수용자	능동적인 지식 구성자 구체화, 성찰, 탐구
교사	지식의 전달자	학습 안내자, 촉진자 역할 모델링, 코칭, 비계설정(scaffolding)
교수목적	체계적, 효율적인 지식 전달	비판적 사고, 문제해결력 함양
목표	초월 · 범우주적인 진리와 지식의 추구	개인에게 의미 있고 적합한 지식의 구성

089 구성주의 교육에 대한 설명으로 옳은 것만을 모두 고르면? 20 지

ㄱ. 교수의 내용은 객관적 법칙이라고 밝혀진 체계화된 지식이다.
ㄴ. 실재하는 지식을 효과적으로 전달할 수 있는 교수 · 학습방법을 강조한다.
ㄷ. 학습자가 정보를 획득하고 의미를 재구성할 수 있도록 복잡하고 비구조화된 과제를 제시한다.
ㄹ. 협동 수업, 소집단 활동, 문제해결학습 등을 통해 사고와 메타인지를 촉진하는 다양한 교육방법을 적용한다.

① ㄱ, ㄴ   ② ㄱ, ㄹ   ③ ㄴ, ㄷ   ④ ㄷ, ㄹ

090 구성주의 학습이론에 기반한 교사의 교수기술로 적절하지 않은 것은? 17국

① 지식을 효과적으로 전달하기 위해 구조화된 문제와 반복학습을 강조한다.
② 학생 스스로 사고과정을 통해 문제를 해결하도록 촉진한다.
③ 협동학습을 통해 학생이 생각을 능동적으로 발전시키도록 돕는다.
④ 실제 환경에서 직면하게 되는 문제를 학습과제로 제시하여 학습한 내용과 실제 세계를 연결하도록 한다.

091 괄호 안에 들어갈 용어로 가장 적절한 것은? 12국

• 사회적 ( )는 비고츠키(Vygotsky)의 영향을 받아 전개되었다. 우리의 지식과 가치는 사회와 문화에 깊은 영향을 받는다.
• ( ) 이론은 듀이(Dewey), 피아제(Piaget), 비고츠키(Vygotsky) 등으로부터 직접적인 영향을 받았다.
• ( ) 학습모형에는 문제중심학습과 상황학습 등이 있다.

① 구조주의   ② 구성주의
③ 실용주의   ④ 인지주의

037 구성주의 학습이론

1) 상황학습(situated learning) : 브라운(Brown)

① 브라운과 그의 동료들은 학습의 파지와 전이는 지식이 실제로 통용되는 맥락에서 앎(knowing)과 행함(acting)이 동시에 이루어질 때 촉진된다고 보았다.
② '실행공동체(community of practice)'와 '정당한 주변적 참여(legitimate peripheral participation)'는 상황학습의 주요 개념
③ 초보자인 학습자가 실제 환경에서 문제해결과정을 관찰하는 기회를 학습의 시작으로 보았다.

2) 인지적 도제학습(cognitive apprenticeship) : 콜린스(Collins)

① 전문가의 사고과정을 내면화하는 것이다.
② 학습환경을 구성하는 내용, 방법, 순서, 사회학의 네 차원을 중시한다.
③ 모델링, 코칭, 비계설정, 발화, 반성, 탐구의 수업방법을 활용한다.

3) 정착수업(anchored instruction)

① 1990년 밴더빌트대학교의 인지 테크놀로지 연구단이 상황학습을 적용한 정착수업을 소개
② 상호작용적 비디오디스크와 같은 공학에 기초하여 구성한다. 재스퍼 시리즈
③ 비디오를 사용한 강의가 아니라 현실적 문제를 중심으로 이야기식 표현을 사용한다.

4) 인지 유연성 이론(Cognitive Flexibility Theory) : 스피로(Spiro)

① 인지 유연성 이론은 현실의 다양한 맥락에 존재하는 복잡성이 높은 비구조적 문제를 해결하기 위해 필요한 고차원적 지식을 기르는 방법으로 제안되었다(Spiro,1988).
② 인지유연성이란 급격한 상황 변화에 능동적으로 본인의 지식을 재구조화(restructure)하여 적응(adaptive response)하는 능력(ability)을 의미한다(Spiro & Jehng, 1990).
③ 다양한 적용 예들을 제시해 줌으로써 다양한 형태의 지식을 다각도로 체험하게 한다.

5) 문제중심학습(Problem-Based Learning) : 실제문제 + 자기주도학습 + 협동학습

① 배로우스(Barrow, 1994)는 문제중심학습은 학생들이 장차 부딪히게 될 과업들로 문제를 설정하고, 이 문제를 이해하고 해결하는 데 필요한 지식과 기술, 태도들이 무엇인가를 스스로 파악하여 필요한 지식과 정보를 찾아서 학습하게 하는 교육방법이다.
② 협동학습을 장려한다. 문제중심학습을 사용하는 학생들은 문제해결을 위해 각자 배우고 함께 활동하면서 팀워크 기술을 형성한다.
③ 교사는 지식 전달자에서 벗어나 학습지원자(촉진자)의 역할을 하고, 학생은 자기주도적인 성찰
④ 문제 특징 : 비구조적 문제, 실제적이고 맥락적

Keyword

092 상황학습(situated learning)의 설계 원리에 대한 설명으로 옳지 않은 것은? 19국

① 지식이나 기능은 유의미한 맥락 안에서 제공되어야 한다.
② 교실에서 학습한 것과 교실 밖에서 필요로 하는 것의 관계형성을 돕는다.
③ 전이(transfer)를 촉진할 수 있도록 추상적인 형태의 지식을 제공한다.
④ 다양한 예를 활용하여 능동적인 문제해결을 유도한다.

093 다음 내용과 관계가 깊은 인지적 도제이론의 교육방법은? 14지

> 학생이 학습과제에서 문제에 봉착할 때 교사가 도움을 주는 활동이다. 예를 들면 쓰기를 촉진하기 위한 단서카드나, 스키를 가르치기 위해 사용된 짧은 스키와 같은 물리적 지원 체제의 형태가 될 수 있다.

① 명료화(clarification)
② 비계설정(scaffolding)
③ 반성적 사고(reflection)
④ 모델링(modeling)

094 문제중심학습(Problem-Based Learning)의 특징이라고 보기 어려운 것은? 15국

① 실제성
② 협동학습
③ 자기주도학습
④ 구조적인 문제

038 공학

1) 교육공학의 기본영역별 하위영역

① 설계영역에는 교수체제 설계, 메시지 디자인, 교수전략, 학습자특성이 있다.
② 개발영역에는 인쇄 테크놀로지, 시청각 테크놀로지, 컴퓨터기반 테크놀로지, 통합 테크놀로지가 있다.
③ 활용영역에는 매체활용, 혁신의 확산, 수행 및 제도화, 정책 및 규제가 있다.
④ 관리영역에는 프로젝트 관리, 자원관리, 전달체제 관리, 정보관리가 있다.
⑤ 평가영역에는 문제분석, 준거지향 측정, 형성평가, 총괄평가가 있다.

2) 교수매체의 개념

① 학습자에게 교수학습 내용을 전달하는 모든 수단이나 방법을 총칭한다.
② 교수학습을 위해 사용하는 시청각 기자재와 수업자료를 총칭한다.
③ 코메니우스의 세계도회, TV, 컴퓨터

서책형 교과서	디지털 교과서
장비와 프로그램 없이 접근성 용이 시간과 비용 절약	미디어 활용으로 학습동기 유발 공간의 제약이 낮고, 맞춤학습 가능

095 교육공학의 기본영역별 하위영역에 대한 설명으로 옳지 않은 것은? 15국

① 평가영역에는 문제분석, 준거지향 측정, 형성평가, 총괄평가가 있다.
② 활용영역에는 프로젝트 관리, 자원관리, 전달체제 관리, 정보관리가 있다.
③ 설계영역에는 교수체제 설계, 메시지 디자인, 교수전략, 학습자특성이 있다.
④ 개발영역에는 인쇄 테크놀로지, 시청각 테크놀로지, 컴퓨터기반 테크놀로지, 통합 테크놀로지가 있다.

096 다음에서 설명하는 개념은? 17국

- 학습자에게 교수학습 내용을 전달하는 모든 수단이나 방법을 총칭한다.
- 교수학습을 위해 사용하는 시청각 기자재와 수업자료를 총칭한다.

① 교수매체
② 시청각매체
③ 실물매체
④ 디지털매체

097 서책형 교과서와 비교하여 디지털 교과서의 장점으로 보기 어려운 것은? 14국

① 사용에 있어 시공간의 제약이 적다.
② 학습자의 능력 및 수준에 따른 맞춤형 학습이 용이하다.
③ 다양한 멀티미디어 콘텐츠의 활용을 통해 학습동기를 높일 수 있다.
④ 특정한 장비와 프로그램이 없어도 접근이 가능하여 시간과 비용을 절약할 수 있다.

1) 원격교육 : 우편물로 시작, 현재는 온라인 수업 위주

① 원격교육이란 교수자와 학습자가 공간적·시간적 분리를 다양한 매체에 의존하여 극복하면서 교수학습목표를 성취하는 교육활동
② 원격교육의 질은 교수자와 학습자 간의 상호작용을 지원하는 지원체제의 질에 의해 좌우된다. 물론 일반교육에서도 지원체제의 영향을 받기는 하지만 원격교육의 경우는 그 영향이 더 커진다.
③ 원격교육은 전통적인 일반 교육에 비해 훨씬 더 많이 학습자 중심의 교육이 이루어진다. 따라서 학습통제권이 학습자에게 주어지기 때문에 성공적인 원격교육을 위해서는 학습자의 자기주도적 학습능력이 일반 교육에 비해 더 많이 요구된다.
④ 원격교육은 면대면 교수-학습 활동과는 다른 형태의 인프라, 교수설계, 활동, 실행, 평가의 전략을 필요로 한다. 예를 들면 강의중심이 아닌 성찰과 협력학습 중심, 시험을 통한 평가만이 아닌 수행 중심의 평가 등과 같이 전반적인 변화가 필요하다.

2) 이러닝(e-learning) : 인터넷기반의 전자매체학습

① 이러닝은 컴퓨터와 각종 정보통신매체가 지원하는 상호작용성에 기반한 온라인 학습을 주로 교수학습과정에 적용하면서 시간과 장소에 대한 제약을 받지 않는 새로운 형태 교육방법
② 교육활동의 개별화를 촉진시키며 학습효과를 극대화시킨다.
③ 교육의 경제성 및 대중화를 촉진시킨다.

3) 플립러닝(flipped learning) : 거꾸로 학습은 교사가 수업시간에 강의를 하지 않고, 수업내용 관련 동영상을 제공하여 학생들이 미리 학습하게 하고, 수업시간에는 학생 주도로 과제수행, 질문, 토론 등 학생들이 적극적으로 참여하는 수업방식

4) 블렌디드 러닝 : 블렌디드 러닝은 학습의 효과성을 향상시키고 학습경험을 극대화하기 위하여 온라인과 오프라인 학습환경뿐만 아니라 다양한 학습방법과 매체를 결합하여 활용하는 교수-학습 방법이다.

5) 모바일 러닝(Mobile learning) : 스마트폰 등 모바일 기기를 통해 언제 어디서나 자유롭게 인터넷에 접속해 교육받을 수 있게 하는 시스템이다. 기기의 4C(Content, Capture, Compute, Communicate) 기능을 활용하여 교수·학습을 촉진

6) 마이크로 러닝(micro learning) : 1가지 주제에 1가지 아이디어를 전달하는 5분 이내로 소비될 수 있는 짧은 학습(콘텐츠) 방식

Keyword

098 '이러닝(e-learning)'의 교육공학적 방법이 교육 분야에 공헌한 것으로 보기 가장 어려운 것은? 11국
① 학습효과를 극대화시킨다.
② 교사와 학생 간 인격적 접촉을 증가시킨다.
③ 교육활동의 개별화를 촉진시킨다.
④ 교육의 경제성 및 대중화를 촉진시킨다.

099 학생이 사전에 온라인 등으로 학습내용을 공부해 오게 한 후 학교수업에서는 문제해결이나 토론 등의 상호작용에 중점을 두는 수업 형태는? 19국
① 플립러닝(flipped learning)
② 탐구수업
③ 토론수업
④ 문제기반학습(problem-based learning)

100 다음 내용과 가장 관련이 깊은 학습 형태는? 18지

> • 무선 환경에서 네트워크에 접속하여 학습한다.
> • PDA, 테블릿 PC 등을 활용하여 물리적 공간에서 이동하면서 가상공간을 통하여 학습한다.
> • 기기의 4C(Content, Capture, Compute, Communicate) 기능을 활용하여 교수·학습을 촉진할 수 있다.

① 모바일 러닝(M-learning)
② 플립드 러닝(flipped learning)
③ 마이크로 러닝(micro learning)
④ 블렌디드 러닝(blended learning)

V 교육평가

5		기본			22	21	20	19	18	17	16	15	14	13	12	11	10
40		참조	규준					O				*		O			
			준거			*		O				*		O			O
			자기		O		O										
41		수업	진단						*						O		
			형성						*			O		O			
			총괄						*		*			O			
심화		교육관															
42		수행평가	개념											O			O
			평정오류														O
심화	교육평가	측정 및 검사	표준화검사	척도						O							
43		정의적 특성					O		*								
44		문항분석	고전검사이론								O						
		점수해석	지포하나						O		O*						
심화		문항분석	문항반응이론							*							
45		양호도	타당도	개념							*						
				내용													O
				구인			O										
				예측		*								O			
				결과										O			
46			신뢰도	개념	O				*		*			*	*		
				문항내적			*							*	*		
				객관도			O	*									O
47			실용도						*								
			신뢰타당		O				*	*				O			
		연구방법 및 통계							*						O	O	

○ : 국가직   * : 지방직

1) 규준참조평가(norm-referenced evaluation) : 상대평가

① **규준참조평가**란 개인이 얻은 점수나 측정치를 비교 집단의 **규준**(norm)에 비추어 상대적인 서열에 의하여 판단하는 평가를 말한다.

② 규준이란 원점수의 상대적인 위치를 설명하여 주기 위해 쓰이는 자로서 모집단을 대표하는 표본에서 얻은 점수를 기초로 하여 만들어진다.

③ 무엇을 얼마만큼 알고 있는가에 관심이 있는 것이 아니라, 학생의 상대적 서열에 관심을 두게 된다. (선발적 교육관 강조)

2) 준거참조평가(criterion-referenced evaluation) : 절대평가

① 준거참조평가는 학습자 또는 개인이 무엇을 얼마만큼 알고 있는지를 준거에 비추어 재는 평가를 말한다.

② 학습목표를 설정해 놓고 이 목표에 비추어 학습자 개개인의 학업성취 정도를 따지려는 것이다.

③ 준거참조평가에서는 무엇을 평가할 것인가에 대한 영역을 구체적으로 명시하여야 하고(성취기준), 이를 근거로 준거를 설정하는 것이 매우 중요하다.

규준(상대평가)	준거(절대평가)
선발관, 신뢰도 강조, 정상 분포 곡선	발달관, 타당도 강조, 부적 편포 곡선

3) 자기참조평가 : 성장, 능력

(1) 성장(Growth)참조평가 : 얼마나 성장하였는가

① 학습자의 수준이 교육과정을 통하여 얼마나 성장하였는지를 과거의 수준과 비교하여 판단하는 평가방법이다.

② 최종 성취수준에 대한 관심보다는 초기 능력수준에 비추어 얼마만큼 능력의 향상을 보였느냐를 강조한다.

③ 즉 사전 능력수준과 관찰 시점에 측정된 능력수준 간의 차이에 관심을 둔다.

④ 장점 : 교수적 기능이나 상담적 기능이 있는 개별화 수업에 적합하다.

⑤ 단점 : 자격증 취득이나 행정적 기능이 강조되는 검사에서 평가결과에 공정성 문제 제기

(2) 능력(Ability)참조평가 : 얼마나 최선을 다했나

① 학습자가 지니고 있는 능력에 비추어서 얼마나 최선을 다하였는지에 초점을 두는 평가방법이다.

Keyword

101 준거참조평가의 특징으로 옳은 것만을 모두 고르면? 21지

> ㄱ. 경쟁을 통한 학습자의 외적 동기 유발에 부족하다.
>
> ㄴ. 탐구정신 함양, 지적인 성취동기 자극 등을 장점으로 들 수 있다.
>
> ㄷ. 고등 정신능력의 함양보다는 암기 위주의 학습을 유도할 가능성이 있다.
>
> ㄹ. 일정 점수 이상을 획득한 대상에게 자격증을 부여할 때 주로 사용하는 평가이다.

① ㄴ, ㄷ   ② ㄷ, ㄹ

③ ㄱ, ㄴ, ㄹ   ④ ㄱ, ㄴ, ㄷ

102 상대평가와 절대평가의 특성에 대한 설명으로 옳지 않은 것은? 13국

	상대평가	절대평가
①	신뢰도 강조	타당도 강조
②	규준 지향	목표 지향
③	편포 곡선 기대	정상분포 곡선 기대
④	선발적 교육관 강조	발달적 교육관 강조

103 성장참조평가에 대한 설명으로 옳은 것만을 모두 고르면? 22국

> ㄱ. 교육과정을 통하여 학생이 얼마나 성장하였는지에 관심을 둔다.
>
> ㄴ. 학업 증진의 기회를 부여하고 평가의 개별화를 강조한다.
>
> ㄷ. 사전 측정치와 현재 측정치의 상관이 높을수록 타당한 결과를 얻을 수 있다.
>
> ㄹ. 대학 진학이나 자격증 취득을 위한 행정적 기능이 강조되는 고부담 검사에 적합하다.

① ㄱ, ㄴ   ② ㄷ, ㄹ

③ ㄱ, ㄴ, ㄷ   ④ ㄴ, ㄷ, ㄹ

041 수업진행에 따른 평가 : 진단, 형성, 총괄

1) 진단평가(diagnostic evaluation) : 수업 전

① 교수학습을 시작하기 전에 학습자의 특성을 파악

② 학습이 시작되기 전에 학생이 소유하고 있는 특성을 체계적으로 관찰, 측정하여 진단하는 평가로서 사전 학습 정도, 적성, 흥미, 동기, 지능 등을 분석한다.

2) 형성평가(formative evaluation) : 수업 중

① 형성평가는 수업이 진행되고 있는 도중에 실시하는 평가로서, 현재 수업 중인 학습내용에 대한 학습자의 이해 정도나 기능 수준을 확인하고 이를 극대화하기 위해 실시하는 평가다.

② 학습의 개별화를 추구한다. 형성평가를 실시하면 학생 개개인의 결과가 다르게 나타나므로 개인별 학습능력에 맞추어 개인학습을 진행하도록 도와줄 수 있다.

③ 피드백을 하여야 한다. 형성평가 결과를 학생에게 알려 주어 자신의 장점과 약점 파악하게 한다.

3) 총합평가(summative evaluation) : 수업 후

① 스크리븐(Scriven)은 교육과정이 끝난 다음에 교수학습에서 괄목할 만한 성장이 이루어졌는가를 규정하고 교육목표를 성취하였는가를 판정하는 평가를 총합평가(총괄평가)라 한다.

② 교수학습의 효과와 관련해서 학습이 끝난 다음에 교육목표의 달성 여부를 종합적으로 판정

	진단평가	형성평가	총합평가
시기	수업전(학기, 학년 초)	수업 중	수업 완료 후 (학기, 학년 종료 시)
목적	학습자 특성 파악 적절한 교수 투입	교수학습진행 적절성 교수-학습 개선	교육목표 달성 프로그램 책무성
평가 요소	인지, 정의, 심동적 환경적 요인	인지적 행동	인지, 정의, 심동적
평가 기준	준거참조	준거참조	규준 혹은 준거참고
평가 도구	교사제작 진단검사 표준화 검사 관찰 및 체크리스트	교사제작 형성검사 비형식적 평가도구	교사제작 총합검사 표준화 학력검사 외부 검사
주요 기능	선수학습정도 확인 출발점 행동진단 교수설계의 사전 전략 정치(placement)	학습지도방법 개선 학습곤란 교정 학습행동 강화 학습의 개별화를 추구	학업성적 평정 기능 및 자격 인정 후속과정의 성공예측 집단간 성적 비교

Keyword

104 다음 설명에 해당하는 교육평가 유형은? 15국

- 학습보조의 개별화를 위한 자료를 제공한다.
- 학습진전의 효율화를 확인하기 위한 자료를 제공한다.
- 교수 - 학습 방법의 개선을 위한 자료를 제공한다.

① 형성평가 ② 진단평가 ③ 절대평가 ④ 총괄평가

105 다음 내용에 가장 부합하는 교육평가 유형은? 17지

- 교과내용 및 평가 전문가가 제작한 검사를 주로 사용한다.
- 서열화, 자격증 부여, 프로그램 시행 여부 결정의 목적을 위해 시행한다.
- 교수 · 학습이 완료된 시점에서 교육목표의 달성 정도를 종합적으로 판정한다.

① 총괄평가(summative evaluation)
② 형성평가(formative evaluation)
③ 능력참조평가(ability referenced evaluation)
④ 성장참조평가(growth-referenced evaluation)

106 ㉠~㉢에 들어갈 평가 유형을 바르게 연결한 것은? 19지

유형	(㉠)	(㉡)	(㉢)
시행 시기	수업 전	수업 중	수업 후
목적	출발점 행동과 학습결손의 원인을 확인하고자 한다.	수업지도방법을 개선하거나 학습행동을 강화하고자 한다.	수업목표의 달성 여부를 판단하고자 한다.

	㉠	㉡	㉢
①	진단평가	총괄평가	형성평가
②	진단평가	형성평가	총괄평가
③	형성평가	진단평가	총괄평가
④	총괄평가	형성평가	진단평가

1) 수행평가

① 수행평가의 유형으로는 **지필식, 구술식, 실습식, 포트폴리오평가방법** 등이 있다.

② 기존의 심동적 영역의 행동 특성을 평가하기 위하여 사용되던 평가방법을 인지적 영역의 행동 특성의 평가에 도입

③ 아는 것과 수행능력이 일치하지 않을 수 있다는 자각에서 대두되었다.

④ 결과에만 초점을 두는 것이 아니라 수행의 과정과 결과를 다양한 방법에 의해 종합적으로 평가하는 것이다.

⑤ 학생 개인의 활동뿐만 아니라 여러 사람이 수행한 공동 활동에 대해서도 평가한다.

⑥ 단편적 지식보다는 고차적 사고능력을 요구한다.

⑦ 단일의 정답은 존재하지 않으며 수행은 직접 관찰할 수 있는 성질의 것이어야 한다.

⑧ 수행평가의 개발 절차에는 일반적으로 평가목적의 진술, 수행의 상세화, 자료 수집 · 채점 · 기록 방법 결정, 수행평가 과제의 결정 등이 포함된다.

2) 평정자의 오류

① 관대성 오류 : 교사가 높은 점수를 주는 경향

② 엄격성 오류 : 교사들이 낮은 점수를 주며 학생들의 수행을 과소평가

③ 집중(중앙)경향 오류 : 학생들을 중간으로 평가하는 것

④ 후광 효과 : 학생에 대한 교사의 일반적인 인상이 개인의 특성이나 수행에 주어지는 점수에 영향을 미칠 때 발생한다.

⑤ 논리적 오류 : 전혀 다른 두 가지 행동 특성을 비슷한 것으로 생각해서 평정하는 경향

(예 교사의 말을 잘 듣는 학생을 도덕적인 학생이라 생각한다.)

⑥ 대비의 오류 : 평가자 자신의 특성과 비교하여 평가하는 오류

Keyword

107 맥밀란(McMillan)이 주장하는 수행평가의 특성으로 옳지 않은 것은? 10국

① 단편적 지식보다는 고차적 사고능력을 요구한다.

② 수행은 직접 관찰할 수 있는 성질의 것이어야 한다.

③ 단일의 정답은 존재하지 않는다.

④ 평가의 준거와 기준을 사전에 공개하지 않는다.

108 다음은 포트폴리오(portfolio) 평가에 대한 기술이다. 포트폴리오 평가방식에 대한 설명으로 옳지 않은 것은? 07국

> 일정기간 동안 학생들의 수행 및 성취정도, 그리고 향상 정도를 표현한 누적된 결과물에 대한 평가이다. 예를 들면, 그림 공부를 하는 학생이 미술담당 교사에게 지속적으로 지도를 받으면서, 자신의 작품을 그린 순서대로 차곡차곡 모아 둠으로써, 자기 자신의 변화와 발전과정을 스스로 파악할 수 있고, 그 작품집을 이용하여 지도 교사뿐만 아니라 다른 사람으로부터 쉽게 평가 받을 수 있게 된다.

① 포트폴리오 평가의 수행목적은 포괄적으로 기술될 필요가 있다.

② 포트폴리오 평가는 학생의 결과물에 대한 평가보다 향상 정도를 파악하기 위한 방법이다.

③ 포트폴리오 평가는 개인 간의 비교에 초점이 있는 것이 아니라, 각 개인의 변화 및 진전도에 그 초점이 있다.

④ 포트폴리오 평가는 다양한 교과 과정상의 수행을 통합할 수 있다는 장점이 있다.

109 어떤 하나의 특징에 입각하여 아동의 전체적인 능력을 평가하는 심리적 경향은? 10국

① 후광효과　　　　　② 강화효과

③ 착시효과　　　　　④ 피그말리온 효과

043 정의적 행동 특성의 측정방법

1] 질문법

① 질문법은 사용이 간편하고, 의견, 태도, 감정, 가치관 등을 측정하기가 용이하다.
② 단시간에 다양한 자료를 수집하고 결과 또한 신속하게 처리할 수 있다.
③ 응답의 진위 여부를 확인하는 것이 불가능하기 때문에 결과 해석에 주의가 요망된다.

2] 평정법

① 평정법(rating scale method)도 질문지에 의하여 실시되는 방법으로 정의적인 행동 특성을 측정할 때 가장 많이 쓰인다.
② 평정법에 의한 질문의 예는 다음과 같다.
　건물 안에서의 금연에 대하여 어떻게 생각하십니까?
　매우반대 - 반대 - 그저 그렇다 - 찬성 - 매우 찬성
③ 리커트(Likert) 척도에서는 응답자에 대한 몇 개의 문항을 합하거나 평균을 계산하여 분석할 수 있다. 이러한 이유 때문에 리커트 척도를 총합평정척도라 하기도 한다.

3] 관찰법(observation)

① 관찰법은 정의적 행동 특성을 측정하는 가장 오래된 측정방법이다.
② 질문지에 의한 응답결과는 자기기록에 의한 것이므로 응답결과가 응답자들의 허위반응이나 가치중립화 경향에 의하여 잘못된 평가를 내릴 수 있다.
③ 이러한 문제를 줄이기 위하여 인간의 정의적 행동 특성을 평가할 때 관찰법을 사용한다.

4] 체크리스트법

① 체크리스트에 의한 측정방법도 크게는 질문에 의한 평가방법으로 질문법에 포함할 수 있다.
② 그러나 체크리스트법은 광범위하고 다양한 형태의 질문으로 측정하고자 하는 특성을 보다 종합적으로 평가하고자 하는 측정방법이라 할 수 있다.
③ 그러므로 체크리스트는 보다 정교하며 구조화되어 있는 특징이 있으며, 관찰자가 측정대상에게 해당되는 항목에 표시한다.
④ 친구 간의 관계를 분석하는 체크리스트의 예는 사회성 측정법이 있다.

5] 오스굿(Osgood)의 의미분석법

① 사물, 인간, 사건 등에 대한 개념이나 느낌을 양극의 뜻을 갖는 대비되는 형용사군으로 만들어서 **의미를 측정**하는 방법
② 평가차원(좋은-나쁜), 능력차원(유능한-무능한), 활동차원(빠른-느린) 등 3차원의 의미공간

---

110 다음 설명에 해당하는 정의적 특성 측정방법은? 20국

> • 의견, 태도, 감정, 가치관 등을 측정하기 용이하다.
> • 단시간에 다양한 자료를 수집하고 결과 또한 신속하게 처리할 수 있다.
> • 응답 내용의 진위 확인이 어려워 결과 해석에 유의해야 한다.

① 관찰법　　　　　　② 사례연구
③ 질문지법　　　　　④ 내용분석법

111 다음 중 정의적 영역의 평가방법이라고 할 수 없는 것은? 초등

① 사회성 측정법　　　② 표준화 학력검사
③ 관찰법　　　　　　④ 면접법

112 정의적 영역의 평가를 위한 사회성 측정법에 관한 설명으로 옳지 않은 것은? 18지

① 선택 집단의 범위가 명확해야 한다.
② 측정 결과를 개인 및 집단에 적용할 수 있다.
③ 문항 작성 절차가 복잡하고 검사 시간이 길다.
④ 집단 내 개인의 사회적 위치를 알아낼 수 있다.

1) 문항분석

① **변별도** : 상위집단, 하위집단 변별하는 정도
  = 상위능력집단의 정답비율과 하위능력집단의 정답비율의 차이
  (지수가 높을수록 변별도가 높다.)

② **난이도** : 문항의 쉽고 어려운 정도를 나타내는 지수
  난이도 지수 = 총 학생 수 중에 답을 맞힌 학생 수의 정도

③ **문항 추측도** : 추측을 해서 문항의 답을 맞힐 지수

④ **문항 교정난이도** : 문항 난이도 - 문항 추측도

⑤ **오답지의 매력도** : 선다형 문항에서 피험자가 오답지를 선택할 확률

2) 규준점수의 검사점수 해석

① **분산(변수의 흩어진 정도)** : 편차 제곱의 평균 (편차 = 변량 - 평균)

② **표준편차** : 분산의 제곱 근

③ **정상분포** : 종을 엎어 놓은 것과 같은 모양을 하고 있으며, 하나의 꼭지를 갖는 좌우 대칭적인 분포

④ **원점수** : 검사나 시험을 치를 때 채점되어 나오는 점수

⑤ **백분위** : 규준집단에서 어떤 학생의 점수보다 낮은 점수를 받은 학생이 전체 학생 중 몇 %가 있느냐를 나타내주는 표시방법(학생의 백분위가 75라면, 그 학생보다 낮은 점수를 받은 학생이 전체 집단 내에 75%라는 것을 뜻한다.)

⑥ **Z점수** : 표준 정상 분포에서 $z = (x - mean)/standard\ deviation$으로 구해진다. 한 표집 자료에서 모든 z점수의 평균은 0이고, 표준편차는 1이다.

⑦ **T점수** = 10Z + 50

⑧ **스테나인** : 평균을 5 표준편차를 2로 한 점수이다. 점수를 9등급으로 나타내어서 일정한 구간을 하나의 점수로 정하는 특징이 있다. 스테나인 범주별 비율은 1(4%) 2(7%) 3(12%) 4(17%) 5(20%) 6(17%) 7(12%) 8(7%) 9(4%)이다.

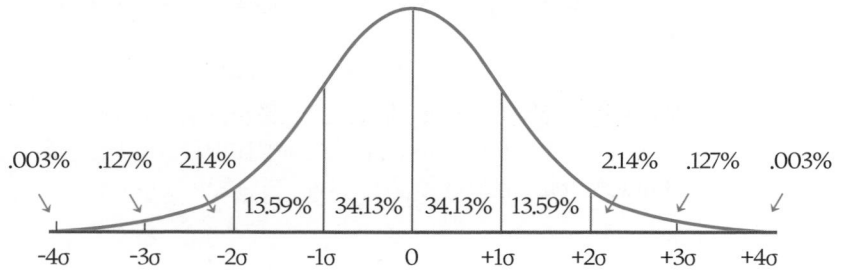

정상분포에서의 백분율

Keyword

113 변별도에 대한 설명으로 옳은 것만을 모두 고른 것은? 16국

> ㄱ. 난이도가 어려울수록 변별도는 높아진다.
> ㄴ. 정답률이 50%인 문항의 변별도는 1이다.
> ㄷ. 모든 학생이 맞힌 문항의 변별도는 0이다.

① ㄴ   ② ㄷ   ③ ㄱ, ㄴ   ④ ㄱ, ㄷ

114 고전검사이론에서의 문항변별도에 대한 설명으로 옳은 것을 <보기>에서 고른 것은? 16지

> ㉠ 문항변별도 지수는 0~100 사이의 값을 갖는다.
> ㉡ 각 문항이 학생들의 능력수준을 구분해 주는 정도를 나타낸다.
> ㉢ 능력수준이 다른 두 집단을 대상으로 각각 계산하더라도 문항변별도는 동일하다.
> ㉣ 검사 총점이 높은 학생이 낮은 학생에 비해 문항변별도가 높은 문항에서 정답을 맞힐 가능성이 높다.

① ㉠, ㉢   ② ㉠, ㉣   ③ ㉡, ㉢   ④ ㉡, ㉣

115 다음은 지능 원점수 4개를 서로 다른 척도로 나타낸 것이다. 지능 원점수가 가장 낮은 것은? (단, 지능 원점 수는 정규분포를 따른다) 18국

① Z점수 1.5   ② 백분위 90
③ T점수 60   ④ 스테나인 2등급

116 어떤 지능검사가 평균이 100, 표준편차가 15인 정상분포를 이룰 때, 115의 점수를 받은 학생의 백분위(percentile rank)에 가장 가까운 값은? 13국7

① 64   ② 74   ③ 84   ④ 94

1) 내용 타당도(Content Validity) : 검사내용에 기초한 근거

① 교수·학습과정에서 설정하였던 교육목표의 성취 여부를 묻는 학업성취도 검사의 타당성 검증을 위하여 내용타당도가 주로 사용된다.

② 학업성취도 검사에서 내용타당도를 증진시키기 위하여 내용요소와 행동요소로 나누어 **이원분류표를 작성**하는 것은 매우 중요하다. (검증방법)

2) 구인(성) 타당도(Construct Validity) : 내적 구조에 기초한 근거

① 구인 타당도는 심리적 특성을 이루고 있는 하위 구인들이 실제로 검사 도구에 구성되고 있는지를 측정하는 것이다.

② 검사가 의도한 바의 특성을 측정하고 있는지에 대한 증거를 수집하는 과정

③ 예 창의성 검사 도구를 제작 시, 창의성을 구성하는 구인은 유창성, 융통성, 상상력, 독창성, 정교성으로 규정하게 된다.

3) 예언(측) 타당도(Predictive Validity) : 대학수학능력시험-학점

① 예언 타당도는 준거 관련 타당도 중에 하나이며, 검사 도구가 수험자의 미래의 행동특성을 어느 정도 정확하게 예언하는지를 나타내는 지수를 말한다.

② 대학수학능력시험에서 높은 점수를 획득한 학생이 대학에서 성공적으로 학업을 수행할 때, 예측 타당도가 높다고 할 수 있다.

4) 공인 타당도(Concurrent Validity) : 토익, 텝스

① 기존에 타당성을 입증받고 있는 검사로부터 얻은 점수와의 관계를 통해서 검증되는 타당도

② 새로운 검사를 제작하였을 때, 새로 제작한 검사의 타당성을 검증하기 위하여 기존에 타당성을 보장받고 있는 검사와의 유사성 혹은 연관성에 기초하여 타당성을 검증하는 방법

③ 새로 제작한 검사의 점수와 준거점수로 타당성을 인정받고 있는 검사점수와의 상관계수에 의하여 검증되므로 계량화할 수 있다.

5) 결과 타당도(consequential validity) : 인성검사, 인성교육

① 타당도에 있어 중요한 점은 실시한 검사나 평가가 무엇을 위한 평가이고 어떠한 결과를 가져왔는지를 점검해 보는 것이다.

② 결과타당도란 검사나 평가를 실시하고 난 결과에 대한 가치 판단이다.

③ 평가결과와 평가목적과의 부합성, 평가결과를 이용할 때의 목적 도달 여부, 평가결과가 사회에 주는 영향, 평가결과를 이용할 때의 사회의 변화들과 관계가 있다.

Keyword

117 검사도구의 내용타당도를 높이기 위해 사용할 수 있는 가장 좋은 방법은? 10국

① 문항이 이원목적분류표에 의거하여 제작되었는지 전문가들을 통해 확인하였다.

② 구인들에 관한 논리적 가설을 뒷받침해주는 경험적 자료들을 수집하였다.

③ 검사를 반복적으로 시행하여 검사점수를 비교하였다.

④ 요인분석을 통하여 정의되지 않은 변수들 간의 관계를 분석하였다.

118 검사도구의 타당도에 대한 옳은 설명을 〈보기〉에서 고른 것은? 17지

> ㉠ 검사점수가 사용 목적에 얼마나 부합하는가를 의미한다.
>
> ㉡ 검사대상을 얼마나 정확하게 무선오차(random error) 없이 측정하는지를 의미한다.
>
> ㉢ 동일한 검사에 대한 채점자들 간 채점 결과의 일치 정도를 의미한다.
>
> ㉣ 측정하고자 하는 특성을 검사점수가 얼마나 잘 나타내 주는지를 의미한다.

① ㉠, ㉡　　　② ㉠, ㉣　　　③ ㉡, ㉢　　　④ ㉡, ㉣

119 구인타당도에 대한 설명으로 옳지 않은 것은? 20국

① 측정을 통해 얻은 사실로 미래의 행동특성을 예견한다.

② 타당도 증거를 수집하기 위해 요인분석 등 여러 통계적 방법이 사용된다.

③ 한 검사가 어떤 심리적 개념이나 논리적 구인을 제대로 측정하는가를 검증한다.

④ 검사가 의도한 바의 특성을 측정하고 있는지에 대한 증거를 수집하는 과정이다.

1) 2회 반복검사를 통한 신뢰도 추정

(1) 재검사 신뢰도(Test-Retest Reliability)

한 검사를 동일한 집단에게 일정한 시간적 간격(2~4주)을 두고 두 번 실시하고 검사결과 간의 상관계수로 신뢰도를 제시하는 방법이다.

(2) 동형검사 신뢰도(Parallel-Form Reliability)

동형검사 신뢰도는 두 개의 동형검사 도구를 제작하고, 이 두 검사 간의 상관계수를 산출하여 신뢰도를 나타내는 방법이다.

2) 1회 검사를 통한 신뢰도 추정

(1) 반분 신뢰도(Split-Half Reliability)

① 검사문항을 반으로 나누어 신뢰도를 추정한다. 두 부분의 점수 간의 상관계수를 산출하여 신뢰도를 나타내는 방법이다.
② 반분 신뢰도는 두 부분에 대한 신뢰도이지 전체 신뢰도가 아니기 때문에, Spearmman-Brown 공식으로 교정된다. (문항 수가 감소하면 신뢰도 계수도 감소한다.)

(2) 문항내적일관성 신뢰도

① 문항내적일관성 신뢰도는 검사도구의 문항 하나하나를 독립된 하나의 검사도구로 간주하여, 각 문항 간의 상관을 산출하고 그것을 종합하여서 신뢰도를 나타내는 방법이다.
② 종류는 KR-20(이분문항), KR-21(이분, 다분문항), Hoyt(이분, 다분문항), Cronbach α(이분문항, 다분문항)가 있다.

3) 신뢰도를 높이는 조건

① 양질의 문항 수를 증가(곡선형 증가)
② 적절한 문항난이도
③ 높은 변별도
④ 시험 시간을 제한하지 않는 역량 검사
⑤ 내용타당도 고려

Keyword

120 평가도구의 양호도에 대한 설명으로 옳지 않은 것은? 14국

① 규준지향평가의 신뢰도에서는 원점수 자체의 의미가 중요하다.
② 평가도구의 문항 수는 신뢰도에 영향을 미친다.
③ 최근에는 타당도를 평가 결과의 해석이 얼마나 타당한가에 대한 근거를 수집하는 과정으로 본다.
④ 입학시험과 입학 이후의 학업성적과의 상관이 높다면 입학 시험의 예측타당도가 높다고 할 수 있다.

121 20개의 문항으로 구성된 검사 도구를 앞의 10개 문항과 뒤의 10개 문항으로 나누어 반분검사신뢰도(split-half reliability)를 추정하려고 할 때, 이 검사 도구가 갖추어야 할 가장 적절한 조건은? 18지

	문항 간 동질성	평가 유형
①	낮음	속도검사
②	낮음	역량검사
③	높음	속도검사
④	높음	역량검사

122 검사도구의 신뢰도를 높이기 위한 방법에 해당하지 않는 것은? 19지

① 새로 실시한 검사와 이미 공인된 검사 사이의 유사도를 추정한다.
② 실시한 하나의 검사를 두 부분으로 나누어 각 부분의 측정 결과 간의 유사도를 추정한다.
③ 동일한 집단에게 동일한 검사를 일정한 간격을 두고 반복 실시하여 두 검사 간의 일관성 정도를 추정한다.
④ 동일한 집단에게 검사의 특성이 거의 같은 두 개의 검사를 실시하여 두 점수 간의 유사성 정도를 추정한다.

1) 신뢰도와 타당도의 관계

신뢰도는 타당도의 필요조건이다. 검사도구가 타당하기 위해서는 신뢰도가 전제조건이 되어야 한다. 따라서 검사제작과 관련해서 신뢰도는 타당도에 필수적이라 할 수 있다. 따라서 검사가 타당하려면 신뢰도가 높아야 한다. 그러나 신뢰도가 높다고 해서 타당도가 반드시 높아지는 것만은 아니다. (타당도는 신뢰도의 충분조건)

관계 표

관찰 점수		
진 점수		오차 점수
신뢰도 ○		신뢰도 ✕
타당도 ○	타당도 ✕	

2) 객관도(Objectivity)

① 평정자의 주관적인 편견을 얼마나 배제하였느냐의 문제다.
② 채점자내신뢰도는 한 채점자가 모든 측정대상에 대하여 계속적으로 일관성 있게 측정하였는지를 나타 낸다.
③ 채점자간신뢰도는 한 채점자가 다른 채점자와 얼마나 유사하게 평가하였느냐이다.
④ 채점자간신뢰도와 채점자내신뢰도가 낮게 추정되었다면, 관찰내용, 관찰방법, 분류방법, 점검표 등을 재확 인하고 관찰자들에게 관찰훈련을 강화하여야 한다.

3) 실용도(Usability)

① 실용도란 한 개의 평가도구를 얼마나 시간과 노력을 적게 들이고 사용할 수 있느냐 하는 검사도구의 경제 성을 의미한다.
② 실시와 채점이 용이해야 하며,
③ 해석이 용이하고 활용 가능하여야 하며,
④ 비용이 적게 들어야 한다.

Keyword

123 서답형 또는 논술형 문항에 대한 바람직한 채점방식과 그 이유에 대한 설명으로 옳지 않은 것은? 10국

① 채점자의 주관이나 편견의 영향을 줄이기 위해 채점기준을 미리 정해 놓아야 한다.
② 답안 작성자에 대한 편견을 제거하기 위해 답안 작성자의 이름과 번호를 답안지와 분리해서 채점해야 한다.
③ 채점의 신뢰도를 높이기 위해 답안지를 평가문항별로 채점하지 말고 답안 작성자 단위별로 채점하는 것이 바람직하다.
④ 단독채점보다 다수의 평가자가 채점하여 평균 점수를 내는 것이 보다 바람직하다.

124 검사도구의 양호도에 대한 설명으로 옳은 것은? 20지

① 실용도는 시간, 비용, 노력 측면에서 검사가 얼마나 경제적인지를 나타낸다.
② Cronbach's 계수는 재검사 신뢰도의 일종이다.
③ 객관도는 신뢰도보다는 타당도에 가까운 개념이다.
④ 높은 신뢰도는 높은 타당도가 되기 위한 충분조건이다.

VI 교육행정

6	교육행정		기본		22	21	20	19	18	17	16	15	14	13	12	11	10
48	교육행정	이해		개념과 기능			○						○			○	
49				행정원리	*	*				*	○	*	○	○	○		
50			발달	관료제				○	○			○	○				
				과학적 관리론	○						*						
51				인간관계		○											
				인적자원											○		
심화				행동과학론													
				체제론										*			
52		조직	봉사조직	칼슨				*									○
심화			순응의 구조	에치오니													
		학교풍토	학교문화		○												
52		학교조직	조직화된무정부		*	○										○	
			이완결합		*							○					
			이중조직		*												
53		동기	내용			○			*				*	○			
54			과정				*		*					○			
55		리더십	상황			○		○							○	○	
56			변혁적		○				*			*					
57		의사결정	모형		○		○						○*				
58		갈등론											*				
59		장학	개념					○									
60			유형				*	*	○*		○			○			
61		학교운영위원회							○	*	○						○

○ : 국가직   * : 지방직

1) 교육행정의 개념

① **국가통치권론(국가공권설)** : '교육에 관한 행정'으로 교육행정이 일반 행정의 한 영역으로 간주되기 때문에 안정성이 있는 반면 중앙집권적인 형태를 띠고, 교육의 전문성과 특수성을 반영하기 어려움
② **조건정비설(기능주의론)** : 교수와 학습의 인적·물적·재정적 제반 조건을 정비
③ **협동행위론** : 여러 사람의 협동행위로 보는 견해
④ **행정과정론** : 순환적인 행정과정의 경로 속에서 행정가가 실제 수행하는 일련의 기능

2) 교육행정의 기능

① **기획(planning)** : 미래를 예측하고 행동계획을 수립하는 일 **예** 교육기획, 학교기획
② **조직(organizing)** : 인적·물적 자원을 조직하고 체계화하는 일 **예** 학교조직, 관료제
③ **명령(commanding)** : 구성원으로 하여금 과업을 수행하도록 하는 일 **예** 변혁적리더십
④ **조정(coordinating)** : 모든 활동을 통합하고 상호 조정하는 일 **예** 의사소통, 갈등조정
⑤ **통제(controlling)** : 정해진 규칙과 명령에 따라 확인하는 일 **예** 장학, 재정관리

구분	교육에 관한 행정	교육을 위한 행정
관점	행정영역 구분설, 법규해석적 정의, 국가 공권설, 국가 통치권론	기능주의설(기능적 접근), 조건정비론(조건정비적 접근)
입장	교육행정은 국가 행정기능의 일부이다.	교육행정은 교육을 위한 것이어야 한다.
정의	교육행정은 국가통치권인 일반행정영역 중 하나로, 교육부가 수행하는 법적 기능인 행정집행활동	교육행정은 교육목표를 효율적으로 달성하기 위하여 인적 물적 자원을 지원하는 수단적 봉사활동
강조점	교육보다 '행정'을 중시	행정보다 '교육' 그 자체를 중시
장점	행정의 종합성·효율성·능률성 추구	교육의 자주성·전문성 정치적 중립성
문제점	• 관리와 통제 위주로 인한 행정편의주의 • 교육의 자율성·다양성·수월성 경시 • 교육행정의 특수성·전문성 간과	• 행정적 가치 경시로 인한 제도의 비능률성 • 인적·물적 자원 운용의 비능률성

3) 교육행정의 특성

① **봉사적** : 교사의 심장이 학생의 가슴속에서 뛰듯 행정을 담당하는 사람의 마음은 국민에게 있어야 한다.
② **정치적** : 무상급식의 시행, 고교평준화의 유지와 해제 등의 사회적 이슈가 되는 교육현안들은 교육적 가치와 교육논리만으로 해결하기 어려워 정치적 결정에 의지하는 경우가 많다.
③ **민주적** : 교육행정은 조직, 인사, 내용, 운영 등에서의 자율성과 민주성을 중요시한다. (**예** 정책결정과정에서 국민의 참여, 학교운영위원회를 통한 참여)

Keyword

125 다음 글은 교육행정을 정의하는 관점 중 어느 것에 근거한 것인가? 11국

> 광복 직후 우리나라에는 오늘날의 교육과학기술부와 같은 독자적인 중앙교육행정조직이 없었다. 그 대신 내무부 산하의 학무국이 중앙교육행정조직이었으며, 여기에는 비서실 외에 6과가 편성되어 있었다.

① 조건정비론
② 행정과정론
③ 협동행위론
④ 국가통치권론

126 다음 설명에 해당하는 교육행정 과정의 요소는? 20국

> • 각 부서별 업무 수행의 관계를 상호 관련시키고 원만하게 통합, 조절하는 일이다.
> • 이것이 잘 이루어지면 노력·시간·재정의 낭비를 막고, 각 부서 간의 부조화 및 직원 간의 갈등을 예방할 수 있다.

① 기획
② 명령
③ 조정
④ 통제

127 교육행정의 특성으로 옳은 것은? 14국

① 교육행정은 조직, 인사, 내용, 운영 등에서의 자율성과 민주성을 중요시한다.
② 교육행정은 교육과 행정을 구분하기 때문에 정치적 측면에 강조점을 두지 않는다.
③ 교육이 전문적 활동이기 때문에 이를 지원하는 교육행정은 특별한 훈련 없이도 수월하게 이루어질 수 있다.
④ 교육행정은 교수-학습 활동의 감독을 중요한 출발점으로 한다.

1) 민주성의 원리

교육행정이 민주성의 원리에 따라야 한다는 것은 국민의 의사를 행정에 반영하고 국민을 위한 행정을 해야 한다는 것을 의미한다. **예** 다양한 구성원들의 의사를 반영하기 위해 위원회, 협의회 등을 둔다.

2) 효율성의 원리

행정활동에서 최소한의 인적·물적 자원과 시간을 들여서 최대의 성과를 거두는 것을 의미한다.

3) 합법성의 원리[법률주의의 원리]

합법성의 원리는 교육행정의 모든 활동이 합법적으로 개정된 법령, 규칙, 조례 등에 따라야 하는 법률 적합성을 가져야 한다는 것을 의미한다.

4) 기회균등의 원리

이 원리는 민주주의의 기본 원리로서, 특히 교육행정에 있어서 가장 강력하게 요청되는 원리다. 「헌법」제31조 제1항은 '모든 국민은 능력에 따라 균등하게 교육받을 권리를 가진다.'라고 규정하여 교육권을 기본권의 하나로 규정하고 있다.

5) 지방분권의 원리

교육은 외부의 부당한 지배를 받지 않고, 주민의 적극적인 참여와 그 지역주민의 공정한 통제에 의해 실시되어야 한다. 이러한 당위성을 제도화한 것이 바로 교육자치제다. (주의! 적도집권의 원리 : 교육부와 교육청과의 조화)

6) 자주성의 원리

자주성의 원리는 **교육이 그 본질을 추구**하기 위하여 일반행정에서 분리 독립되고 정치와 종교로부터 중립성을 유지해야 한다는 것이다.

7) 안정성의 원리

안정성의 원리는 일단 국민적 합의과정을 거쳐 수립·시행되는 교육정책이나 프로그램은 장기적인 안목에서 계속성과 일관성을 유지해야 한다는 것이다.

8) 전문성 보장의 원리

교육행정은 교육을 위한 행정이므로 교육활동의 본질을 이해하고, 교육의 특수성을 체험적으로 인식하고, 교육행정에 관한 이론과 기술을 습득한, 충분한 훈련을 쌓은 전문가가 담당하여야 한다는 것이다.

9) 적응성의 원리

새로운 환경변화에 신축적으로 대응하고 능동적으로 대처함으로써 변화를 주도해 나가야 한다는 것이다.

128 다음 교육기본법 제6조의 내용과 관계가 깊은 교육행정의 원리는? `16국`

> 교육은 교육 본래의 목적에 따라 그 기능을 다하도록 운영되어야 하며, 정치적·파당적 또는 개인적 편견을 전파하기 위한 방편으로 이용되어서는 아니 된다.

① 자주성의 원리   ② 합법성의 원리
③ 기회균등의 원리   ④ 지방분권의 원리

129 다음은 학교장이 교직원들에게 당부한 내용이다. 이 내용과 가장 부합하는 교육행정의 원리는? `15지`

> 학교의 주요 결정에 교육 주체의 참여를 보장하고, 공익에 초점을 두면서 행정의 과정을 공개하며, 학교 내 다른 부서들과 이해와 협조를 바탕으로 사무를 집행해 주기를 바랍니다.

① 민주성의 원리   ② 자주성의 원리
③ 합법성의 원리   ④ 효율성의 원리

130 다음 내용에 해당하는 교육행정의 원리는? `17지`

> • 이 원리를 지나치게 강조하면 교육행정의 전문성이 경시될 수 있다.
> • 이 원리로 공무원의 부당한 직무수행과 행정재량권의 남용을 방지할 수 있다.
> • 이 원리에 따라 교육공무원으로서의 신분을 보장받아서 업무를 소신 있게 수행할 수 있다.

① 수월성   ② 능률성
③ 효과성   ④ 합법성

1) 교육행정 이론의 발달

이론		시기	대표학자와 이론	패러다임
고전 이론	과학적 관리론	1910~	Taylor, 과학적 관리의 원칙 **Bobbit**, 교육행정의 원리(교육과정)	학교조사를 통한 실제개선
	관료제론		Weber, 관료제론, 권위의 유형 Abbott, Bidwell, 관료제와 학교조직	
인간관계론		1930~	Follet, 조직심리 연구 Mayo & Roethlisberger, 호손실험	민주적 행동원리 도입 및 행동처방
행동과학론		1950~	Barnard, 행정가의 기능 Simon, 행정가의 행동	구조기능적 패러다임
체제적 관점		1960~	Getzels & Guba, 사회과정 모형	체제적

2) 과학적 관리론 : 테일러(Taylor)

① 교원의 성과에 따라 보수를 차등적으로 지급한다.
② 학교관리에 있어 비용편익의 효율성을 강조한다.

3) 관료제론(bureaucracy) : 베버(Weber), 합법적 권위

관료제의 특징	순기능	역기능
분업과 전문화	빠르고 숙련된 업무처리(전문성)	단조함으로 인한 권태감
몰인정지향성	조직운영의 합리성	구성원의 사기 저하
권위의 위계	조직통솔과 기강확립	의사소통 단절
규율과 규정	조직의 계속성과 통일성	경직성과 목표와 수단 전도
경력 지향	안정적인 업무수행, 유인책	성취와 연공서열 간의 갈등

Keyword

131 과학적 관리론을 학교상황에 적용한 것으로 가장 적절한 것은? 16지

① 학교장은 구성원들의 동기를 파악하여, 내재적 동기를 적극적으로 유발한다.
② 학교장은 학교조직을 개방체제로 파악하고, 학교문제 해결을 위해 학부모들의 요구를 적극 반영한다.
③ 교사들 간의 적절한 갈등은 학교의 발전에 도움이 된다고 보고, 학교장은 적절한 갈등자극전략을 사용한다.
④ 교사는 교수자로서 학생을 가르치는 데 전념하고, 학교장은 관리자로서 학교행정을 책임지는 일에 집중한다.

132 베버(M. Weber)의 관료제 특성과 순기능 및 역기능을 연결한 것으로 옳지 않은 것은? 18국

	관료제 특성	순기능	역기능
①	분업과 전문화	전문성	권태
②	몰인정성	합리성	사기저하
③	규정과 규칙	계속성과 통일성	경직성, 본말전도
④	경력지향성	유인체제	의사소통 저해

133 다음에 나타난 관료제의 역기능은? 15국

> 김 교장은 교사들이 수업을 충실하게 진행하도록 유도하기 위해 모든 수업에 대한 지도안을 사전에 작성하여 제출하도록 하였다. 그 후로 교사들이 수업지도안을 작성해서 제출하느라 수업 시간에 늦는 사례가 빈발했다.

① 권태   ② 인간 경시
③ 실적과 연공의 갈등   ④ 목표와 수단의 전도

1) 인간관계론

① 과학적 관리론의 반작용(인간에 대한 관심 : Mayo의 호손실험)
② 학교 내의 비공식 조직의 중요성을 인정하고 이들과 협력한다.
③ 학생들이 스스로 학습에 재미를 느끼고 공부할 수 있는 환경을 조성한다.

2) 인간관계론이 교육행정에 준 영향

① 교육행정의 과정에서 교사의 참여를 중시한다.
② 교장의 비억압적이고 비지시적인 지도력을 강조한다.
③ 교육행정의 과정에서 명령, 지시보다는 동기유발, 직무만족감 증진 등이 강조된다.

	공식 조직	비공식 조직
본질적 성격	인위적, 공식적	자연발생적, 비공식적
수명	제한적	비제한적
개념	권위와 책임	권력과 정치
기본 초점	직위, 외재적	사람, 내면적
권력 근원	행정가 위임	집단이 부여
행위 지침	분명, 규칙과 정책	불분명, 배후에 존재
운영	능률의 논리	감정의 논리

3) 인간자원론

① 인간관계론은 인간관계(human relations)와 인적자원(human resources) 형태로 분화되어 발달되었으며, 인간관계론의 이론적인 성장은 인적자원론으로 이어진다.
② 인간관계론에서 주장하는 사회적 욕구가 중요한 것은 분명하지만, 인적자원론에서 강조되는 것은 성장과 도전을 위한 개인의 역량이다.
③ 조직적 책무성 증대, 조직목표의 성취에서 좀 더 개인의 내적인 만족에 관한 욕구로 변화되고 있음을 시사하고 있다(Sergiovanni & Staatt, 1979).

4) 인간관계장학과 인간자원장학

관계	공동의사결정의 채택	교사의 만족감 증대	학교의 효과성 증대
자원		학교의 효과성 증대	교사의 만족감 증대

Keyword

134 학교 조직이 갖고 있는 관료제의 특성에 해당하지 않는 것은? 19국
① 교장 - 교감 - 교사의 위계구조
② 과업수행의 통일성을 기하기 위한 규정과 규칙
③ 연공서열과 업적에 의해 결정되는 승진 체계
④ 인간적인 감정 교류가 중시되는 교사 - 학생의 관계

135 교육행정의 접근에서 인간관계론의 관점으로 보기 어려운 것은? 21국
① 개인은 적극적이며 능동적인 존재이다.
② 경제적 유인가가 유일한 동기유발 요인은 아니다.
③ 고도의 전문화가 집단을 가장 효율적인 조직으로 이끈다.
④ 생산 수준은 개인의 능력이 아니라 비공식 집단의 사회적 규범에 따라 결정된다.

136 인간관계론이 교육행정에 준 영향으로 옳지 않은 것은? 16국 7
① 교육행정의 과정에서 교사의 참여를 중시한다.
② 교장의 비억압적이고 비지시적인 지도력을 강조한다.
③ 학교 안 공식적 조직의 역할과 기능이 부각된다.
④ 교육행정의 과정에서 명령, 지시보다는 동기유발, 직무만족감 증진 등이 강조된다.

1) 조직화된 무정부로서의 학교(organizational anarchies) : 코헨(Cohen), 마치(March)와 올슨(Olsen)

① 학교 구성원들의 참여가 유동적이고 간헐적이다.
② 교육 조직의 목적은 구체적이지도 명료하지도 않다.
③ 학교운영 기술뿐만 아니라 교수학습 기술이 분명하지 않다.
④ 대학을 대상으로 연구한 결과에 기반, 주로 고등교육조직을 설명할 때 많이 활용
⑤ 의사결정이 주먹구구식으로 이루어진다고 하여 **쓰레기통(garbage can) 모형**이라고 한다.

2) 이완결합체제(loosely coupled system)로서의 학교 : 웨익(K. E. Weick)

① 교원의 직무수행에 대한 엄격하고 분명한 감독이나 평가방법이 없다.
② 교사들의 가치관과 신념, 전문적 지식, 문화 · 사회적 배경에 따라 교육내용에 대한 해석이나 교수방법이 다르다.
③ 체제나 조직 내의 참여자에게 보다 많은 **자유재량권과 자기결정권**을 제공한다.
④ 조직의 효율적인 운영을 위해서는 **신뢰의 원칙**이 중요하다.
⑤ **마이어(Meyer)와 로완(Rowan)**은 학교조직의 이완결합성이 관료적 규범이 아니라 신뢰의 논리를 따라 활동한다고 주장하였다.

3) 이중조직으로서의 학교

① '이완결합'이라는 개념만으로 학교조직의 특성을 충분히 설명하기는 어렵다고 주장하면서 '이중조직'이라는 개념을 제시하였다.
② 학교는 느슨하게 결합된 측면도 있지만, 한편으로 엄격한 관료제적 특성이 분명히 존재하고 있다는 것이다.
③ 교사가 수행하는 수업 외적 활동, 즉 인사관리, 학생관리, 시설관리, 재무관리 등에서는 학교 행정가와 교사가 보다 엄격한 결합을 맺고 있다.
④ 따라서 학교는 수업과 관련해서는 느슨한 결합구조를 갖지만, 행정관리라는 보편적 조직관리 측면에서는 **엄격한 결합구조를 갖는 이중적 측면**이 있다.

4) 칼슨(Carlson)의 봉사조직(service organization) 유형 : 조직과 고객 '선택'에 의한 분류

		고객의 참여 결정권	
		유	무
조직의 고객 선택권	유	유형 I (야생 조직)	유형 III(강압 조직)
	무	유형 II(적응 조직)	유형 IV(온상 조직)

Keyword

137 다음과 같은 학교조직의 특성에 가장 부합하는 조직 유형은? `21국`

> 학교의 목적은 구체적이지도 않고 분명하지도 않다. 비록 그 목적이 명료하게 나타나 있다고 하더라도 그 해석은 사람마다 다르며, 그것을 달성할 수단과 방법도 분명하게 제시하기 어렵다. 또한 학교의 구성원인 교사와 행정직원들은 수시로 학교를 이동하며, 학생들도 일정한 시간이 지나면 졸업하여 학교를 떠나게 된다.

① 야생 조직
② 관료제 조직
③ 조직화된 무질서 조직
④ 온상 조직

138 다음과 같은 학교조직의 특성을 나타내는 말은? `15국`

> • 교원의 직무수행에 대한 엄격하고 분명한 감독이나 평가방법이 없다.
> • 교사들의 가치관과 신념, 전문적 지식, 문화 · 사회적 배경에 따라 교육내용에 대한 해석이나 교수방법이 다르다.
> • 체제나 조직 내의 참여자에게 보다 많은 자유재량권과 자기결정권을 제공한다.

① 관료체제
② 계선조직
③ 비공식조직
④ 이완결합체제

139 다음 설명과 가장 관계가 깊은 학교조직의 유형은? `10국`

> 학교조직의 존재와 생존은 이미 보장받은 것이고, 학교는 고객의 유치를 위해 경쟁할 필요도 없다. 이것은 학교가 전통적으로 왜 변화에 둔감한지를 잘 설명해 준다. 한편, 학교는 때때로 학교에 오기를 원하지 않는 학생도 다루어야하고, 반대로 학교에 입학하지 말았으면 하는 학생도 가르쳐야 하는 곳이다.

① 생산조직(production organization)
② 사육조직(domesticated organization)
③ 야생조직(wild organization)
④ 공리조직(utilitarian organization)

1] 동기 내용이론의 관계

	Alderfer	Maslow	Herzberg	
고차원 욕구	성장	자아실현	동기	내적 동기
↕		존경		↕
	관계	사회적		외적 동기
기본적 욕구		안전	위생	
	생존	생리적		

2] 동기-위생이론(motivation-hygiene theory) : 허츠버그(HERZBERG)

동기요인(만족)	위생요인(불만족)
만족도가 높아지며 그때 성과가 높아지게 하는 요인	불만족은 줄이지만 만족도를 높이지는 못하는 요인
직무 자체나 개인의 정신적, 심리적요인	직무 외적 요인
성취감, 책임감, 재량권, 학생의 존경 칭찬이나 인정받을 기회 직무자체에 대한 도전성	보수, 근무조건, 기술적 감독, 지위 조직정책과 관리, 동료관계 직장의 안정성

3] 아지리스(Argyris)의 성숙-미성숙이론

① 미성숙–성숙이론은 X-Y이론과 연관된 것으로, X이론적 바탕의 관료적이고 전통적인 조직에서는 인간을 미성숙한 존재로 가정한다.

② 이러한 조직에서는 강압적 관리전략을 사용하여 개인의 성숙을 방해하고, 수동적이고 의존적인 행동을 장려하여 미성숙한 존재로 남게 한다.

③ 반면에 Y이론에 바탕을 둔 인간적인 조직에서는 조직구성원을 자발성, 책임감 목표지향성을 지닌 성숙한 인간을 가정한다.

140 다음과 가장 관계가 깊은 이론은? 21국

> 직무 만족과 직무 불만족은 서로 독립된 별개의 차원이며, 각 차원에 작용하는 요인 역시 별개이다. 직무 만족을 가져다주는 요인에는 성취, 책임감 등이 있으며, 충족되지 않으면 직무 불만족을 가져오는 요인에는 대인관계, 근무조건 등이 있다.

① 허즈버그(Herzberg)의 동기 - 위생이론
② 매슬로우(Maslow)의 욕구위계이론
③ 맥그리거(McGregor)의 X-Y이론
④ 헤크만과 올드함(Hackman & Oldham)의 직무특성이론

141 아지리스(C. Argyris)의 교육조직에 관한 주장으로 (가)와 (나)에 들어갈 적합한 말은? 14지

> 교사와 같은 전문직 종사자는 (가) 인간으로 대우받고 싶어 하지만 대부분의 현대 조직은 관료적 가치체계를 따르고 있기 때문에 그들의 잠재력을 최대한으로 활용하지 못하고 있다.
> 사람들은 (나) 인간으로 취급받게 되면 공격적이 되거나 냉담한 반응을 나타내게 되고, 그에 따라 관리자는 더욱 통제를 가하게 되어 결과적으로 조직의 효율성이 저하된다. 따라서 조직관리자는 구성원을 (가) 인간으로 대우하고 그러한 조직문화 풍토를 조성하는 데 최선의 노력을 기울여야 한다.

	(가)	(나)		(가)	(나)
①	자율적	타율적	②	성숙한	미성숙한
③	Y이론적	X이론적	④	평등한	불평등한

1) 브룸(Vroom)의 기대이론

사람은 사고와 이성을 지닌 존재로 자신의 행동의 **결과**가 가져다 주는 **보상**에 대한 **기대**와 **가치**를 주관적으로 평가하여 행동을 선택한다고 보았다.

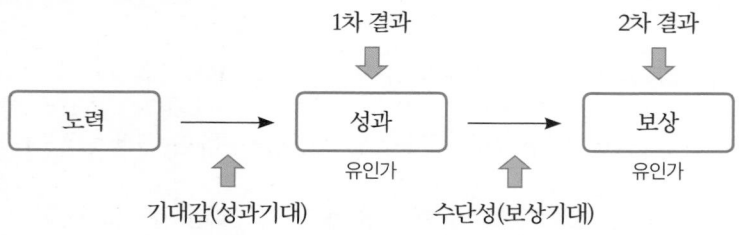

		1차 결과		2차 결과
노력	→	성과	→	보상

기대감(성과기대)　수단성(보상기대)　유인가　유인가

2) 포터(Porter)와 라울러(Lawler)의 성취-만족이론

① **노력(effect)**은 업무과정에서 발휘되는 조직구성원의 에너지를 의미한다. 노력의 크기와 양은 보상의 가치 및 기대감에 따라 달라질 수 있다.

② **성과(performance)**는 조직의 목적 달성을 위한 업무 실행 정도로서, 구성원의 노력, 능력, 특성, 역할지각 등에 의해 결정된다. 아무리 노력을 해도 기본적인 능력이 안 된다면 높은 업무실적을 기대할 수 없다는 것이다.

③ **보상(rewards)**은 개인의 업무 성과에 부여되는 대가로서 내재적 보상과 외재적 보상으로 나눌 수 있다. 내재적 보상은 정서안정, 자아실현, 성장욕구 등이고, 외재적 보상은 보수, 승진, 지위, 안전 등의 조직적인 강화요인이다.

④ **만족감(satisfaction)**은 보상에 대한 개인의 욕구충족의 정도를 말한다.

3) 공정성이론 : 아담스(Adams)

① 공정성이론은 개인이 타인에 비해 얼마나 공정한 대우를 받고 있다고 느끼는가에 초점을 맞춘 이론이다. 투입-성과 비율이 자신과 타인이 동등하다고 느낄 때 조직구성원은 공정한 거래를 하고 있다고 느끼고, 직무에 대한 만족감을 느끼게 된다.

② 공정성이론에 따르면 **과대보상과 과소보상은 모두 불공정성**을 자극한다. 즉, 조직구성원들은 부족한 보상에 불만족을 느끼고, 과도한 보상에 대해서 부담감을 지각하게 된다는 것이다. 따라서 불공정한 거래를 하고 있다고 느낄 때에는 직무에 불만족감을 갖고 공정성을 회복하기 위한 행동을 선택하게 된다.

4) 로크(Locke)의 목표설정이론(goal setting theory)

① 내적인 욕구보다 외부에서 명확한 목표가 설정될 때 더 강한 동기유발이 된다는 것을 전제한다.

② 구체적이고 어려운 목표는 애매하고 쉬운 목표보다 더 높은 수준의 과업수행을 가져온다.

142 다음 설명에 해당하는 동기이론은? 19지

- 동기 행동이 유발되는 과정에 초점을 맞춘다.
- 유인가, 성과기대, 보상기대의 세 가지 기본 요소를 토대로 이론적 틀을 구축하였다.
- 개인의 가치와 태도는 역할기대, 학교문화와 같은 요소와 상호작용하여 행동에 영향을 미친다고 가정한다.

① 브룸(V. H. Vroom)의 기대이론
② 허즈버그(F. Herzberg)의 동기 - 위생이론
③ 아담스(J. H. Adams)의 공정성이론
④ 알더퍼(C. P. Alderfer)의 생존 - 관계 - 성장이론

143 교사의 동기과정이론에 대한 설명으로 옳은 것은? 21지

① 목표설정 이론은 직무에서 만족을 주는 요인과 불만족을 주는 요인을 독립된 별개의 차원으로 본다.

② 공정성 이론은 보상의 양뿐 아니라 그 보상이 공정하다고 지각하는 정도가 만족을 결정한다고 본다.

③ 기대 이론은 동기를 개인의 여러 가지 자발적인 행위 중에서 자신의 선택을 지배하는 과정으로 본다.

④ 성과 - 만족 이론은 자신이 투자한 투입 대 결과의 비율을 타인의 그것과 비교하여 공정성을 판단한다고 본다.

리더십(지도성 상황이론)과 의사결정 모형

1) 상황적응 지도성이론 : 피들러(F. Fiedler)

① 상황적합이론(contingency theory)에 따르면, 효과적인 지도성이란 상황에 따라서 달라질 수 있다.

② 피들러는 과업의 성공적인 성취를 중시하는 과업지향형(task motivated) 지도성과 좋은 인간관계를 중시하는 관계지향형(relationship motivated) 지도성을 제시하였다.

③ 조직의 효과성은 지도자와 그가 지도성을 발휘하는 데 **상황의 호의성** 여부가 어떻게 결합되느냐에 따라 좌우된다.

④ **상황의 호의성**이란 지도자가 조직 구성원들을 통제하고 영향력을 발휘할 수 있는 정도를 나타낸다.

⑤ 상황의 호의성은 **지도자 구성원 관계(양호>불량), 과업구조화(구조적<비구조적), 지도자 지위권력(강<약)** 등 세 가지 요인에 의해 영향을 받는다.

2) 상황적 지도성이론 : 허시(Hersey)와 블랜차드(Blanchard)

① 지도자의 행동은 사회적 맥락에 따라 유동적이고 지도성의 효과도 다르다.

② 조직구성원의 **성숙 수준**을 고려하여 효과적인 지도성 유형을 제시하였다.

③ 이 직무 성숙도(job maturity)와 심리적 모형에서 지도성의 효과성을 좌우하는 것은 상황과 적절한 지도성 유형의 결합에 따른다.

④ 기본적인 지도성 행동에는 성숙도의 수준에 따라서 **지시형(directing), 지도형(coaching), 지원형(supporting)** 그리고 **위임형(delegating)** 등이 있다.

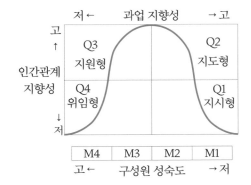

144 구성원의 성숙도를 지도자 행동의 효과성에 영향을 주는 주요 요인으로 보는 리더십 이론에 대한 설명으로 옳은 것은? 19국

① 조직의 상황과 관련 없이 최선의 리더십 유형이 있다고 본다.

② 허시(P. Hersey)와 블랜차드(K. Blanchard)의 상황적 리더십이론이 대표적이다.

③ 블레이크(R. Blake)와 모튼(J. Mouton)에 의해 완성된 리더십이론이다.

④ 유능한 지도자는 환경보다는 유전적인 특성에 달려 있다고 본다.

145 다음 설명에 해당하는 지도성이론은? 12국

> • 대표적 학자에는 하우스(House), 허시(Hersey)와 블랜차드(Blanchard) 등이 있다.
> • 지도자의 행동은 사회적 맥락에 따라 유동적이고 지도성의 효과도 다르다.
> • 레딘(Reddin)의 삼차원 지도성 유형을 예로 들 수 있다.

① 특성적 지도성이론 ② 행동적 지도성이론
③ 변혁적 지도성이론 ④ 상황적 지도성이론

146 피들러(F. Fiedler)의 상황적응 지도성이론을 학교 상황에 적용했을 때 상황 호의성 변수가 아닌 것은? 11국

① 교장과 교사의 관계 ② 과업구조
③ 교사의 성숙도 ④ 교장의 지위 권력

056 변혁적 지도성(transforming leadership)

1) 개요

① 지도성의 특성이론, 행동이론, 상황이론의 맥락에서 탈피하여, 1970년대 말에 미국의 정치학자 번스(Burns)(1978)는 종래의 지도성 이론을 통칭하여 거래적 지도성이라고 하고, 새로운 지도성 이론이라는 이름으로 변혁적 지도성이라는 개념을 주장하였다.

② **거래적 지도성**은 지도자가 원하는 것을 추종자들이 수행할 때, 그에 대한 교환으로 추종자들이 원하는 보상을 하여 준다는 상호교환적인 관계에서 성립된다. 반면에, **변혁적 지도성**은 지도자가 원하는 것의 대가로 추종자들에게 인센티브를 제공한다는 단순한 상호교환적인 차원을 뛰어 넘어선다.

③ 변혁적 지도성은 **구성원의 성장욕구를 자극**하여 동기화시킴으로써 구성원의 **태도와 신념을 변화**시켜 자신감을 갖게 하며, 더 많은 **노력과 헌신을 이끌어 내어** 기대 이상의 성과를 달성하게 하는 지도성을 의미한다.

2) 배스(Bass)의 변혁적 지도성(transformational leadership)

① 카리스마 : 변혁적 지도성의 핵심요인으로, 구성원이 지도자에 대해 어떻게 인식하고 행동하는가 하는 측면에서 정의된다.

② 개별적 배려 : 구성원을 일대일에 기초하여 개별적으로 다루며, 구성원의 개인적 욕구에 관심을 기울이고 멘토링이나 코칭을 통해 구성원의 욕구를 자극하고 높임으로써 구성원을 개발하고자 한다.

③ 지적 자극 : 구성원으로 하여금 업무수행의 낡은 방식에 대해 의문을 제기하고 새로운 방식을 사용하도록 도와주며, 구성원 자신의 가치관, 믿음, 기대뿐만 아니라 지도자나 조직의 그러한 개념에 대해서도 적절하지 못하면 의문을 제기하도록 지원해 준다.

3) 변혁적 지도성의 핵심적 요소 네 가지

① **이상화된 영향력**(idealized influence) : 구성원으로부터 신뢰와 존경을 받고 동일시와 모방의 대상이 되어 이상적인 영향력을 행사한다.

② **영감적 동기화**(inspirational motivation) : 구성원들로 하여금 조직의 과업이 달성되고 발전할 수 있다는 기대와 도전감을 갖도록 하며, 비전을 공유하도록 구성원을 동기화시킨다.

③ **지적 자극**(intellectual stimulation) : 기존 상황에 대해 새롭고 개방적인 방식으로 접근함으로써 구성원들이 혁신적이 되고 창의적이 되도록 자극한다.

④ **개별화된 배려**(individualized consideration) : 구성원들의 개인적 성장 욕구에 관심을 보이며, 지원적 분위기에서 학습기회를 제공하여 그들의 잠재력을 발전시키고자 한다.

147 배스(Bass)의 변혁적 리더십 요인에 대한 설명으로 옳지 않은 것은? 20지

① 지적 자극 - 기존 상황에 새롭고 개방적인 방식으로 접근함으로써 구성원이 혁신적이고 창의적이 되도록 유도한다.

② 개별적 배려 - 구성원의 개인적 성장 욕구에 세심한 관심을 기울이고 학습 기회를 만들어 그들의 잠재력을 발전시킨다.

③ 추진력 - 결단력과 업무 추진력으로 조직을 변혁하고 높은 성과를 유도해야 한다.

④ 이상화된 영향력 - 구성원으로부터 신뢰와 존경을 받고 동일시와 모방의 대상이 되어 이상적인 영향력을 행사한다.

148 학교장의 변혁적 지도성 행동으로 볼 수 없는 것은? 16지

① 학교구성원이 혁신적이고 창의적으로 사고하고 행동하도록 유도한다.

② 높은 기준의 도덕적 행위를 보여줌으로써 학교구성원의 신뢰를 얻는다.

③ 학교구성원이 원하는 보상을 제공하고 그 대가로 주어진 과업을 달성하도록 한다.

④ 학교구성원과 더불어 학교의 비전을 설정하고 공유하여 학교의 변화를 도모한다.

057 의사결정의 주요 모형

1) 합리모형(rational model) : 리츠(Reitz)

① 모든 대안을 포괄적으로 탐색 평가하여 조직의 목표와 목적의 달성을 극대화할 수 있는 **가장 합리적인 대안을 선택할 수 있다고** 보는 입장이다.

② 너무 이상적이고 비현실적인 모형이라는 평가를 받는다.

2) 만족모형(satisfying model) : 시몬(Simon)

① 인간이 가지는 한계를 인식하고 인간의 사회심리적인 측면을 고려하여 의사결정 시 **최적의 대안을 선택하기보다는 만족할 만한 대안을 선택한다는** 것을 강조하는 모형이다.

② 혁신 또는 창의적인 문제해결방안을 기대하기가 어렵다.

3) 점증모형(incremental model) : 린드블룸(Lindblom)

① 의사결정 시 **현실을 긍정하고 이전의 상태보다 다소 향상된 대안을 추구하는** 모형

② 보수적이고 소극적이라는 비판을 받고 있다.

4) 혼합모형 = 합리 + 점증

① 혼합모형은 합리모형과 점증모형의 약점을 보완하여 전자의 이성적 요소와 후자의 현실적 · 보수적 특성을 적절히 혼합해 의사결정이 이루어진다고 보는 입장

5) 최적 모형 : 드로어(Dror)

① 정책 결정이 합리성에만 근거해서 이루어지는 것은 아니며, 때때로 직관 등 초합리성이 개입되어 이루어짐을 주장한 모형이다.

6) 쓰레기통모형 : 코헨, 마치, 조직화된 무질서(무정부)

① 학교 조직의 의사결정은 다양한 문제와 해결 방안들 사이의 혼란스러운 상호작용 속에서 비합리적이고 우연적 방식으로 이루어진다.

② 조직의 목적은 사전에 설정되는 것이 아니라 **자연스럽게** 나타난다.

③ 문제와 해결책이 조화를 이룰 때 좋은 의사결정이 이루어진다.

④ 높은 불확실성을 경험하고 있는 조직에서 가장 많이 일어나는 정책결정 모형이다.

Keyword

149 다음에서 설명하는 정책결정모형은? 14 지

> • 정책결정 과정에서 선택되는 대안은 대체로 기존 정책의 문제점을 개선해 나가는 것이라는 전제에서 출발한다.
> • 첨예한 갈등이나 문제를 야기하지 않고 안정적인 정책결정과 집행을 할 수 있다.
> • 정책에 대한 폭넓은 지지를 받기 쉽고 실현 가능성이 높은 대안을 선택할 수 있다는 장점을 지닌다.

① 합리모형   ② 점증모형
③ 만족모형   ④ 최적모형

150 다음 설명에 해당하는 교육정책 결정 모형은? 20 국

> • 의사결정은 합리성보다는 우연성에 의존한다.
> • 문제와 해결책이 조화를 이룰 때 좋은 의사결정이 이루어진다.
> • 조직의 목적은 사전에 설정되는 것이 아니라 자연스럽게 나타난다.
> • 높은 불확실성을 경험하고 있는 조직에서 가장 많이 일어나는 정책결정 모형이다.

① 합리 모형   ② 만족 모형
③ 점증 모형   ④ 쓰레기통 모형

1) 갈등상황 : 갈등을 야기할 수 있는 조직 내의 상황 또는 조건이다.

2) 갈등의 순기능

① 유익한 갈등은 조직의 생존과 성공에 필요한 쇄신적 변동을 야기하는 원동력이 된다.
② 유익한 갈등은 행동 주체의 정체성 인식을 돕고 자기반성의 기회를 제공한다.

3) 갈등의 역기능

① 해로운 갈등은 조직의 목표를 성취하는 데 필요한 협동적 노력을 좌절시킨다.
② 조직 구성원의 사기를 떨어뜨리고 낭비를 초래한다.

4) 토마스(K. Thomas)의 협상전략 유형 : 수용, 경쟁, 타협

- **경쟁적 전략** : 협상의 가치를 최대화하려는 데 목표를 둔다. 이것은 적극적 전략으로써 상대방의 원망과 분노를 초래하는 승패 상황의 경우다. 따라서 각 개인이나 조직 등 갈등 당사자들은 **자신의 승리를 위해 자신의 권력기반을 이용**한다. 경쟁은 상대방의 희생으로 자신의 관심사를 충족시키고자 하는 전략이다.
- **협력적 전략** : 협상의 가치를 최대화함과 동시에 상대방과의 관계로 쌍방의 관심을 모두 만족시키려는 접근이다. 협상 쌍방이 모두 이득을 얻게 되는 **쌍방승리(win-win)**의 경우가 된다.
- **타협적 전략** : 각 당사자가 다소 불만이 있으나, 차선으로 상호 의견일치에 도달하고자 하는 접근이다. 이는 **자신과 상대방이 모두 최적은 아니지만 서로 간에 만족을 얻을 수 있는 방법**이다.
- **수용적 전략** : 협상자가 성과보다 관계적 성과를 더 중요시할 때 적절하다. 이러한 방식은 **상대방을 이길 수 없을 때 내일을 기약하는 전략**이다.
- **회피적 전략** : 수많은 전략적 협상목적의 달성을 위하여 사용되며, 주로 **자신과 상대방 모두를 무시함으로써 갈등으로부터 탈피하고자 하는 방식**이다. 어떠한 형태로든 갈등을 해결하려고 하지 않는 접근이다.

높음 (독단성) 낮음	강제		협력
		타협	
	회피		양보
	낮음	(협조성)	높음

Keyword

151 토마스(K. Thomas)의 갈등관리이론에 근거할 때, 다음 모든 상황에서 가장 효과적인 갈등관리의 방식은? 15지

- 조화와 안정이 특히 중요할 때
- 자신이 잘못한 것을 알았을 때
- 다른 사람에게 더 중요한 사항일 때
- 패배가 불가피하여 손실을 극소화할 필요가 있을 때

① 경쟁   ② 회피
③ 수용   ④ 타협

059 장학의 개념

1) 장학의 이해

① 장학의 궁극적인 목적은 수업개선에 있으며, 이 목적을 달성하기 위하여 수업, 교육과정, 인간관계, 경영, 행정, 지도성, 이념적, 기능적 법규적 접근 등 여러 가지 접근을 하고 있는 것이다(한국교육행정학회, 1995).

② 가장 높은 계선 조직인 교육부는 보다 정책적인 측면에 초점을 맞춘 장학을 담당하고 학교현장에서는 보다 수업적 측면에 초점을 맞춘 장학을 함으로써 수업 개선을 통해 교육의 질을 향상시키고자 하는 것이 장학의 본질이라고 할 수 있다.

③ 다시 말해, 장학은 '수업활동 개선을 위한 모든 지원적 활동'이라고 정의할 수 있다. 다만 실제 교육현장에서 기존의 관료적 장학행정에서 벗어나 수업적 측면에 초점을 맞춘 장학활동을 펼칠 때 장학의 본질을 실현할 수 있을 것으로 보인다.

2) 장학 개념의 변화

① **관리 장학 시대**(1750~1930년) : 이 시기의 장학은 근본적으로 행정의 연장으로 보이며, 권위주의적이고 강제적인 방법으로 장학이 이루어졌다.

② **협동 장학 시대**(1930~1955년) : 과학적 관리론은 1930년대 인간관계론의 등장과 더불어 퇴조하게 되었다. 장학사와의 원만한 인간관계를 통하여 교사가 학교에 만족감을 느끼게 하고 스스로 학교에 헌신하게 한다.

③ **수업 장학 시대**(1955~1970년) : 1957년 옛 소련의 스푸트니크호의 충격은 미국 교육의 전반을 바꾸어 놓는 계기가 되었다. 미국 교육을 전반적으로 뜯어 고치기 위해 교육과정 개발에 박차를 가하면서 교육과정 개발자로서의 장학사의 역할이 중요시되었다. 교육과정 개발과 장학은 동일시되었고 장학 담당자는 각 과목의 전문가로서 교육과정을 편성하고 교사와 함께 새로운 교육 프로그램을 만드는 것이 주요 임무가 되었다.

④ **발달론적 장학 시대**(현재) : 교사의 전문적 자질의 증진이란 교사 개개인의 가치관과 신념·태도·지적 이해력이라는 내면적 변화와 더불어 교수의 기술, 문제해결능력, 자율적 의사결정능력, 교사 상호 간의 협동적 사고와 교육실제의 개선이라는 외면적 행동의 변화를 의미한다.

3) 교사들의 장학발달단계

첫째 단계(장학사의 직접적 통제행위 : 지시적 장학) : 교사의 발달수준이 매우 낮은 단계에 있을 때 이용한다.

둘째 단계(장학사의 협력적 행위 : 협동적 장학) : 교사의 발달수준이 중간적 단계일 때 사용한다. 장학사는 교사가 수업의 문제해결에 도움을 주는 협력적 접근을 한다.

셋째 단계(장학사의 비지시적 행위) : 교사가 수업에 필요한 변화가 무엇인지를 알고 실천할 수 있는 고도의 발달단계에 있을 때 이용한다.

152 장학개념의 변천에 대한 설명으로 옳은 것은? 20국

① 관리장학은 학문중심 교육과정으로 인해 등장하였다.
② 협동장학은 조직의 규율과 절차, 효율성을 강조하였다.
③ 수업장학은 교육과정의 개발과 수업효과 증진을 강조하였다.
④ 아동 중심 교육이 강조되던 시기에 발달장학이 널리 퍼졌다.

153 다음 설명에 해당하는 교육정책 결정 모형은? 21지

- 교사들의 교수 - 학습 기술 향상을 위해 교장·교감이나 외부 장학요원, 전문가, 자원인사 등이 주도하는 개별적이고 체계적인 성격이 강한 조언 활동이다.
- 주로 초임교사, 저경력교사 등을 대상으로 진행된다.
- 구체적인 형태로는 임상장학, 마이크로티칭 등이 있다.

① 동료장학　　　　② 발달장학
③ 수업장학　　　　④ 자기장학

1) 약식장학

① 평상시에 교장 및 교감의 계획과 주도하에 이루어지는 것으로, 다른 장학형태의 보완적인 성격을 지닌다.

② 단위학교에서 일상적으로 빈번하게 수행되기 때문에 **일상 장학**이라고도 부른다.

2) 임상장학

① **학급 내에서 수업의 질을 개선하기 위한 것으로**, 교사와 학생 사이에서 이루어지는 상호작용에 초점을 둔다.

② 장학 담당자와 교사의 지속적이며 성숙한 상호관계성의 형성과 유지가 성공적인 임상 장학의 전제조건이며, '**관찰 전 계획 → 수업관찰 및 협의회 → 수업 관찰 후 평가**'라는 순환적인 단계로 이루어진 체계적인 과정이라고 할 수 있다.

3) 동료장학

① 수업전략을 개발하기 위한 것으로, **교사 간에 상호협력**하는 장학형태이다. 인적자원활용의 극대화라는 측면에 장점이 있다.

② 성공적인 동료장학 방법 : 목적설정-준비-일정잡기-점검

4) 자기장학

① 교수활동의 전문성을 반영한 장학형태이다. 자신의 수업을 녹화하여 분석·평가하거나 대학원에 진학하여 전공 교과 또는 교육학 영역의 전문성 신장한다.

5) 학교 컨설팅

① 학교교육을 개선하기 위해 일정한 전문성을 갖춘 사람들이 학교와 학교 구성원의 요청에 따라 제공하는 독립적인 자문 활동으로서 경영과 교육문제를 진단하고, 대안을 마련하며, **문제해결 과정을 지원하고**, 교육훈련을 실시하며, 문제해결에 필요한 인적·물적 자원을 발굴하여 조직화하는 일이다.

② **6가지 학교 컨설팅 원리** : 자발성, 전문성, 자문성, 한시성, 독립성, 학습성의 원리

6) 요청장학 : 개별학교의 요청에 의하여 해당 분야의 전문 장학담당자를 파견하여 **지도·조언하는 장학활동**

7) 특별장학 : 특별한 문제가 발생하거나 발생이 우려될 때 해당 **문제의 해결이나 예방**을 위하여 필요한 지도, 조언을 하는 장학활동

Keyword

154 김 교장이 실시하고자 하는 장학의 종류는? 18지

- 김 교장 : 교사들이 좀 더 수업을 잘 하도록 지원하기 위해서는 수업 장면을 살펴봐야겠습니다.
- 박 교감 : 공개수업을 참관해 보면 미리 짠 각본처럼 준비된 수업을 하니 정확한 실상을 알기가 어렵습니다.
- 김 교장 : 교사들이 거부반응을 보일지 모르지만 복도에서라도 교실 수업 장면을 살펴보고 필요한 조언을 해야겠습니다.

① 약식장학　　　　　　② 자기장학

③ 중앙장학　　　　　　④ 확인장학

155 장학의 유형과 그에 대한 설명으로 옳지 않은 것은? 12국

① 자기장학 - 교수활동의 전문성을 반영한 장학형태이다.

② 동료장학 - 인적자원활용의 극대화라는 측면에 장점이 있다.

③ 임상장학 - 학교운영 전반에 대한 진단 및 임상적 처방이 목적이다.

④ 약식장학 - 교장이나 교감 등 주로 학교의 관리자에 의하여 이루어진다.

156 다음에 해당하는 장학의 유형은? 16국

- 학생들의 수업평가 결과 활용
- 자신의 수업을 녹화하여 분석·평가
- 대학원에 진학하여 전공 교과 또는 교육학 영역의 전문성 신장

① 약식 장학　　　　　　② 자기 장학

③ 컨설팅 장학　　　　　④ 동료 장학

＊초·중등 교육법 제31조(학교운영위원회의 설치) : 1997년 ＊

① 학교운영의 자율성을 높이고 지역의 실정과 특성에 맞는 다양하고도 창의적인 교육을 할 수 있도록 초등학교·중학교·고등학교 및 특수학교에 학교운영위원회를 구성·운영하여야 한다.
② 국립·공립 학교에 두는 학교운영위원회는 그 학교의 교원 대표, 학부모 대표 및 지역사회 인사로 구성한다.
③ 학교운영위원회의 위원 수는 5명 이상 15명 이하의 범위에서 학교의 규모 등을 고려하여 대통령령으로 정한다.

1) 개요

① 1995년 5월 31일 발표된 교육개혁 방안 중에서 자율과 책무성에 바탕을 둔 학교운영을 위한 구체적인 개혁 방안으로서 교장, 교사 초빙제와 함께 학교운영위원회의 설치가 제안되었다.
② 1995학년도 2학기부터 시험 실시되고 1996년에는 단계적으로 확대 실시하는 것으로 계획되었다.
③ 1995년 12월 정기국회에서는 '지방교육자치에 관한 법률'을 개정하여 학교교육위원회의 설치 근거를 마련하였다.

2) 구성

① 학교장은 당연직 교원위원으로 하고 기타 위원은 선출한다.
② 학부모위원은 학부모 중에서 민주적 대의절차에 따라 학부모 전체회의에서 직접 선출한다. 다만, 특별한 사유가 있는 경우에는 학급별 대표로 구성된 학부모 대표회의에서 선출할 수 있다.
③ 교원위원은 교원 중에서 선출하되 교직원 전체회의에서 무기명 투표로 선출한다.
④ 지역위원은 학부모위원 또는 교원위원의 추천을 받아 학부모위원과 교원위원이 무기명 투표로 선출한다.
⑤ 구성 비율은 학부모 40~50%, 교원 30~40%, 지역사회 인사 10~30%로 한다.

3) 역할

① 국·공립 학교의 경우 교육공무원법 제29조의 3제 8항에 따른 공모 교장의 공모 방법, 임용, 평가 등을 심의한다.
② 국·공립 학교의 경우 학교의 예산안과 결산, 학교교육과정의 운영방법, 학교급식 등을 심의한다.
③ 국·공립학교에서는 대학입학과 관련된 사항을 심의할 수 있다.
④ 학교발전기금을 조성할 수 있다.
⑤ 사립의 특수학교도 구성·운영하여야 한다.

157 우리나라 학교운영위원회의 구성 및 운영에 대한 설명으로 옳은 것은? `15국`

① 국·공립학교의 교감은 운영위원회의 당연직 교원위원이 된다.
② 국·공립학교에 두는 운영위원회의 회의는 학교장이 소집한다.
③ 국·공립학교에 두는 운영위원회는 학교교육과정의 운영방법에 대해서 심의한다.
④ 사립학교에 두는 운영위원회는 학교발전기금의 조성·운용 및 사용에 관한 사항을 심의할 수 없다.

158 학교운영위원회에 대한 설명으로 옳지 않은 것은? `10국`

① 국·공립학교에서는 대학입학과 관련된 사항을 심의할 수 없다.
② 학교발전기금을 조성할 수 있다.
③ 사립의 특수학교도 구성·운영하여야 한다.
④ 15인을 초과하여 구성할 수 없다.

159 국·공립학교의 학교운영위원회에 대한 옳은 설명만을 〈보기〉에서 있는 대로 고른 것은? `17지`

> ㉠ 그 학칙의 제정 또는 개정 사항을 심의한다.
> ㉡ 학교운동부의 구성·운영 사항을 심의한다.
> ㉢ 학부모위원은 교직원 전체회의에서 선출한다.
> ㉣ 학교의 장은 운영위원회의 당연직 교원위원이다.

① ㉠, ㉢   ② ㉠, ㉡, ㉣
③ ㉡, ㉢, ㉣   ④ ㉠, ㉡, ㉢, ㉣

VII 교육재정

7		기본		22	21	20	19	18	17	16	15	14	13	12	11	10
62	교육 재정	특성		*	*	○						○	○			
63		구조		*	○							○				
64		지방교육재정		*	*		○				○					
65		학교회계			*	○		○		*						
66		교육비	분류		○		*									○
67		학교예산기법	영기준	○						○	*					

○ : 국가직   * : 지방직

1) 교육재정의 의미

① 국가경제는 민간부문과 공공부문이 병존하는 혼합경제체제
② 정부가 공공부문에 필요한 자원을 조달, 관리, 사용하는 경제행위가 공공경제, 즉 재정
③ 교육재정은 국가 및 공공단체가 교육욕구를 충족하기 위하여 필요한 수단을 조달하고 관리·사용하는 경제활동
④ 교육재정이란 국가 사회의 공익사업인 교육활동을 지원하기 위하여 국가나 공공단체가 필요한 재원을 확보·배분·지출·평가하는 일련의 경제활동을 말한다.

2) 교육재정의 특성

① **강제성** : 재정은 가계나 민간기업과 같은 민간개별경제와는 달리 기업과 국민의 소득의 일부를 조세에 의하여 정부의 수입으로 이전시키는 강제적인 성격을 가지고 있다.
② **공공성** : 가계의 경제활동은 효용의 극대화를 기하고, 기업의 경제활동은 이윤의 극대화를 기하려는 것임에 비하여, 재정은 국가활동과 정부의 시책을 효과적으로 달성할 수 있는 방향으로 사용되어야 하는 공공성을 지니고 있다.
③ **가계**는 수입이 정해져 있으므로 그 수입 범위 내에서 지출을 억제하는 **양입제출(量入制出)**이 운영의 원칙이 되지만, 반면에 **재정**에서는 먼저 필요한 지출의 규모를 결정하고, 이에 상응하는 수입의 확보를 기하는 **양출제입(量出制入)**의 원칙이 적용된다.
④ **영속성** : 재정은 민간경제보다는 존속기간이 길다고 하는 영속성을 특징으로 한다.

정부경제와 민간경제의 차이점 비교

구분	민간경제	정부경제
수입조달 방법	합의원칙(등가교환경제)	강제원칙(강제획득경제)
기본원리	시장원리	예산원리
목적	이윤 극대화	공공성(일반이익)
회계원칙	양입제출	양출제입
존속 기간	단기성	영속성
생산물	유형재	무형재
수지관계	불균형(잉여획득)	균형(균형예산)
보상	특수보상	일반보상

Keyword

160 교육재정의 특성으로 옳지 않은 것은? 19국

① 재정은 공공의 이익을 도모하는 국가활동과 정부의 시책을 위해 사용되어야 한다는 공공성이 있다.
② 공권력을 통하여 기업과 국민 소득의 일부를 조세를 통해 정부의 수입으로 이전하는 강제성을 가지고 있다.
③ 수입이 결정된 후에 지출을 조정하는 양입제출(量入制出)의 원칙이 적용된다.
④ 존속기간이 길다고 하는 영속성을 특성으로 한다.

161 민간경제와 교육재정의 특성을 비교한 설명으로 옳은 것은? 13국

① 민간경제는 등가교환 원칙에 의하여 수입을 조달하지만, 교육재정은 합의의 원칙에 의한다.
② 민간경제는 수입과 지출이 균형을 유지해야 하는 특성을 가지고 있는 반면, 교육재정은 항상 잉여획득을 기본 원칙으로 하여 거래가 이루어지고 있다.
③ 민간경제는 존속기간이 영속성을 가지고 있는 데 비해, 교육재정은 단기성을 가진다.
④ 민간경제는 양입제출의 회계원칙이 적용되는 데 반해, 교육재정은 양출제입의 원칙이 적용된다.

063 교육재정의 구조

1) 개요

① 교육재정의 구조를 이해하기 위해서는 교육재원의 세입 및 세출 구조, 교육재원의 배분 구조, 교육재정 운영 구조를 종합적으로 파악해야 한다.

② 교육부 예산의 경우에는 세출 구조를 이해하는 것이 중요하나,

③ 시 · 도 교육비 특별회계, 학교회계, 사립학교 교비회계 등은 교육부가 배분하는 재원의 흐름, 즉 교육부 세출예산이 교육비특별회계와 학교회계, 교비회계로 이전하는 세입 과정을 이해하는 것이 중요하다.

④ 이하에서, 교육부 일반회계 및 특별회계, 시 · 도 교육비 특별회계, 사립학교 교비회계, 국 · 공립 초 · 중등학교회계로 나누어 개략적인 내용을 제시한다.

2) 교육부 일반회계 및 특별회계

① **교육부 예산**이란 정부가 교육 및 학예를 위한 공공활동을 전개하기 위하여 투자하는 예산을 말한다.

② 회계면에서 볼 때 교육부 예산은 일반회계와 특별회계, 기금으로 구분되고 있다.

③ **일반회계의 세출내역** : 인건비, 기본 사업비, 주요 사업비, 지방교육재정교부금 등

④ 이 중에서 가장 규모가 큰 것은 지방교육재정교부금으로 총 세출예산의 71.8%(2015년)를 차지하고 있다.

⑤ 특별회계로는 매년 차이가 있으나, 2015년의 경우 혁신도시건설특별회계, 광역지역발전특별회계가 있으며, 교육부가 운용하는 기금으로는 사립학교교직원 연금기금과 사학진흥기금이 있다.

3) 시 · 도 교육비 특별회계

① 지방교육을 관장하고 있는 8개 시(서울특별시, 부산 · 대구 · 인천 · 광주 · 대전 · 울산광역시, 세종특별자치시)와 9개 도 교육청의 예산은 특별회계로 되어 있다.

② 우선 시 · 도 교육비 특별회계의 세입을 보면 국가부담 수입, 지방자치단체로부터의 일반회계 수입, 지방자치단체 교육비 특별회계 부담 수입 및 주민부담 수입, 지방교육채 등이 있다.

③ 이 중에서 가장 중요한 재원은 **지방교육재정교부금 및 보조금**인 중앙정부이전수입으로서 지방교육재정 총액의 70% 이상을 차지하고 있다.

④ 지방자치단체 일반회계로부터의 전입금은 시 · 도세 총액 전입금(특별시세의 10%, 광역시세 · 경기도세의 5%, 도세의 3.6%), 지방교육세 전입금, **담배소비세 전입금(특별시 및 광역시 45%)** 등이 있다.

Keyword

162 우리나라의 현행 교육재정의 구조에 대한 설명으로 옳지 않은 것은? 21국

① 국가가 지방자치단체에 교부하는 교부금은 보통교부금과 특별교부금으로 나눈다.

② 교육부의 일반회계와 특별회계는 정부가 교육과 학예 활동을 위해 투자하는 예산을 말한다.

③ 교육부 일반회계의 세출 내역 중에서 가장 규모가 큰 것은 지방교육재정교부금이다.

④ 시 · 도교육비 특별회계의 세입 중에서 가장 큰 비중을 차지하는 것은 지방자치단체 일반회계로부터의 전입금이다.

163 우리나라 교육재정에 대한 설명으로 옳지 않은 것은? 14국

① 공교육비는 공부담 교육비와 사부담 교육비로 나뉘는데, 학생납입금은 사부담 교육비에 해당된다.

② 지방교육재정의 가장 큰 재원은 지방교육재정교부금 및 보조금이다.

③ 국가의 재정이 국민의 납세의무에 의해 재원을 확보하듯이 교육예산도 공권력에 의한 강제성을 전제로 한다.

④ 교육재정의 지출 가운데 시설비가 차지하는 비중이 인건비에 비해서 상대적으로 크다.

164 교육재정 제도와 정책에 대한 설명으로 옳지 않은 것은? 21지

① 사립학교의 재원은 학생 등록금, 학교 법인으로부터의 전입금 두 가지로만 구성된다.

② 학부모 재원은 수업료, 입학금, 기성회비 혹은 학교 운영지원비로 구분할 수 있다.

③ 국세교육세는 교육세법 에 의하여 세원과 세율이 결정되고, 지방교육세는 지방세법 에 의하여 세원과 세율이 결정된다.

④ 중앙정부가 부담하는 지방교육재정 교부금 재원은 교육세 세입액 중 일부와 내국세의 일정 비율에 해당하는 금액으로 구성된다.

1) 제1조 [목적]

이 법은 지방자치단체가 교육기관 및 교육행정기관(그 所屬機關을 포함한다. 이하 같다)을 설치·경영함에 필요한 재원의 전부 또는 일부를 국가가 교부하여 교육의 균형있는 발전을 도모함을 목적으로 한다.

2) 제2조 [정의]

① "기준재정수요액"이라 함은 지방교육 및 그 행정운영에 관한 **재정수요**를 제6조의 규정에 의하여 산정한 금액을 말한다.

② "기준재정수입액"이라 함은 교육·과학·기술·체육 기타 학예(이하 "敎育·學藝"라 한다)에 관한 일체의 **재정수입**을 제7조의 규정에 의하여 산정한 금액을 말한다.

③ "측정단위"라 함은 지방교육행정을 부문별로 설정하여 그 부문별의 양을 측정하는 단위를 말한다.

④ **"단위비용"이라 함은 기준재정수요액을 산정하기 위한 각 측정단위의 단위당 금액을 말한다.**

⑤ 교육부장관은 기준재정수입액이 기준재정수요액에 미치지 못하는 지방자치단체에 대해서는 그 부족한 금액을 기준으로 하여 보통교부금을 총액으로 교부한다.

3) 제5조의 2 [특별교부금의 교부]

① 교육부장관은 다음 각호의 구분에 따라 특별교부금을 교부한다. 다만, 제3호의 규정에 의한 금액의 사용 잔액이 예상되는 경우에는 **교육부장관이 지방교육행정 및 지방교육재정의 운용실적이 우수한 지방자치단체에 대한 재정지원의 재원으로 사용할 수 있다.**

② 교육부장관은 제1항 제2호 및 제3호의 어느 하나에 해당하는 사유가 발생하여 시·도의 교육행정기관의 장이 특별교부금을 신청하는 경우에 이를 심사하여 교부한다. 제1항 제1호에 해당하는 사유가 발생한 경우 또는 교육부장관이 필요하다고 인정하는 경우에는 신청이 없는 경우에도 일정한 기준을 정하여 특별교부금을 교부할 수 있다.

③ 교육부장관은 특별교부금의 사용에 관하여 조건을 붙이거나 용도를 제한할 수 있다.

④ 시·도의 교육행정기관의 장은 제3항의 규정에 의한 조건이나 용도를 변경하여 특별교부금을 사용하고자 하는 때에는 미리 교육부장관의 승인을 얻어야 한다.

⑤ 교육부장관은 시·도의 교육행정기관의 장이 제3항의 규정에 의한 조건이나 용도를 위반하여 특별교부금을 사용하거나 2년 이상 사용하지 아니하는 경우에는 그 반환을 명하거나 다음에 교부할 특별교부금에서 이를 감액할 수 있다.

⑥ 제1항 단서의 규정에 의한 우수한 지방자치단체의 선정기준·선정방법 및 특별교부금의 교부에 따른 교부시기 등 절차에 관하여 필요한 사항은 대통령령으로 정한다.

Keyword

165 우리나라의 지방교육재정에 대한 설명으로 옳은 것은? [15국]

① 교육세는 지방교육재정교부금의 재원에 포함되지 않는다.

② 광역시는 담배소비세의 100분의 45에 해당하는 금액을 교육비 특별회계로 전출하여야 한다.

③ 교육부장관은 특별교부금의 사용에 관하여 조건을 붙이거나 용도를 제한할 수 없다.

④ 시·군·자치구는 고등학교 이하 각급 학교의 교육에 소요되는 경비를 보조할 수 없다.

166 지방교육재정교부금제도에 대한 설명으로 옳지 않은 것은? [18국]

① 기준재정수입액은 교육·학예에 관한 지방자치단체 교육비특별회계의 수입예상액으로 한다.

② 기준재정수입액을 산정하기 위한 각 측정단위의 단위당 금액을 단위비용이라 한다.

③ 교육부장관은 기준재정수입액이 기준재정수요액에 미치지 못하는 지방자치단체에 대해서는 그 부족한 금액을 기준으로 하여 보통교부금을 총액으로 교부한다.

④ 특별교부금은 지방교육행정 및 지방교육재정의 운용실적이 우수한 지방자치단체에 재정지원이 필요할 때 교부한다.

065 학교회계 : 국 · 공립 초 · 중등학교

1) 개요
① 「초 · 중등교육법」 제30조의 2와 제30조의 3에 의하면, 학교회계는 국 · 공립의 초등학교 · 중학교 · 고등학교 및 특수학교에 설치(사립학교 : 교비회계)
② 단위학교의 자율적 재정운영 : 교사의 참여와 학교운영위원회 심의

2) 학교회계는 다음 각 호의 수입을 세입(歲入)으로 한다.
① 국가의 일반회계나 지방자치단체의 교육비특별회계로부터 받은 전입금
② 학교운영위원회 심의를 거쳐 학부모가 부담하는 경비
③ 학교발전기금으로부터 받은 전입금
④ 국가나 지방자치단체의 보조금 및 지원금
⑤ 사용료 및 수수료, 이월금, 물품매각대금, 그 밖의 수입

3) 학교회계의 운영
① 학교회계의 회계연도는 매년 3월 1일에 시작하여 다음 해 2월 말일에 끝난다.
② 학교의 장은 회계연도마다 학교회계 세입세출예산안을 편성하여 회계연도가 시작되기 30일 전까지 제31조에 따른 학교운영위원회에 제출하여야 한다.
③ 학교운영위원회는 학교회계 세입세출예산안을 회계연도가 시작되기 5일 전까지 심의하여야 한다.
④ 학교의 장은 제3항에 따른 예산안이 새로운 회계연도가 시작될 때까지 확정되지 아니하면 다음 각 호의 경비를 전년도 예산에 준하여 집행할 수 있다. 이 경우 전년도 예산에 준하여 집행된 예산은 해당 연도의 예산이 확정되면 그 확정된 예산에 따라 집행된 것으로 본다.
⑤ 학교의 장은 회계연도마다 결산서를 작성하여 회계연도가 끝난 후 2개월 이내에 학교운영위원회에 제출하여야 한다.
⑥ 학교회계의 운영에 필요한 사항은 국립학교의 경우에는 교육부령으로, 공립학교의 경우에는 시 · 도의 교육규칙으로 정한다.

> 사립학교 교비회계 : 사립학교의 재원은 학생등록금, 학교법인으로부터의 전입금, 국고 또는 각종 단체로부터의 원조 · 보조금으로 구성되어 있다. 그러나 대부분의 사학법인이 보유하고 있는 수익용 기본 재산의 수익성이 낮거나 기준에 못 미치기 때문에 법인의 전입금이 대단히 적고, 학생등록금에 대한 의존도가 지나치게 높은 실정이다.

167 초 · 중등교육법상 국 · 공립학교 학교회계의 세입(歲入)에 해당하지 않는 것은? 19국

① 지방자치단체의 교육비특별회계로부터 받은 전입금
② 학교발전기금으로부터 받은 전입금
③ 사용료 및 수수료
④ 지방교육세

168 초 · 중등교육법상 우리나라 국 · 공립 초등학교 · 중학교 · 고등학교 및 특수학교의 학교회계제도에 대한 설명으로 옳지 않은 것은? 17국

① 학교회계의 회계연도는 매년 3월 1일에 시작하여 다음 해 2월 말일에 끝난다.
② 학교운영위원회 심의를 거쳐 학부모가 부담하는 경비는 학교회계의 세입으로 한다.
③ 학교의 장은 회계연도마다 학교회계 세입세출예산안을 편성하여 학교운영위원회에 제출하여야 한다.
④ 지방자치단체의 교육비특별회계의 전입금은 학교회계의 세입항목이 아니다.

169 「초 · 중등교육법」에 근거할 때, 학교회계에 대한 설명으로 옳은 것은? 16지

① 단위학교 행정실장이 학교회계 세입세출 예산안을 편성한다.
② 학교회계 세입세출 예산안은 학교운영위원회의 심의를 거쳐야 한다.
③ 학교회계의 회계연도는 매년 1월 1일에 시작하여 12월 말일에 종료된다.
④ 학교발전기금으로부터 받은 전입금은 학교회계의 세입으로 할 수 없다.

066 교육비 분류

1) 교육비 분류

① **교육재정**이란 교육에 소요되는 돈을 다루는 일이다.

② 교육에 소요되는 돈을 교육비라고 부른다.

③ **교육비**는 직접교육비와 간접교육비로 구분하고, 직접교육비는 직접 교육에 투자되는 비용으로 공교육비와 사교육비로 구분되며, 교육재정은 공교육비 가운데서도 국가나 지방자치단체가 부담하는 공부담 공교육비와 학부모가 부담하는 사부담 공교육비로 나누며, 간접교육비는 직접 교육에 투자되는 비용은 아닌 기회비용으로 사부담 기회비용과 공부담 기회비용으로 분류하는데, 교육비를 분류하면 다음과 같다.

총교육비	직접교육비	공교육비	공부담	국가와 지방공공단체
			사부담	입학금, 수업료, 학교운영지원비 등
		사교육비	사부담	과외비, 전문강습비, 학용품, 교재비, 교통비, 잡비
	간접교육비	교육기회경비	공부담	비영리 교육기관의 면세(조세감면)
			사부담	대학진학으로 취업 포기

2) 코헨(Cohn)의 교육비 분류 : 직접교육비, 교육기회경비

(1) 직접교육비

① 직접 교육비는 부담 주체에 따라서 학교 또는 정부 부담(사회적 교육비)과 학생 부담(사적 교육비)으로 구분해 볼 수 있다.

② 선진국의 경우에는 학교 부담이 차지하는 비율이 월등히 높고, 학생 부담이 차지하는 비율은 극히 일부에 지나지 않는다.

③ 왜냐하면 대부분의 선진국에서는 중등학교까지 수업료가 없는 무상교육이므로 학생은 단지 추가적으로 발생하는 하숙비, 교통비, 교재대, 학용품비 등과 같은 비용만 부담하면 되기 때문이다.

(2) 교육기회경비

① 경제적 비용이란 직접적인 지출을 나타내는 비용은 물론 기회경비까지 포함한다.

② 비용이란 근본적으로 기회경비 중의 하나다.

③ 교육의 기회경비에는 학생이 학교에 다니기 때문에 교육기간 동안에 직업을 가질 수 없는 데서 오는 포기된 소득, 비영리기관에 부여하는 면세의 가치, 건물과 장비의 감가상각비와 이자 등이 있다.

Keyword

170 학부모가 지출한 교재비를 교육비의 기준에 따라 분류할 때, 옳은 것으로만 묶은 것은? 20국

① 직접교육비, 사교육비, 공부담 교육비

② 직접교육비, 사교육비, 사부담 교육비

③ 간접교육비, 공교육비, 공부담 교육비

④ 간접교육비, 공교육비, 사부담 교육비

171 공 · 사교육비를 '공공의 회계절차를 거치는가'에 따라 분류할 때, 공교육비에 해당하지 않는 것은? 19지

① 학생이 학교에 내는 입학금

② 학생이 사설학원에 내는 학원비

③ 학부모가 부담하는 학교운영지원비

④ 학교법인이 부담하는 법인전입금

172 우리나라에서의 교육비 분류방식에 대한 설명으로 옳지 않은 것은? 10국

① 간접교육비는 교육기간 동안 취업할 수 없는 데서 오는 손실로서의 유실소득과 비영리교육기관이 향유하는 면세의 가치이다.

② 직접교육비는 교육활동에 직접적으로 투입되는 경비로서 사교육비는 제외된다.

③ 공교육비는 공공의 회계절차를 거쳐 교육에 투입되는 교육비로서 수업료를 포함한다.

④ 공부담 교육비는 국가나 지방자치단체 및 학교법인이 부담하는 경비로서 학교운영지원비는 제외된다.

067 학교예산의 편성 및 집행기법

1) 품목별예산제도(Line-Item Budgeting System)

① 부정과 재정손실이 발생하지 않도록 확인하고 감독하는 통제지향적인 제도다.
② 예산항목을 경비의 성격과 위계에 따라 관, 항, 목, 세목 등으로 제도화함으로써 지출의 구체적인 항목을 기준으로 예산이 편성 운영되는 제도를 말한다.
③ 이 제도는 한정된 재정규모 내에서 효율적인 배분을 강조하기 때문에 능률적이라는 장점이 있는 반면
④ 사업의 효과나 효율보다는 지출의 경비에 초점을 맞춤으로써 사업의 성과 측정에는 소홀하게 되는 단점이 있다.

2) 성과주의예산제도(Performance Budgeting System)

① 예산의 기능을 품목별예산제도와 같은 통제중심에서 관리중심로 전환시키면서 예산집행의 효율성을 제고시키려는 제도다.
② 달성하려는 목표와 사업이 무엇인가를 표시하고 이를 달성하는 데 필요한 소요비용을 명시해 주는 장점
③ 예산관리에 너무 치중한 나머지 너무 회계적인 측면을 강조하거나 계획을 소홀히 할 수 있다는 단점이 있다.

3) 기획예산제도(Planning Programming Budgeting System)

① 합리적인 조직목표를 설정하고 이를 성취하기 위한 계획과 행동과정 그리고 자원배분을 과학적으로 수립하고 설계함으로써 조직목표를 효율적으로 달성하려는 제도다.
② 즉, 프로그램을 통하여 장기적인 계획수립과 단기적인 예산편성을 유기적으로 결합시킴으로써 정부의 자원을 합리적 과학적으로 배분하려는 제도다.
③ 이 제도는 여러 가지 대안을 서로 비교하여 가장 효율적인 대안을 선택하고 그에 상응하는 예산을 결정함으로써 예산 지출의 효율성을 향상시킬 수 있는 반면,
④ 합리성을 지나치게 강조함으로써 정치적 과정을 소홀히 할 수 있다는 단점이 있다.

4) 영기준예산제도(Zero Based Budgeting System)

① 주로 전년도를 기준으로 가감하는 방식을 지향하고 있는 종래의 예산편성방식에서 탈피하여, 전년도 사업은 전혀 고려하지 않고 학교목표에 따라 신년도 사업을 재평가하여 우선순위를 정하고 한정된 예산을 우선순위별 사업에 자원을 배분하는 제도다.
② 이 제도는 학교경영에 전교직원들이 참여하도록 유도하여 창의적이고 자발적인 사업 구상과 실행을 유인할 수 있다는 장점이 있는 반면,
③ 의사결정의 전문성 부족으로 인한 비용과 인원의 절감 실패와 사업 기각 및 평가절하에서 비롯되는 구성원들의 비협조적 풍토 야기 등의 문제점을 갖고 있다.

173 학교예산 편성 기법 중 영기준 예산제도(Zero Based Budgeting System)의 장점으로 볼 수 없는 것은? 16국

① 우선순위가 높은 사업에 대한 집중 지원이 가능하다.
② 학교경영에 구성원의 폭넓은 참여를 유도할 수 있다.
③ 점증주의적 예산 편성 방식을 통해 시간과 노력의 부담을 경감할 수 있다.
④ 학교경영 계획과 예산이 일치함으로써 교장의 합리적이고 과학적인 학교경영을 지원할 수 있다.

174 다음의 특징과 가장 일치하는 학교예산 편성제도는? 15 지

- 전년도 예산편성과 상관없이 신년도 사업을 평가하여 예산을 결정한다.
- 창의적이고 자발적인 사업의 구상과 실행을 유도할 수 있다.
- 사업이 기각되거나 평가절하되면 비협조적 풍토가 야기될 수 있다.

① 기획예산제
② 품목별 예산제도
③ 영기준 예산제도
④ 성과주의 예산제도

VIII 교육사철학

8	기본				22	21	20	19	18	17	16	15	14	13	12	11	10
69	교육철학	교육	철학	개념								*		○			
68			피터스					○	*								
심화			허스트				○										
75		현대	분석철학	피터스, 비트겐	○						*						
74			실존주의	볼노우, 부버	*		*	○*	*								
77			비판철학	하버마스			○			*	○			○			
78			포스트모더	리오타르				*			*						
75			프래그머티즘	퍼스, 듀이										○		○	
70	서양사	고대	소플아				*	*	*	*							
심화			소피스트								*					○	
심화		중세	중세교육														
71			인문주의							*	○						
심화			종교개혁														
71			실학주의	코메니우스			○	○*	○	○							
			계몽주의										*				
72			자연주의	루소	*								○				
71		근세	신인문주의														
72			페스탈로치												*		
심화			프뢰벨														
			헤르바르트						*								
73		미국	듀이	프래그머티즘									○		○		
			진보주의	파크, 킬패트릭	*				○					*			○
76			항존주의										*	*			
			본질주의						○		○			*			
심화			재건주의										*				

○ : 국가직 * : 지방직

1) 규범적 정의

① 규범적 정의는 어떤 대상이 취하는 궁극적 목적과 연관하여 규정한 것이다.
② 개인적으로나 공동체의 차원에서 인격완성과 자아실현이라는 내재적 가치의 실현 또는 영원한 진리나 가치를 추구하는 것을 교육의 중요한 목표로 제시한다. **예** '교육은 인간을 인간답게 형성하는 과정이다.'

2) 기능적 정의

① 교육의 '도구적 가치'를 강조하는 관점이다. 즉 교육을 사회문화의 계승 및 사회발전의 수단으로 본다.
② **예** '교육은 국가 사회발전을 위한 핵심적 수단이다.', '교육은 사회문화의 계승 및 발전을 위한 주요한 수단이다.'

3) 조작적 정의

① 규범적 정의는 지나치게 주관적일 수 있고, 기능적 정의는 수단적 가치로 전락할 우려가 있다. 조작적 정의는 바로 이러한 두 정의의 취약점을 보완하기 위해 마련된 것이다.
② 조작적 정의는 교육을 인간의 행동특성을 계획적으로 변화시키려는 과정으로 본다.
③ 조작적 정의는 규범적 정의나 기능적 정의에 비해 합리적이며 과학적으로 설명
　　예 인간 행동의 계획적인 변화

4) 피터스(R. S. Peters)의 교육의 준거

① **규범적 준거** : 인간의 **내재적 가치**를 실현 하는 것
② **인지적 준거** : 지식을 아는 것이 아니라 **지적 안목**을 가지는 것
③ **과정적 준거** : **학습자를 존중**하며 도덕적인 방법으로 교육을 실현하는 것

5) 교육과 유사개념

① **'양육'**은 물질적인 원조뿐만 아니라 정신적, 심리적 조력을 모두 포괄하는 개념이다.
② **'훈육'**은 정해진 규칙을 따라 배우는 것을 기본으로 한다. 예를 들면, 출석이나 전학, 긴급상황에서의 조치 등과 같은 효율적 운영을 위한 규칙 등. 이런 다양한 규칙은 훈육을 통해 이루어진다.
③ **'훈련'**은 주로 특정한 직종에서의 업무능력 개발을 의미한다. **예** 군대에서 사격훈련
④ **'사회화'**는 인간이 성장·발달해 가면서 자기가 속한 집단의 문화, 즉 생활양식이나 행동양식 등을 내면화하고, 자신의 독특한 개성과 자아를 형성해 가는 과정을 말한다.

175 교육의 개념에 대한 설명으로 옳지 않은 것은? 13국

① 교육의 사회적 기능이 부각되면서 사회가 요구하는 가치나 규범을 내면화하는 개념으로 사회화라는 개념이 쓰이게 되었다.
② 교육의 기초인 양육은 물질적인 원조뿐만 아니라 정신적, 심리적 조력을 모두 포괄하는 개념이다.
③ 조작적 정의를 견지하는 학자들은 교육을 '인간행동을 계획적으로 변화시키는 과정'이라고 본다.
④ 훈련(training)은 자연의 원리에 따르는 교육에서 유래한 것으로, 신념체계 전체를 변화시키는 '전인적' 교육이다.

176 피터스(R. Peters)는 교육의 개념을 3가지 준거로 구분하였다. 그 중 규범적 준거(normative criterion)에 근거한 교육의 개념으로 옳은 것만을 모두 고른 것은? 18국

> ㄱ. '무엇인가 가치 있는 것'을 추구하는 활동이다.
> ㄴ. 학습자의 의식과 자발성을 전제하는 것이다.
> ㄷ. 지식, 이해, 인지적 안목을 길러주는 것이다.

① ㄱ　　　　② ㄷ　　　　③ ㄴ, ㄷ　　　　④ ㄱ, ㄴ, ㄷ

069 교육철학

1) 철학의 의미

① 철학이라는 말은 고대 그리스어로 '사랑하다'를 의미하는 필레인(philein)과 '지혜'를 의미하는 소피아(sophia)에서 유래하였다.
② 지혜에 대한 사랑은 자신의 무지를 깨닫고, 보다 나은 지혜를 향하여 항상 그리워하고 끊임없이 노력하는 일이다.

2) 교육철학의 물음

교육행위의 과정에 참여하는 사람들은 나름대로의 철학적 질문을 한다. '왜 배워야 하는가?', '왜 가르쳐야 하는가?', '학교에서 가르쳐야 할 내용은 무엇이 좋은가?', '교사의 역할은 무엇인가?', '교사와 학생 사이의 관계는 어떠해야 하는가?', '무엇이 좋은 교육인가?'

3) 철학의 3가지 영역

첫째, 무엇이 실재하는가?
둘째, 우리는 어떻게 아는가?
셋째, 무엇이 선(善)한가, 또는 아름다운가?

철학의 영역	이론	특성	사고과정
형이상학	존재론	실재(being)	논리학(logic)
인식론	지식론	앎(knowing)	
가치론	행위론	행동(doing)	

① 형이상학(形而上學, metaphysics) : 관념론, 실재론
사물 자체, 세계의 저편, 존재 자체, 신 또는 초월자를 사유 및 체험을 통해서 탐구하는 학문을 말한다.
② 인식론(認識論, epistemology) : 객관주의, 구성주의
인식론은 진리 또는 지식의 근거와 특징을 밝히려는 철학적 노력으로 앎의 의미가 무엇이며, 참다운 앎이란 어떠한 것을 뜻하는가에 관한 탐구영역이다.
③ 가치론(價値論, axiology) : 윤리학, 미학
가치는 인간 정신의 발전에 좋음을 가져다주고, 인간이 가지거나 실현하고 체득했을 때 기쁨을 느끼게 하는 것을 뜻한다.
④ 논리학(論理學, logic) : 분석철학
논리학은 어떤 결론에 도달하기까지의 사고과정이 타당한 것이었는가를 검토하는 여러 가지 규칙과 기준을 밝히는 일이다.

177 <보기>에 제시된 A와 B 두 교사의 철학적 관심 영역을 바르게 나열한 것은? [05 중등]

> A 교사 : 나는 지식의 전달자로서 지식의 속성, 진리의 요건, 인간이 지식을 획득하는 과정에 대해 관심이 있다.
> B 교사 : 나는 인성을 지도하는 사람으로서 선악에 관한 인간의 인식과 선악을 구분하는 기준에 대해 관심이 있다.

	A 교사	B 교사		A 교사	B 교사
①	존재론	가치론	②	존재론	인식론
③	인식론	가치론	④	인식론	존재론

178 <보기>는 교과서에 포함될 지식의 성격에 관한 최교사의 주장이다. 이러한 주장을 뒷받침하는 인식론은? [07 중등]

> • 오류가 없는 표준적, 보편적 진리이어야 한다.
> • 교과서를 구성하는 언어는 세계의 실재와 대응관계를 유지해야 한다.
> • 과학 교과서의 지식은 과학의 발전 과정보다는 공인된 이론이어야 한다.

① 객관주의(objectivism) ② 구성주의(constructivism)
③ 상대주의(relativism) ④ 도구주의(instrumentalism)

179 다음과 같은 특징을 지닌 교육과정에 가장 부합하는 관점은? [02 중등]

> • 학생이 주체적으로 학습에 참여하게 한다.
> • 학생은 자신이 속한 역사적·문화적·사회적 상황을 바탕으로 하여 의미와 지식을 만들어 간다.
> • 학생은 교사의 도움을 받아 가며 동료들과 협동적으로 탐구한다.

① 구성주의 ② 인본주의
③ 본질주의 ④ 행동주의

070 고대 그리스 철학 : 소크라테스, 플라톤, 아리스토텔레스

1) 소크라테스 : 반어법, 문답법, 산파술, 상기설 : 학습은 지식을 상기하는 것이다.

① 소크라테스적 반어법과 문답법 : 질문이 정답보다 중요하다.

　민중이란 누구인가?

　가난한 사람들을 말합니다.

　가난한 사람이란 어떤 이들이지?

　돈에 항상 쪼들리는 사람들을 말합니다.

　부자들도 항상 돈이 부족하다고 아우성이다. 그렇다면 부자도 가난한 사람 아닐까?

　그렇게 볼 수 있겠지요.

② 명언

　신은 욕심이 없다. 인간도 욕심이 없을수록 신에 가까워진다.

　너 자신을 알라

　유일한 선(善)은 앎이요, 유일한 악(惡)은 무지다.

　'자기 자신의 앎과 모순되는 삶'을 살아서는 안 된다.

2) 플라톤 : 『국가론』, 『법률』(이데아, 정의, 올바른 삶)

① 플라톤이 기획한 이상적인 국가는 자신의 능력에 따라 그 역할이 정해져 있다.

② 각 개인의 덕목이 조화를 이룬 인간상이 바로 철인(哲人)이며, 전형적인 국가 통치자이다.

③ 1단계 교육(모든 어린이) : 음악과 체육

④ 2단계 교육 : 시문학, 기하, 산술, 천문학의 기초

⑤ 3단계 교육 : 군사훈련, 전사계급으로서 국가 방위

⑥ 4단계 교육 : 첫째, 문법과 수사학 둘째, 산술, 기하, 천문학, 화성학 셋째, 변증술(辨證術, dialectica)

3) 아리스토텔레스 : 『니코마코스 윤리학』, 『정치학』(행복, 좋은 삶)

① **교육의 최종적인 목적은 행복한 삶을 영위할 수 있는 인간을 기르는 것이다.**

② 교육은 참된 윤리적 생활을 가능하게 하는 것으로 정치적 문제와 관련되어 있다.

③ 본성, 습관, 이성이 함께 해야 교육이 가능하다.

④ 모든 인간은 장차 실현될 모습을 스스로 지니고 있다는 **목적론적 세계관**을 지향한다.

⑤ **자유교육**은 직업을 준비하거나 실용적인 목적을 위해 행해지는 것이 아니라 **지식 자체의 목적에 맞추어져** 있다.

180 다음 내용과 관련이 있는 교육사상가는? 17지

> 교사는 학생에게 정답을 미리 알려주지 않고 학생이 알고 있는 것이 참인지 거짓인지를 판단하면서 학생 스스로 진리의 세계로 들어갈 수 있도록 돕는 역할을 한다. 이를 위해 교사는 반어적인 질문을 학생에게 던짐으로써 학생 자신이 무지를 깨닫게 한다. 지적(知的)인 혼란에 빠진 학생은 교사와의 끊임없는 대화를 통해 진리를 성찰하게 되면서 점차 참된 지식에 이를 수 있게 된다.

① 아퀴나스(T. Aquinas)　　② 소크라테스(Socrates)

③ 프로타고라스(Protagoras)　　④ 아리스토텔레스(Aristoteles)

181 다음 내용과 가장 관련이 깊은 것은? 18지

> • 핵심 주제는 정의, 즉 올바른 삶이다.
> • 올바른 삶을 위해 가장 중요한 것은 이성의 덕인 지혜를 갖추는 것이다.
> • 초기 교육은 음악과 체육을 중심으로 하고, 후기 교육은 철학 또는 변증법을 강조한다.

① 플라톤(Platon)의 『국가론』

② 루소(J. J. Rousseau)의 『에밀』

③ 듀이(J. Dewey)의 『민주주의와 교육』

④ 피터스(R. S. Peters)의 『윤리학과 교육』

182 아리스토텔레스의 교육사상에 대한 설명으로 옳은 것만을 모두 고르면? 20지

> ㄱ. 모든 인간은 장차 실현될 모습을 스스로 지니고 있다는 목적론적 세계관을 지향한다.
> ㄴ. 교육의 최종적인 목적은 행복한 삶을 영위할 수 있는 인간을 기르는 것이다.
> ㄷ. 자유교육은 직업을 준비하거나 실용적인 목적을 위해 행해지는 것이 아니라 지식 자체의 목적에 맞추어져 있다.

① ㄱ, ㄴ　　② ㄱ, ㄷ　　③ ㄴ, ㄷ　　④ ㄱ, ㄴ, ㄷ

1) 인문주의(14~15세기)

① 고대 그리스 · 로마의 **자유교육의 이상**을 계승하였다.

② 종교가 지배하는 중세시대를 벗어나 현세적 삶을 긍정하는 **인간 중심 사회로의 전환**

③ **이탈리아**의 인문주의 교육에서는 자기표현 및 창조적 능력의 실현을 강조하였다.

④ **북유럽의 인문주의 교육은 개인보다는 사회 개혁에 주된 관심을 가졌다.**

2) 실학주의(16~17세기)

(1) 인문적 실학주의 : 밀턴

① 고전연구를 통해 현실생활에 잘 적응하는 유능한 인간 양성을 강조

② **고전중심의 교과를 토의와 설명에 의해 개별적으로 교육하는 것을 강조하였다.**

(2) 사회적 실학주의 : 몽테뉴

① 사회적 실학주의는 교육이 인간의 실제적 삶에 도움을 주어야 한다는 입장

② **여행과 같은 경험중심 교육을 통하여 사회적 조화와 신사양성을 교육목적으로 강조**

③ 사회적 실학주의 또한 아쉽게도 상류층 자제의 교육에 널리 퍼지는 데 그쳤다. (신사양성)

(3) 감각적 실학주의 : 코메니우스

① 17세기 과학의 시대의 이념을 가장 잘 반영하고 있는 실학주의가 감각적 실학주의이다.

② **자연이나 실재하는 사물을 매개로 하는 실물교육을 도입하였다.**

③ 교육방법의 원리를 자연에서 찾으며 사물의 언어보다 사물 자체에 관심을 갖게 한다.

3) 계몽주의(17~18세기) : 인간의 이성 신뢰

① 자연주의 : 루소, 전통적인 관습과 권위에 도전

② 범애주의 : 바제도우, 교육을 통한 무지의 타파와 교육운동

③ 합리주의 : 볼테르, 칸트, 인간의 이성적 능력을 신뢰

4) 낭만주의(19세기) : 인문 · 예술, 감성 교육

① 계몽주의의 최고의 성과가 이성에 의한 비합리적인 정치체제의 타파였는데, 혁명을 통하여 드러난 인간의 취약한 면을 보고는 절망하지 않을 수 없었다.

② 이러한 정신의 폐허 위에 자신의 심성(心性)에 맞는 문화를 이룩하려고 한 것이 낭만주의 정신의 본질이며, 그 결과 자아(自我)에 대한 확인과 인간의 내면에 진실이 있다고 주장

183 르네상스 시기의 인문주의 교육에 대한 설명으로 옳지 않은 것은? `16국`

① 인간 중심적 사고를 강조하였다.

② 감각적 실학주의를 비판하며 등장하였다.

③ 북유럽의 인문주의 교육은 개인보다는 사회 개혁에 주된 관심을 가졌다.

④ 이탈리아의 인문주의 교육에서는 자기 표현 및 창조적 능력의 실현을 강조하였다.

184 17세기 서양의 실학주의 철학 사조에서 강조하는 교육의 특징으로 옳지 않은 것은? `18국`

① 인문적 실학주의 - 고전연구를 통해 현실생활에 잘 적응하는 유능한 인간 양성을 강조하였다.

② 사회적 실학주의 - 여행과 같은 경험중심 교육을 통하여 사회적 조화와 신사 양성을 교육목적으로 강조하였다.

③ 감각적 실학주의 - 감각적 경험을 통하여 생활의 지식을 습득하며, 이해와 판단을 중시하는 교육방법을 강조하였다.

④ 인문적 실학주의 - 고전중심의 교과를 토의와 설명에 의해 개별적으로 교육하는 것을 강조하였다.

185 18세기 유럽의 계몽주의 교육사조에 대한 설명으로 틀린 것은? `15지`

① 인간의 이성적 능력을 신뢰하였다.

② 전통적인 관습과 권위에 도전하였다.

③ 인문 · 예술 교과를 통한 감성 교육을 강조하였다.

④ 교육을 통한 무지의 타파와 사회개혁을 추구하였다.

072 루소(J. J. Rousseau, 1712년 ~ 1778)

1) 자연주의 : 루소 『에밀』

① "모든 것은 조물주의 손에서 나올 때는 순전히 선하나 인간의 손에 넘어오면서 타락한다."

② 인위적 교육을 비판하고 자연의 원리에 맞는 교육을 해야 한다고 강조하였다.

③ 자연주의자들은 자연에는 아름다운 질서가 있으며, 이 질서에 따라 사는 것이 가장 올바르고 행복한 삶이라고 생각한다. 이는 철학적으로는 그 이름이 시사하는 대로 자연을 유일한 실재로 여기는 철학이며, 이런 면에서 반자연주의인 이상주의와 대립한다.

2) 루소(J. J. Rousseau)의 '자연에 따르는 교육'의 특징

① 교육의 목적은 자연질서의 한 부분인 자연과 인간본성에 의존해야 한다.

② 자연은 감각기관을 통해 이해할 수 있다. 즉 감각은 실재에 대한 지식의 근본이 된다.

③ 자연의 과정은 느리고 점진적이며 진화적으로 발전하기에, 교육 또한 서두르지 말아야 한다.

3) 교육방법 : 소극교육론, 발달단계론, 고상한 야인, 남녀별학

① **소극교육론** : 어린이 밖에서 어린이에게 적극적인 영향을 주어 어린이를 강제적으로 통제하려는 적극교육론의 반대개념이다.

② **발달단계론** : 식물이 하늘이 준 소질을 생명의 리듬과 법칙에 따라 연속적으로 키워가듯이 인간교육도 인간 안에 깃든 인간적인 여러 소질의 씨앗들이 몇 단계를 거치며 피어나는 과정

③ **루소는 어린이를 발견한 최초의 사람이라고도 평가받는데**, 그것은 어린이에게는 어린이의 세계, 즉 그들의 발달단계에 알맞은 존재의 양식이 있다는 말이다.

4) 페스탈로치(Pestalozzi, 1746~1827)

① 루소의 교육론에 경도(傾倒)되어 '왕좌에 있으나 초가(草家)에 있으나 모두 같은 인간'이라는 신념으로 농민대중의 교육에 진력하였다.

② 교육의 목적을 '머리와 마음과 손, 3H(Heart, Head, Hand)'의 조화로운 발달에 두고 노동을 통한 교육과 실물(實物)과 직관의 교육을 스스로 실천하였다.

③ 그의 교육론은 많은 국가에서 받아들여졌으며 루소와 함께 신교육의 원천이 되었다.

④ **교육방법의 원리 : 합자연의 원리, 자발성의 원리, 노작교육의 원리, 직관의 원리**

⑤ 『숨은이의 저녁노을』 : 인간은 옥좌 위에 앉아 있으나 초가 그늘에 누워 있으나 본바탕으로는 평등하다.(Pestalozzi)

186 다음 글에 해당하는 교육사상가는? 14국

> "모든 것은 조물주의 손에서 나올 때는 순전히 선하나 인간의 손에 넘어오면서 타락한다."고 주장하며, 인위적 교육을 비판하고 자연의 원리에 맞는 교육을 해야 한다고 강조하였다.

① 니일(A. S. Neill)　　② 루소(J. J. Rousseau)

③ 듀이(J. Dewey)　　④ 로크(J. Locke)

187 루소의 자연에 따른 교육의 의미를 가장 잘 설명한 것은? 01 중등

① 자연의 제 법칙에 따라 가르치는 자연과학교육을 의미한다.

② 아동의 감각 발달에 따라 적극적으로 가르치는 언어교육을 의미한다.

③ 아동의 발달 단계에 따라 일찍부터 가르치는 조기교육을 의미한다.

④ 흥미와 관심 등 아동의 본성에 따라 가르치는 아동중심교육을 의미한다.

073 존 듀이(John Dewey : 1859 ~ 1952) : 아동, 흥미, 반성적 사고

1) 개요
① 민주주의와 교육의 관계에 대한 근본적인 사고를 전개한 인물
② 민주주의가 의미를 갖기 위해서는 '사회적 · 도덕적' 측면에서 그 가치가 실현되어야 한다.
③ "민주주의는 모든 세대마다 새롭게 태어나야 하며, 교육은 항상 민주주의의 동반자이다."(Dewey, 1916)

2) 특징
① 민주주의 교육에서 듀이가 특히 강조하고 있는 부분은 '습관의 형성'이다.
② 반성적 사고를 강조하였으며, 그 특징으로 변화를 추구하며 과학적 탐구과정을 강조
③ 이론 중심의 전통적 교육관에 대해 비판적이며 학습자 경험의 재구성과 성장을 중시
④ 전통주의와 진보주의 교육 사이에서 극단적인 입장을 취하기보다는 절충적인 입장
⑤ 교육은 삶의 본질인 성장과 동일하며, 교육 그 자체 이외의 다른 목적을 가지지 않는다.
⑥ 교과의 논리와 학습자의 심리가 동시에 고려되어야 한다.
⑦ 프래그머티즘의 영향으로 계속성(continuity)과 상호작용(interaction)의 원리를 강조

3) 탐구학습 : 반성적 사고를 통한 문제해결 강조
① 듀이는 반성적 사고를 통한 문제해결을 중시하였으며 문제해결과정은 반성적 사고를 요구한다.
② 문제를 해결하면서 기존의 지식과 경험, 맥락 등을 통합적으로 사용하는 문제해결과정
③ 반성적 사고를 통해 변화를 추구하며 과학적 탐구과정의 수단으로 활용될 수 있다.
④ 문제해결과정에서 최초 목표에 대한 수정이 가능하며 순서가 바뀌거나 어떤 단계가 생략될 수 있으며 한 단계가 몇 단계로 세분화될 수 있다.
⑤ 학습자는 교육의 주체로서 적극적인 참여와 타인과의 상호작용이 중요하다. (민주주의 교육)

> 저는 아이들이 어떤 일에 그저 '흥미를 가지고 있다'는 이유 때문에 아무 의미도 없는 일을 중요한 활동이라고 극구 찬양하며 그 일을 계속하도록 추켜세우는 경우를 자주 보았습니다. 아이들을 그런 무가치한 활동을 계속하도록 내버려 둔다는 것은 실로 죄악에 가까운 것입니다. 그런 활동을 계속하게 되면 학습자들은 가치 있는 일을 할 수 있는 기회를 충분히 갖지 못하게 되며 나아가 가치 있는 일에 대한 관심과 애정을 갖지 못하도록 만드는 결과를 낳게 됩니다. 사람들의 삶의 수준은 그가 무엇을 알고 있으며 무슨 일을 하느냐 하는 것에 의해 좌우됩니다. 따라서 학생들을 가치 없는 일에만 붙들어 매어 두게 되면 학생들은 어쩔 수 없이 그런 일에 흥미를 갖게 되고 따라서 낮은 수준의 삶에 정체하게 됩니다.
> — 존 듀이(J. Dewey)

Keyword

188 듀이(Dewey) 교육관의 특징에 해당하지 않는 것은? 13국
① 사회적 가치보다는 아동의 흥미를 더 중시하는 아동 중심적 교육관이다.
② 이론 중심의 전통적 교육관에 대해 비판적이다.
③ 학습자 경험의 재구성과 성장을 중시하는 교육관이다.
④ 전통주의와 진보주의 교육 사이에서 극단적인 입장을 취하기보다는 절충적인 입장을 취한다.

189 다음 글에서 듀이(J. Dewey)의 반성적 사고의 특징을 설명한 것으로만 묶은 것은? 11국

> ㄱ. 궁극적으로 변화를 추구한다.
> ㄴ. 과학적 탐구과정의 수단으로 활용될 수 있다.
> ㄷ. 문제해결과정에서 최초 목표에 대한 수정이 불가능하다.
> ㄹ. 개인의 내적 사고과정이므로 타인과의 상호작용에 가치를 두지 않는다.

① ㄱ, ㄴ   ② ㄱ, ㄹ   ③ ㄴ, ㄷ   ④ ㄷ, ㄹ

1) 개요

① 양차 세계대전이 일어나기 이전에 후설(Edmund Husserl)은 현상학적 입장을 통해 철학의 관심을 인식론으로부터 존재론으로 전환시켜야 한다고 제창하였다.

② 실존주의의 생성에 지대한 영향을 미쳤던 후설의 그 같은 제창은 양차대전의 비극적 체험을 통해 더욱더 촉진되었다.

③ 게다가 과학 · 기술문명의 발달은 빈곤의 문제를 해결하였지만, 인간의 주체성을 말살하는 역현상도 초래하였다.

④ 이것 또한 실존주의의 생성을 촉진시킨 요인으로 작용하였다.

⑤ 실존주의는 19세기와 20세기의 특수한 역사적 상황을 반영하면서 출발한 철학사상이다.

⑥ 그것은 현대문명의 비인간화에 대한 반항으로 등장하였다.

⑦ 그것은 기술문명과 관료기구 그리고 객관주의에 대한 항변이며, 산업사회에서의 조직화로 인한 인간소외에 대한 거부이다.

2) 실존주의

① 교육의 목적은 자유롭고 주체적이며 창조적인 인간형성에 있다.

② 교육은 자기결정적인 자아의 형성을 위한 것이다.

③ 교육에서는 인간적인 만남이 중요하다.

④ 관념적인 지식 위주 교육을 비판하고 학생 스스로 각성하여 자아를 발견하는 것을 중시

⑤ **실존이 본질에 선행한다. - 사르트르**

⑥ **만남이 교육에 선행한다. - 볼노우, 마틴 부버**

3) 실존이 본질에 선행한다. - 사르트르

사르트르의 명제는, 인간 각자의 삶은 미리 짜여진 우주의 질서, 사회적 규범, 도덕적 판단기준에 메일 수 없으므로, 인간은 생소한 광야에 내던짐을 당한 상태에서 스스로를 자기 책임하에서 형성해 갈 수밖에 없는 존재이다(Sartre, 1947: 18). 객관적인 실재보다 더욱 중요한 것은 그것이 나에게 관련을 맺었을 때의 의미이며, 주어진 갖가지 규범보다 더욱 중요한 것은 자기 책임하에서 자기 상황에 맞게 자신이 규범을 선택하는 행위 혹은 스스로 정해서 지켜 가는 인격적 결단이라는 것이다.

Keyword

190 실존주의 교육철학관에 대한 설명으로 옳지 않은 것은? 19국

① 교육의 목적은 자유롭고 주체적이며 창조적인 인간형성에 있다.

② 교육은 자기결정적인 자아의 형성을 위한 것이다.

③ 교육에서는 인간적인 만남이 중요하다.

④ 인간의 본질을 규격화된 것으로 이해한다.

191 실존주의 교육철학의 특징에 해당하는 것은? 20지

① 삶의 긍정적 · 부정적 측면을 통해 학습자 스스로가 삶의 문제를 해결하고 주체적으로 성장할 수 있다.

② 교육의 사회적 역할을 강조하고 교육을 통한 사회개조를 강조한다.

③ 교육의 주도권은 교사에게 있고 교육과정의 핵심은 소정의 교과를 철저하게 이수하는 것이다.

④ 교육에서 현실의 학문을 무시하고 고전의 지식을 영원한 것으로 여기며 지적인 훈련을 매우 강조한다.

192 다음과 같은 주장을 하는 현대교육 사상가는? 19지

> 현대의 위기상황에서 잃어버린 인간의 본래적 모습을 회복할 수 있는 방안은 인간들 간의 대화적, 실존적 만남 속에서 서로의 독특성을 발견하는 데 있다. 교육도 이러한 인격적 만남에 기초해야만 한다. 따라서 교수 목표는 지식 교육이 아니라 아동과의 관계형성을 통한 정체성 확립에 있다.

① 부버(M. Buber) ② 듀이(J. Dewey)

③ 브라멜드(T. Brameld) ④ 허친스(R. M. Hutchins)

075 분석철학과 프래그머티즘

1) 분석철학 : 비트겐슈타인, 피터스

① 철학 고유의 기능을 언어와 그 언어에 의해 표현되는 개념의 분석을 통해 사물을 이해하는 데 두고 있다.

② 여러 학파가 있지만, 공통적인 방법은 언어의 구조가 실재의 구조를 반영하는 것으로 보고, 이 언어의 명료화에 두고 있다.

③ 분석철학의 뿌리는 멀리 희랍시대까지 거슬러 올라간다. 예컨대 소크라테스는 용어와 개념의 정확한 이해에 관심을 가졌고, 아리스토텔레스는 정확한 용어정의에 관심을 가졌다.

④ '분석'이란 우리의 사상이나 사고는 주로 언어에 의해서 전개되고 표현되는 것이므로 언어분석을 가장 중요한 것이라고 생각한다.

2) 프래그머티즘 : 퍼스, 제임스, 듀이

① 프래그머티즘(pragmatism)은 고대 그리스어 'pragma'에서 유래된 것으로 원래 행위 · 사실 · 활동·상호작용을 의미하는 말이었다.

② 프래그머티즘은 미국의 철학이라 일컬어지고 있다. 영국의 경험론을 미국에서 발전시켜 이것을 미국의 토양에 맞게 토착화시킨 것이기 때문이다.

③ 그들은 "지식이란 오로지 정제되고 복제된 인간의 경험이다."라고 역설한다.

④ 인간은 자신을 둘러싸고 있는 여타의 생명체 또는 비생명체와 함께 살면서 상호작용하기 때문에, 그러한 상호작용의 결과 필연적으로 어떤 경험을 획득한다.

⑤ 삶의 과정에서 그를 위해 환경이 제기한 문제들을 해결하기 위해 노력할 때 이 경험을 획득한다.

⑥ 그러므로 경험은 수동적이면서 동시에 능동적인 사건이다.

⑦ 요컨대 지식이란 살아있는 유기체와 그를 둘러싸고 있는 환경 간의 상호작용의 산물이다.

193 다음과 같이 주장하는 교육철학은? 16 지

> 교육철학은 철학 이론들로부터 교육실천의 함의를 이끌어 내는 데 주력하지 말고, 교육의 목적이나 교육의 실제 그 자체에 대해 철학적으로 사고하는 일에 집중해야 한다. 또한 기존 교육사상들이 가정하고 있는 개념적 구조를 명료화하고 개념의 일관성과 타당성을 검토함으로써 언어의 혼란으로 인해 빚어진 교육문제를 제거하는 일에 관심을 두어야 한다.

① 분석적 교육철학   ② 비판적 교육철학

③ 실존주의 교육철학   ④ 프래그머티즘 교육철학

194 다음 프래그머티즘(Pragmatism)에 대한 내용 중 잘못된 것은? 04 서울

① 소크라테스나 합리론을 철학적 토대로 한다.

② 사변적 절대주의에 반대하고 경험적 상대주의에 기초한 철학체계이다.

③ 지식은 감각과 경험을 통하여 인식하는 것이며, 과학적 실험에 의해서 증명되어야 한다.

④ 교육은 생활을 위한 준비가 아닌 그 자체가 되어야 한다.

195 〈보기〉에서 설명하는 교육사조와 대표적 학자를 바르게 묶은 것은? 07 중등

> • 경험과 변화를 유일한 실재라고 본다.
> • 절대적 진리관보다는 상대적 진리관을 취한다.
> • 경험에 의해 실용성과 효용성이 입증된 것을 가치롭게 본다.

① 프래그머티즘 – 듀이   ② 분석철학 – 피터스

③ 항존주의 – 허친스   ④ 본질주의 – 브리드

1) 진보주의 : 아동중심, 경험에 의한 학습(learning by doing)

① 교육의 역사에서 진보주의는 오랜 전통을 지니고 있다. 시대마다 주류의 고정된 교육과는 다른 생각과 이념으로 교육의 개선과 혁신을 주도해 온 코메니우스, 루소, 페스탈로치, 프뢰벨의 사상이 그 경우에 해당된다고 볼 수 있다.

② 진보주의 교육은 전통적 교육과의 대결에서 그 존재 가치를 드러낸다. 전통적 교육은 교사와 교재 중심의 전달과 주입식 교육이다.

③ 진보주의자들은 교육의 출발점을 학습자의 흥미와 필요에서 찾는다.

④ 킬패트릭(W. H. Kilpatrick)은 학생이 자신의 학습을 계획하고 활동을 수행하는 프로젝트 학습법(project method)을 제시하였다.

⑤ 파크허스트(H. Parkhurst)는 달톤플랜(Dalton plan)에서 학생과 교사가 계약을 맺는 계약학습을 제시하였다.

2) 항존주의 : 허친스(R. M. Hutchins), 아들러(M. J. Adler)

① 진보주의 교육철학의 급진성과 과격성을 비판하면서 절대적 진리와 절대적 원리를 중시

② 허친스는 지식과 진리는 영원한 것이며, 시대와 장소를 초월하는 보편적인 가치를 지닌다고 주장했다.

③ 아들러(M. J. Adler)는 파이데이아 제안서(Paideia proposal)에서 학생들이 동일한 교육목표를 가지는 교육과정을 주장하였다. 허친스(Hutchins)는 '위대한 고전(Great Books)'

④ 항존주의 철학은 고대 그리스의 이성관과 지식관을 그대로 이어받고 있다.

⑤ 항존주의 교육의 최대 목적은 이성의 계발에 있다.

⑥ 본질주의가 문화적 유산과 전통을 강조한 것에 비해 항존주의는 한 걸음 더 나아가 영원히 변치 않는 절대적 진리를 학교에서 가르쳐야 한다고 보았다.

3) 본질주의 : 배글리(W. C. Bagley, 1874~1946)

① 진보주의와 항존주의가 변화와 전통, 상대성과 절대성으로 대조되는 교육철학이라면 본질주의는 진보주의와 항존주의의 문제점을 배격하고 긍정적인 측면을 수용하는 교육운동이었다.

② 즉 본질주의 교육철학의 기본적인 입장은 진보주의의 실험정신과 현재의 삶에 대한 강조, 그리고 항존주의의 과거의 위대한 업적에 대한 강조를 절충

③ 본질주의는 교육에서 문자 그대로 '본질적인 것'을 가르쳐야 한다고 주장한다.

④ 인류의 전통과 문화유산을 소중히 여기며 교육을 통해 문화의 주요 요소들을 다음 세대에 전달할 것을 강조한다.

⑤ 아동이 당장 흥미가 없고 힘들더라도 철저히 학습하도록 하는 것이 필요하다고 봄

⑥ 수월성을 강조하는 오늘날의 교육은 본질주의 사조와 일맥상통한 면이 있다.

⑦ 미국 정부가 과거에 주도했던 '기초 회귀(Back-to-basics)' 운동은 본질주의 입장의 재현으로 볼 수 있다.

Keyword

196 다음 설명에 해당하는 교육사조는? 20 국 7

- 킬패트릭(Kilpatrick)의 교육사상을 지지한다.
- 아동중심 교육관에 기반하여 아동의 흥미를 중시한다.
- 교육원리는 프래그머티즘(pragmatism)에 철학적 기반을 둔다.
- 교육은 현재 생활 그 자체이지 미래 생활을 준비하는 과정이 아니다.

① 구성주의 　　　　② 인본주의
③ 진보주의 　　　　④ 사회재건주의

197 〈보기〉의 내용과 관계가 깊은 20세기 미국의 현대 교육사조는? 13 지

- 지식은 모든 곳에서 동일해야 한다.
- 교육은 아동을 진리에 적응시키는 것이다.
- 이성의 훈련과 지성의 계발을 위해서 교양교육을 실시해야 한다.

① 본질주의 　　　　② 항존주의
③ 진보주의 　　　　④ 재건주의

198 현대 교육철학 사조 중 본질주의에 대한 설명으로 옳은 것은? 14 국

① 인류의 전통과 문화유산을 소중히 여기며 교육을 통해 문화의 주요 요소들을 다음 세대에 전달할 것을 강조한다.

② 진리를 인간의 경험에서 나오는 실험적 혹은 가설적인 것으로 간주한다.

③ 교육에서 전통과 고전의 원리를 강조하고 불변의 진리를 인정한다.

④ 교육이 문화의 기본적인 가치를 실현시키는 새로운 사회질서를 창조하는 일에 전념할 것을 강조한다.

077 비판이론(Critical theory) : 호르크하이머(M, Horkheimer), 하버마스(J. Habermas)

1) 개요
① 비판이론은 1923년 독일 프랑크푸르트대학의 사회 연구소를 중심으로 자본주의 사회의 문화와 이데올로기를 연구의 대상으로 삼고, 인간의 사고와 대상이 사회적으로 제약되는 현상을 파헤치며, 인간이 해방되는 새로운 사회의 가능성을 모색한다.
② 인간의 자유로운 의식의 형성을 억압하고 왜곡하는 사회적, 경제적, 정치적 제약 요인들을 분석하고 비판한다.
③ 호르크하이머(M, Horkheimer), 아도르노(T. W. Adorno), 마르쿠제(H, Marcuse), 하버마스(J. Habermas), 지루(H. Giroux), 프레이리(P. Freire) 등이 대표적인 학자이다.

2) 특징
① 교과지식의 획득보다는 사회의 구조적 문제해결에 더 관심을 둔다.
② 교육문제에 대해 좀 더 실제적이고 정치사회적인 관점을 취한다.
③ 교육이 처해 있는 사회 구조나 제도에 대해 의문을 제기한다.
④ 교육을 교육의 논리가 아니라 정치 · 경제 · 사회의 논리에 의해 해석하는 경향이 있다.

3) 위르겐 하버마스(Jürgen Habermas)의 의사소통행위이론
① '도구적 합리성' 개념 : 오로지 효율성만이 기준이 되는 행동에 따르는 것
　합리성이 특정한 목적을 성취하는 데에 동원되는 수단의 효율성만을 고려할 뿐, 그러한 수단들의 효율적인 관리를 통하여 성취하고자 하는 목적 그 자체의 가치는 고려하지 않는다는 것을 의미한다.
② 생활세계 : 의사소통 행위를 통해서 공동체의 구성원들은 그들 상호 간에 공통된 삶의 관계가 존재하고 있다.
③ 합리적 의사소통 진단법
　하버마스는 다음과 같이 올바른 대화의 기준을 세웠다.
　첫째, 서로 무슨 뜻인지 이해할 수 있다.
　둘째, 그 내용은 참이어야 한다.
　셋째, 상대방이 성실히 지키리라 믿을 수 있어야 한다.
　넷째, 대화하는 사람들 사이의 관계가 평등하고 수평적이어야 한다.

Keyword

199 비판적 교육철학 또는 비판교육학(critical pedagogy)에 대한 설명으로 옳지 않은 것은? 20국
① 인간의 자유로운 의식의 형성을 억압하고 왜곡하는 사회적, 경제적, 정치적 제약요인들을 분석하고 비판한다.
② 하버마스(J. Habermas), 지루(H. Giroux), 프레이리(P. Freire) 등이 대표적인 학자이다.
③ 지식 획득을 포함한 인간의 모든 인식행위는 가치중립적인 것으로 간주한다.
④ 교육문제에 대해 좀 더 실제적이고 정치사회적인 관점을 취한다.

200 다음에 해당하는 현대 교육철학 사조는? 16국

> • 교육이 처해 있는 사회 구조나 제도에 대해 의문을 제기한다.
> • 의사소통적 합리성이라는 개념을 통해 교육에서 조작이나 기만, 부당한 권력 남용 등을 극복할 수 있는 발판을 마련하였다.
> • 교육을 교육의 논리가 아니라 정치 · 경제 · 사회의 논리에 의해 해석하는 경향이 있다.

① 실존주의 교육철학　　　② 분석적 교육철학
③ 비판적 교육철학　　　　④ 포스트모더니즘 교육철학

1) 개요

① 모더니즘은 서구 사회를 주도해 온 사상적 흐름인 계몽주의적 태도 또는 이성중심주의적 태도를 말한다. 서구의 계몽주의는 인간 주체와 이성을 세계의 중심에 두고, 이성에 의해 세계와 그 본질을 완전하게 인식할 수 있다고 본다.

② 그러나 포스트모더니즘은 인간 주체, 이성, 역사의 진보 등이 모두 신화에 불과할 뿐만 아니라 실제로 이성이 인간을 해방시키는 것이 아니라 도리어 억압해 왔다고 본다.

2) 포스트모더니즘 특징

소서사, 반정초주의, 다원주의, 형이상학 비판

3) 리오타르(J. LYOTARD 1924~1998) : 소서사, 주체성

① 칸트의 『계몽이란 무엇인가?』 "계몽이란 우리가 마땅히 스스로 책임져야 할 미성년의 상태로부터 벗어나는 것이다." 미성년은 자신의 이성을 사용할 수 없는 상태

② 『포스트모더니즘이란 무엇인가?』 : 리오타르는 프랑스의 철학자, 사회학자이자 문학 이론가이다. 포스트모더니즘과 인간의 관계, 숭고에 대한 개념, 미학과 정치의 관계에 대하여 연구하였다.

4) 푸코(M. FOUCAULT, 1926~1984) : 광기, 권력과 지식

① 미셸 푸코는 사르트르 이후 프랑스 철학자 가운데 두드러진 인물이고, 치밀한 사료 분석을 통해 한 시대나 개별적인 사건에 주목했던 철학자다.

② 『광기의 역사』 : 광기의 변천 신성 - 범죄자 - 산업발달 노동력 부족(질병)

③ 시대별 인식의 틀을 보여주는 『말과 사물』 : 지식이란 이성적인 인간 주체에 의해 만들어진다는 믿음이 확고하던 시기였다. 하지만 푸코는 구조주의에 가까운 견해를 폈다. 곧 지식은 개개인의 이성보다는 한 사회를 지배하는 인식 구조를 통해서 만들어진다는 거다.

④ 감옥의 역사를 분석한 『감시와 처벌』 : 현대의 권력은 눈에 띄지 않을 정도로 섬세하게 개개인의 행동을 통제하고 규제한다. 그 방법은 바로 '규율과 지도'이다.

　예 우리는 학교에서 세세한 규율에 따라 수업 시간의 예절, 복장, 태도 등을 지도받는다.

5) 데리다(J. DERRIDA, 1930-2004) : 해체, 차연

① 해체주의란 무엇인가?, 『그라마톨로지(문자론)』 : 루소를 자신의 인류학적 연구에 영감을 불어넣는 스승으로 여긴 레비스트로스에 대한 비판적 연구

② 차연 : '다르다'와 '연기하다'라는 말의 합성어, 어떤 요소의 개념이나 의미보다 그 요소를 둘러싸고 있는 다른 요소들과의 차이와 접목의 맥락을 파악함이 더 중요하다.

Keyword

201 포스트모더니즘의 특징으로 옳지 않은 것은? 21 지

① 다원주의를 표방한다.
② 반권위주의를 표방한다.
③ 반연대의식을 표방한다.
④ 반정초주의를 표방한다.

202 포스트모던 교육철학을 반영한 교육적 실천으로 볼 수 없는 것은? 16 지

① 학교 내 소수자를 보호하는 방안을 모색한다.
② 발표 수업에서 학생들의 다양한 관점을 수용한다.
③ 대화와 타협의 과정에 충실한 토론식 수업을 권장한다.
④ 학습 과정에서 지식의 실재성과 가치의 중립성을 강조한다.

9		기본			22	21	20	19	18	17	16	15	14	13	12	11	10
79	한국 교육사	삼국시대	교육기관		○			*				*			○		
심화		신라	화랑도									*					
			국학					*									
79		고려시대		국자감		*											○
심화		성리학															
80		조선시대	관학	성균관			○	○	*		○*		○				
				향교	○												
			사학	서원						*							
			과거제도									○					
			학자	이황					*								
81				이이									*				
			교재	동몽선습			○										
				아학편	○					○							
82		개화기	신식학교	관립		*	*										
심화				사립			*										
83		고종	갑오개혁	교육입국조서					○								
		강점기	조선교육령	2차		○							○				

○ : 국가직 * : 지방직

1) 고구려 : 태학[太學]과 경당[扃堂]

① 태학은 소수림왕(小獸林王) 2년(372년)에 설립된 **우리나라 최초의 관학(官學)**이며 고등 교육기관이다.

② 경당은 언제 설립하였는지 분명하지 않으나, 일반 서민들을 대상으로 한 **사설 교육기관**이다.

2) 백제 : 확인된 사료 없음

3) 신라 : 국학[國學] 682년[신문왕 2]에 설치하였다.

① 입학자격 : 대사(大舍) 이하의 위품으로부터 직위가 없는 자에 이르기까지 15세~30세

② 수학기간 : 9년 한도, 재간과 도량에 따라 조절

③ **독서삼품과를 도입하여 독서의 정도에 따라 관직에 진출시켰다.**

④ 화랑도 : 청소년들의 심신을 수련하는 교육 집단으로 유(儒) · 불(佛) · 선(禪) 삼교의 융합강조, 원광(圓光)의 세속오계

4) 고려 : 국자감, 십이도, 향교, 서당

① 국자감(國子監)은 고려의 최고 교육기관으로 성종 11년(992년)에 창건

② 십이도(十二徒) : 고려시대 개경에 있었던 12개 사학(私學)의 총칭. 12공도의 시초는 1055년(문종 9) 벼슬에서 물러난 최충(崔沖)이 자신의 집 사랑채에 사숙(私塾)을 열어 후진을 양성한 데서 비롯되었다.

③ 향교 : 고려와 조선시대의 지방에서 유학을 교육하기 위하여 설립된 관학교육기관

④ 서당은 그대로 조선시대에 계승되어 더욱 발전된 민중교육기관으로 신교육이 실시될 때까지 존속해온 가장 보편화된 교육기관이었다. (향촌 사설 초등교육기관)

5) 국자감

① 국자감은 향사의 기능을 가진 **문묘**와 강학의 기능을 가진 학당이 별도로 있었다.

② 예종 때에 국자감에 설치한 7재에는 **무학도 포함**되어 있었다.

③ 국자감은 유학계의 3학인 국자학, 태학, 사문학과 **기술계의 3학인 율학, 서학, 산학**으로 구성되었다.

* 주요인물(최충 : 9재학당, 안향 : 주자학 도입, 이색 : 문무겸비)

Keyword

203 각 시대별 교육기관이 바르게 짝지어진 것은? 12국

① 백제(경당), 고구려(국학), 고려(오경박사), 조선(국자감)

② 통일신라(사부학당), 백제(서당), 고려(향교), 조선(국학)

③ 고구려(태학), 통일신라(국학), 고려(십이공도), 조선(향교)

④ 고구려(경당), 백제(학당), 고려(국학), 조선(성균관)

204 신라시대의 국학(國學)에 대한 설명으로 옳은 것은? 19 지

① 교수와 훈도를 교관으로 두어 교육하게 하였다.

② 6두품 출신 자제들에게만 입학 자격이 부여되었다.

③ 독서삼품과를 도입하여 독서의 정도에 따라 관직에 진출시켰다.

④ 수학 기간은 관직에 진출할 때까지 누구에게도 제한하지 않았다.

205 통일신라의 국학과 고려의 국자감에서 공통으로 필수 과목이었던 두 책은? 21 지

① 『논어』와 『맹자』

② 『논어』와 『효경』

③ 『소학』과 『가례』

④ 『소학』과 『대학』

1) 성균관 : 순수 유학기관

① 문묘와 학당이 공존하는 묘학(廟學)의 형태를 띠고 있었다. (제사+교육)

② 유생들이 생활하며 공부할 때 지켜야 할 수칙으로 학령(學令)이 존재하였다.

③ 입학자격은 과거 시험의 소과에 합격한 생원과 진사를 원칙으로 하였다.

④ 교육과정은 4서와 5경, 역사서의 강독과 제술 및 서법으로 구성

⑤ 원점법(圓點法)은 성균관과 사학(四學) 등에 거재(居齋)하는 유생(儒生)들의 출석 · 결석을 점검하기 위하여 아침 · 저녁으로 식당에 들어갈 때마다 도기(到記)에 원점을 찍게 하던 규정

2) 서원(최초서원 : 주세붕의 백운동서원)

① 서원은 조선 초부터 시작된 새로운 교육기관으로 선현을 존숭하고 교육을 실천

② 관학인 향교와 대비되는 지역을 기반으로 하는 사학

③ 학문과 교육의 기능과 사림들의 세력을 규합하는 정치적 기능

④ 소수서원(紹修書院) : 처음에는 '백운동서원'이라 불리었다. 퇴계 이황의 요청에 의해 우리나라 최초의 사액 서원이 되었다. 소과 합격자인 생원 · 진사에게 거재(居齋) 유생의 자격을 우선적으로 부여

3) 서당

① 서당은 범계급적인 초등 수준의 교육기관으로 규모와 수준, 성격이 매우 다양

② 향교와 서원이 일상적 강학의 장소로서 제 기능을 발휘하지 못해 발달

4) 향교

① 고려와 조선시대의 지방에서 유학을 교육하기 위하여 설립된 관학교육기관

② 공자 등 성현을 모시는 제사 기능의 문묘와 학생들에게 수업을 하는 교육 기능의 명륜당으로 구성

5) 과거제도

① 홍패(紅牌) : 고려 · 조선시대에 과거를 치른 최종 합격자에게 내어주던 증서

② 식년시(式年試) : 조선시대에 3년마다 정기적으로 시행된 과거시험

③ 정시(庭試) : 조선시대 왕실의 경사가 있을 때와 특정 지역의 유생이나 관료를 대상으로 실시한 특별 과거

④ 별시(別試) : 나라에 경사(慶事)가 있을 때나 또는 천간(天干)으로 병(丙)자가 든 해인 병년(丙年)마다 보이는 문무(文武)의 과거

⑤ 생진과의 복시(覆試)에 합격한 자에게는 성균관에 입학할 수 있는 자격이 주어졌다.

⑥ 생원시에서는 유교경전을, 진사시에서는 부(賦), 시(詩) 등의 문학을 시험보았다.

206 조선시대 성균관에 대한 설명으로 옳지 않은 것은? 16국

① 문묘와 학당이 공존하는 묘학(廟學)의 형태를 띠고 있었다.

② 고려의 국자감과 달리 순수한 유학(儒學) 교육기관으로 운영되었다.

③ 유생들이 생활하며 공부할 때 지켜야 할 수칙으로 학령(學令)이 존재하였다.

④ 재학 유생이 정원에 미달하면 지방 향교(鄕校)의 교생을 우선적으로 승보시켰다.

207 조선시대 성균관에 대한 설명으로 옳은 것은? 13국

① 양반(귀족)의 자제면 누구나 입학할 수 있다.

② 성현의 제사를 지내는 것이 주목적이다.

③ 강독, 제술, 서법 등이 교육내용이다.

④ 생원이나 진사가 되기 위한 준비기관이다.

208 조선시대 과거제도에 대한 설명으로 옳지 않은 것은? 14국

① 문과 대과에 급제한 자에게는 홍패(紅牌)가 지급되었다.

② 생진과의 복시(覆試)에 합격한 자에게는 성균관에 입학할 수 있는 자격이 주어졌다.

③ 생원시에서는 유교경전을, 진사시에서는 부(賦), 시(詩) 등의 문학을 시험보았다.

④ 과거시험은 정규시험인 정시(庭試)와 특별시험인 별시(別試)로 구분된다.

081 조선시대 교재

1) 『입학도설[入學圖說]』 : 1425년[세종 7], 저자 권근[1352~1409]
① 성리학의 기본 원리를 도식화하여 쉽게 설명한 목판본 성리학 입문서
② 유학교육의 기초가 되고 인간의 심성과 수양에 대한 연구를 활발하게 하는 계기마련
③ 성균관 유생들이 생활하며 공부할 때 지켜야 할 수칙으로 학령(學令)을 제정하였다.

2) 『동몽선습[童蒙先習]』 : 조선 중종 때 학자 박세무[朴世茂]가 저술
① 『천자문』을 익히고 난 후의 학동들이 배우는 초급교재로서 유학 입문용 교재, 먼저 부자유친(父子有親) · 군신유의(君臣有義) · 부부유별(夫婦有別) · 장유유서(長幼有序) · 붕우유신(朋友有信)의 오륜(五倫)을 설명하였다.
② 이어 중국의 삼황오제(三皇五帝)에서부터 명나라까지의 역대사실(歷代史實)과 한국의 단군에서부터 조선시대까지의 역사를 약술하였다.
③ 학습내용을 경(經)과 사(史)로 나누어 제시하였다.
④ 일제 강점기에는 우리 역사를 다룬다는 이유로 서당의 교재로 쓰지 못하게 하였다.

3) 『유합[類合]』 : 『천자문(千字文)』과 함께 널리 사용된 입문서로 새김과 독음이 이루어진 시기는 확실하지 않다.

4) 『훈몽자회[訓蒙字會]』 : 1527년(중종 22)에 간행된 이래 여러 차례 중간되었다. 최세진은 그 당시 한자 학습에 사용된 『천자문』과 『유합(類合)』의 내용이 경험세계와 직결되어 있지 않음을 비판하고, 새 · 짐승 · 풀 · 나무의 이름과 같은 실자(實字)를 위주로 교육할 것을 주장하여 이 책을 편찬하였다

5) 이이[李珥 : 1536~1584]
① 『성학집요(聖學輯要)』 : 1575년(선조 8) 제왕의 학문 내용을 정리해 선조에게 바친 책.
② 『격몽요결(擊蒙要訣)』 : 1577년(선조 10) 학문을 시작하는 이들을 가르치기 위해 편찬한 책.
③ 『학교모범(學校模範)』 : 1582년(선조 15) 왕명에 의하여 지은 교육 훈규, 16조로 되어 있는데 당시 청소년의 교육을 쇄신하기 위한 것으로서, 학령(學令)의 미비한 점을 보충하였다. 학교생활뿐만 아니라 가정 및 사회 생활의 준칙까지 제시되어 있다.

6) 『아학편[兒學編]』 : 정약용[丁若鏞, 1762~1836]
① 『천자문』이 체계적인 글자의 배열과 초학자를 배려한 학습의 단계성이나 난이도를 전적으로 무시하고 있음을 지적하고, 이러한 내용 및 체계상의 결점을 극복하고자 저술
② 상하 각각 1,000자를 수록하여 2,000자로 구성
③ 상권에는 유형적 개념을 하권에는 계절, 기구, 방위 등의 무형적 개념에 해당하는 한자를 담았다.

Keyword

209 조선 초 권근(權近)이 제정한 성균관 학칙으로, 학생의 성적, 벌칙, 일과, 자치활동 등을 포함하고 있는 것은? 14 지
① 학교모범(學校模範)
② 학령(學令)
③ 학제조건(學制條件)
④ 구재학규(九齋學規)

210 다음 설명에 해당하는 조선시대 교재는? 20 국

- 소학(小學) 등 유학 입문용 교재이다.
- 중종 때 박세무가 저술하였다.
- 학습내용을 경(經)과 사(史)로 나누어 제시하였다.
- 일제 강점기에는 우리 역사를 다룬다는 이유로 서당의 교재로 쓰지 못하게 하였다.

① 동몽선습
② 유합
③ 입학도설
④ 훈몽자회

211 다음 설명에 해당하는 저서는? 21 지

- 체계적 한자 학습을 위하여 엮은 교육용 교재로서 천자문의 결점을 극복하기 위하여 만들어졌다.
- 상하 각각 1,000자를 수록하여 2,000자로 구성이 되었다.
- 상권에는 유형적 개념에 해당하는 한자를 담았고, 하권에는 계절, 기구, 방위 등의 무형적 개념에 해당하는 한자를 담았다.

① 아학편(兒學編)
② 성학집요(聖學輯要)
③ 격몽요결(擊蒙要訣)
④ 학교모범(學校模範)

1) 동문학[同文學] : 통변학교

① 1883년 8월에 설립된 관립 외국어 교육기관이다.
② 근본 목적은 영어 통역관을 양성하는 일이다.
③ 1886년 육영공원(育英公院)이 세워지자 동문학(同文學)은 문을 닫았다. 겨우 3년간 지속되었지만, 최초의 관립 외국어 교육기관으로서 초기 서양 어학 교육에 기여하였다.

2) 육영공원[育英公院] : 엘리트 양성을 위한 관립 학교

① 조선 후기 한국 최초의 근대식 공립교육기관으로 근대적 신교육으로 발전하는 교량적 역할
② 영어교육을 지나치게 강조하고 고급 양반 자제만을 대상으로 삼는 등 국민 대중 교육에는 한계가 있었다.
③ 영어는 물론 농·공·상·의학 등의 다양한 서양 학문 포함

3) 연무공원 : 무예 수련을 위한 관립 학교(1888)

① 1894년의 갑오개혁 때에 사관학교로 발전하였고, 이듬해에 다시 무관학교로 개편되어 대한제국 시기의 신식 무관양성 기관으로 자리 잡는다.

4) 교육입국조서[敎育立國詔書] : 갑오개혁 이후 1895년(국가 부강은 교육 + 실용성)

① 갑오개혁에 의해 근대적 교육제도들이 마련되었고, 이어서 교육입국조서가 반포되었다.
② 교육입국조서는 '국가의 부강은 지식의 개명에 달려 있으니, 교육은 실로 국가를 보존하는 근본이라.'는 내용으로, 이 교육입국정신에 따라 정부는 소학교, 중학교, 사범학교, 외국어학교 등 각종 관립학교를 세웠다.
③ 교육의 3대 강령으로 덕양(德養), 체양(體養), 지양(智養)을 제시
④ 과거의 허명(虛名)교육을 버리고 **실용(實用)교육을 중시**

212 개화기에 설립된 우리나라 관립 신식학교에 해당하는 것만을 모두 고르면? 16국

ㄱ. 동문학	ㄴ. 육영공원	ㄷ. 연무공원

① ㄱ, ㄴ   ② ㄱ, ㄷ
③ ㄴ, ㄷ   ④ ㄱ, ㄴ, ㄷ

213 새로운 교육의 방향을 제시하기 위해 고종이 갑오개혁 시기에 반포한 교육입국조서의 내용으로 옳은 것만을 모두 고른 것은? 18국

> ㄱ. 초등단계의 의무교육을 시행할 것임을 선언하였다.
> ㄴ. 유교식 교육기관인 성균관을 근대식 대학으로 전환할 것을 천명하였다.
> ㄷ. 교육의 3대 강령으로 덕양(德養), 체양(體養), 지양(智養)을 제시하였다.
> ㄹ. 과거의 허명(虛名)교육을 버리고 실용(實用)교육을 중시할 것임을 밝혔다.

① ㄱ, ㄴ   ② ㄱ, ㄹ
③ ㄴ, ㄷ   ④ ㄷ, ㄹ

1) 조선교육령(朝鮮敎育令)

① 일제강점기의 한국인에 대한 일제의 교육방침과 교육에 관한 법령
② 교육방침은 우리 민족에게 이성이 발달할 수 있는 교육기회를 주지 않는 데 있었다.
③ 일본신민화(日本臣民化)의 토대가 되는 일본어의 보급, 이른바 충량(忠良)한 제국 신민과 그들의 부림을 잘
받는 **실용적인 근로인 · 하급관리 · 사무원 양성을 목적으로 하였다.**

2) 제1차 『조선교육령』 : 1911년 8월, 일본어 보급 목적 + 한국인 우민화(愚民化)

① 우리 민족을 이른바 일본에 '충량한 국민'으로 만들고자 노력
② 노동력을 착취하기 위하여 한국인에게 저급한 실업교육을 장려
③ 제국신민양성을 위한 보통교육과 실업 · 전문교육에만 한정(대학교육 허용안함)

3) 제2차 『조선교육령』 : 1919년 3·1운동 이후 개정, 반일감정에 대한 회유책

① '문화정치'를 표방하여, 형식상으로는 일본 학제와 동일하게 융화정책을 사용하였다.
② 그러나 이면에 숨겨진 교육정책은, 동일한 교육제도와 교육기간을 확충함으로써 일본식 교육을 강화하여
우리 민족의 사상을 일본화 또는 말살하려는 데 있었다.
③ 종래 **4년이던 보통학교의 수업연한을 6년으로 연장**하고, 각급 학교의 교과목 중 종래에는 폐지되었던 **국어
를 필수 과목**으로 하였다.
④ 고등보통학교는 5년, 여자고등보통학교 4년, 사범학교 및 대학설립 조항을 둠
⑤ 독립운동가들이 조선교육회를 발기하고 '**조선민립대학설립운동**'을 전개하여 종합대학의 설립을 추진하자,
일제(日帝)가 한국인의 고등교육기관을 봉쇄할 목적으로 경성제국대학설립
⑥ 일제의 우민화 정책에도 불구하고 제2차 조선교육령 시기에 조선인의 보통학교 재학생 수는 증가하였다.

4) 제3차 『조선교육령』 : 1938년 중일전쟁

① 1938년 3월 일제는 중일전쟁을 일으키고 전시체제를 강화하면서 조선교육령을 다시 개정
② 교명을 일본인 학교와 동일하게 개칭하여 교육제도상으로 보아서 한국인과 일본인 간에 차별대우가 철폐되
었다고 하였으나, 그 실상은 일본인이 사립학교의 교장이나 교무주임의 자리를 차지하도록 하는 방침이었다.
③ 교육목적을 뒷받침하는 교육내용으로 일본어 · 일본사 · 수신 · 체육 등의 교과를 강화하였다.

5) 제4차 『조선교육령』 : 1943년 태평양전쟁

① 모든 교육기관에 대한 수업연한을 단축하고 전문학생, 중학생을 각종 토목공사 등에 동원함은 물론, 국민학
생까지 송탄유 채집에 동원했고, 마침내 전문학교 · 대학교 학생을 학도병으로 강제 지원시켰다.

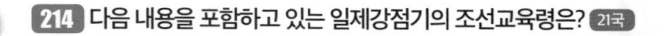

214 다음 내용을 포함하고 있는 일제강점기의 조선교육령은? 21국

> • 보통학교의 수업연한은 6년으로 한다. 단, 지역의 상황에 따라 5년
> 또는 4년으로 할 수 있다.
> • 전문교육은 전문학교령에, 대학교육 및 그 예비교육은 대학령에 의
> 한다.

① 제1차 조선교육령　　　　② 제2차 조선교육령
③ 제3차 조선교육령　　　　④ 제4차 조선교육령

215 일제 강점기의 제2차 조선교육령에 대한 설명으로 옳지 않은 것은? 15국

① 조선어를 필수과목으로 정했다.
② 고등보통학교의 수업 연한을 3년으로 정했다.
③ 대학 설립에 관한 조항을 두었다.
④ 3 · 1 운동으로 표출된 반일감정을 무마하기 위한 회유책이었다.

X 교육사회

10		기본			22	21	20	19	18	17	16	15	14	13	12	11	10
84	교육사회	거시	기능	개념	○○*		○	○			○*	*	○	○	○		
85				뒤르껭		*			○								
				파슨스			0										
				드리븐												○	
심화				기술기능주의													
				인간자본론													
86			갈등	개념	*		○	○			○		○	○			
87				보울스 진티스			*		○								
88				부르디외			○		*	*	○		○		○		
심화				알튀세르													
89				프레이리					*			*					
				일리치									○				
				윌리스											○		
심화				지위경쟁이론													
				학력상승이론													
90		미시	신교육	개념				○							*		
심화			교육과정	번스타인									*	○			
				애플													
			상징적 상호작용	미드													
91		평등		조건	*			○									
92				콜맨									*				
				결과						○*			○	○*	○		
93				롤스		*											
92				사회자본					○				○				
심화		문화	학업격차	문화실조		*											
93			다문화	뱅크스									○				

○ : 국가직 * : 지방직

1) 교육의 사회적 기능

① 문화유산 보존 및 전달기능
② 사회통합의 기능
③ 사회충원의 기능 : 인력의 선발과 분류, 배치의 기능
④ 사회적 지위 이동의 기능 : 수직(사회계층이동)적 · 수평(직종과 지역)적 기능
⑤ 사회개혁 기능

2) 학교교육의 기능

① 새로운 세대에게 기존 사회의 생활양식, 문화 및 가치와 규범을 전수한다.
② 체제 적응 기능을 수행해 전체 사회의 유지에 기여하며 사회통합적 기능을 한다.
③ 학교는 능력에 맞게 인재를 사회의 적재적소에 배치하는 데 기여한다.
④ 학교는 평등한 교육기회를 부여함으로써 계층 이동의 사다리로 기능한다.
⑤ 학교지식은 사회구성원의 보편적 합의에 의한 것이다.
⑥ 학교는 개인의 재능과 노력에 따라 공정한 보상을 한다(능력주의 교육관).

3) 시험의 기능

① 지식의 공식화와 위계화
② 문화의 형성과 변화
③ 사회적 선발

Keyword

216 학교교육의 사회적 기능에 대한 기능주의적 관점으로 볼 수 없는 것은?
16국

① 사회구성원을 선발 · 분류하여 적재적소에 배치한다.
② 체제 적응 기능을 수행해 전체 사회의 유지에 기여한다.
③ 지배집단의 신념과 가치를 보편적 가치로 내면화시킨다.
④ 새로운 세대에게 기존 사회의 생활양식, 가치와 규범을 전수한다.

217 학교교육의 기능을 보는 관점이 다른 것은? 19국

① 학교는 불평등한 경제적 구조를 재생산한다.
② 학교의 문화전달과 사회통합적 기능을 높이 평가한다.
③ 학교는 능력에 맞게 인재를 사회의 적재적소에 배치하는 데 기여한다.
④ 학교교육의 사회화 기능을 긍정적으로 평가한다.

218 학교교육에 대한 기능론적 관점으로 옳은 것만을 〈보기〉에서 모두 고른 것은? 16지

> ㉠ 기존의 계층 간 사회불평등을 유지 · 심화한다.
> ㉡ 자본주의 이데올로기에 순응하는 노동력을 양산한다.
> ㉢ 개인을 능력에 따라 합리적으로 분류 · 선발 · 배치한다.
> ㉣ 사회구성원에게 보편적 가치를 내면화하여 구성원의 동질성을 확보한다.

① ㉠, ㉡   ② ㉢, ㉣
③ ㉠, ㉡, ㉢   ④ ㉡, ㉢, ㉣

1) 뒤르껨(Durkheim)의 교육 사회화론 : 교육사회학의 창시자

① 사회화로서 교육은 사회에서 요구하는 가치, 규범, 성격 등 성인생활에 필요한 것을 아동에게 전수하여 미래의 사회생활에 원만하게 적용할 수 있도록 도와준다.

② 아동에게 **도덕적, 지적, 신체적 계발을 중요**하게 보았다.

③ 사회화의 두 가지 면

    ㉠ **보편사회화** : 사회 전체의 기반이 되는 지적·도덕적·신체적 특성 등을 아동에게 내면화시킨다. 교육은 한 사회의 동질성 확보를 위해 **집합의식과 보편적 가치**를 강조하여 사회적 결속력과 안정을 유지하게 한다.

    ㉡ **특수사회화** : 산업화가 됨에 따라 사회적 분화가 가속화되면서 발생하는 각 직업에 필요한 지적, 도덕적, 신체적 특성을 마련해 주는 것이다. 교육은 **각 직업에 필요한 적절한 사회화**를 전수하여, 각 직업 간의 유연한 결속력과 운영의 효율을 도모한다.

2) 파슨스(Parsons)의 학급 사회화론

① 사회체계를 유기체 혹은 생존체계로 비유한다. 각각의 사회체계는 유기체와 같이 상호 관련되어 기능한다고 한다.

② 모든 사회체계는 자신의 독립적인 체계를 가지고 있지만, 생존을 위해서 다른 체계와 상호 안정적이고 균형적인 관계를 유지함.

③ 한 사회가 통합적이며 안정적으로 운영되기 위해서는 학생들에게 필요한 특정 역할의 자질과 책임을 발달시켜야 함.

④ 학교는 사회적 역할을 잘 수행할 수 있는 학생을 분류하기 위한 선발 과정을 거쳐 사회의 각 기관에 배치해야 함.

3) 드리븐(Dreeben) : 규범적 사회화

① **독립성** : 스스로 모든 일을 처리하고 책임을 수행하려는 태도이다. (과제, 시험 부정행위)

② **성취성** : 최선을 다하여 자신에게 부여되는 과제를 수행하려는 태도이다.

③ **보편성** : 다른 학생들과 모든 것을 공유하는 태도이다. 동일 연령의 학생들이 같은 학습내용과 과제를 공유하게 함으로써 형성된다.

④ **특정성** : 자신의 흥미와 적성을 고려하는 태도 등을 말한다.

4) 기술기능이론

과학기술의 발달로 인한 직업기술 수준의 향상을 학력 상승의 원인으로 강조한다.

유의사항 (지위경쟁이론 : 학력이 사회적 지위획득의 수단이기 때문에 사람들이 경쟁적으로 높은 학력을 취득하는 탓에 학력이 계속 높아진다고 설명한다.)

219 다음은 뒤르껨(E. Durkheim) 저술의 일부이다. ㉠~㉢에 해당하지 않는 것은? 18국

> "교육은 아직 사회생활에 준비를 갖추지 못한 어린 세대들에 대한 성인 세대들의 영향력 행사이다. 그 목적은 전체 사회로서의 정치 사회와 그가 종사해야 할 특수 환경의 양편에서 요구하는 (㉠), (㉡), (㉢)제 특성을 아동에게 육성 계발하게 하는 데 있다."

① 지적
② 예술적
③ 도덕적
④ 신체적

220 파슨스(Parsons)의 관점으로 옳은 것만을 모두 고르면? 20 지

> ㄱ. 사회화는 장차 성인이 되어 담당하게 될 역할수행에 필요한 정신적 자세와 자질을 기르는 것이다.
> ㄴ. 학교교육은 지배와 종속의 관계를 유지시켜 주는 역할을 한다.
> ㄷ. 역할을 담당할 인재를 선발하여 적재적소에 배치하는 것이 교육의 중요한 기능이다.

① ㄱ, ㄴ
② ㄱ, ㄷ
③ ㄴ, ㄷ
④ ㄱ, ㄴ, ㄷ

221 드리븐(R. Dreeben)이 주장하는 현대사회에서 요구되는 핵심적인 네 가지 규범 중 다음 글에 해당하는 것은? 11국

> 학생들은 시험에서 부정행위를 했거나 표절을 했을 때 제재를 받는다는 사실을 통해서 이 규범을 익히게 된다. 이 규범에 적응함으로써 학생들은 자신들의 행위에 대해 개인적으로 책임져야 한다는 것을 깨닫게 된다.

① 독립성(independence)
② 성취의 중요성(achievement)
③ 보편주의(universalism)
④ 특수성(specificity)

1) 등장 배경 및 사회관

① 1960년대 전후로 하여 기능주의의 사회구조적 모순이 서서히 노출되기 시작하였다. 이 시기에 등장한 정치사회적인 신세대는 계급, 인종 등의 문제에 본격적인 관심을 가졌다.

② 그들을 중심으로 신좌파 운동(new left movement)이 일어났으며, 이는 곧 세계적으로 빠르게 확산되었다. 신좌파 운동 비인간화 경향, 사회적 소외감, 배금주의, 관료조직의 경직성 등 근본적인 사회구조적 문제를 비판하면서 새로운 대항문화를 창출하였다.

③ 갈등주의 사회학은 1960년대의 사회 분위기에 편승하여 교육을 통해서 사회적 불평등을 완화할 수 있다는 믿음에 의문을 제기하였다.

④ 그리고 학교교육의 근본적 문제에 대해 신랄하게 비판하는 연구들이 나오게 되었다. 대표적으로 「콜맨 보고서(Coleman Report)」 일리치(Illich)의 「탈학교사회」 프레이리(P. Freire)의 「의식화 교육」 등을 들 수 있다.

⑤ 이들은 학교의 비인간화 교육에 대한 비판을 하면서, 문제의 원인을 학교교육과 사회구조적 불평등과 관련시키고 있다.

2) 갈등론적 교육관 : 지배계급의 이데올로기 주입+생산관계의 재생산 → 사회재생산

① 학교교육은 보편적이고 합일적인 가치를 추구한 것이 아니라 지배집단의 이익을 반영하고 있다. 학교에서 추구하는 능력주의는 지배집단에게 유리하게 편성되어 있으며, 피지배집단에게는 심한 좌절감과 열등감을 심어 준다.

② 외형상 능력주의는 과학적 객관성에 의존하는 것처럼 보이지만, 실제는 사회적 불평등을 강화하는 이념적 기제이다. 자본주의 사회에서 학교란 지배집단이 자신의 불평등한 위계관계를 정당화하고, 계급 간의 긴장과 갈등을 완화하는 이데올로기적 교화 기관이다.

3) 학교교육의 역기능

① 학교교육은 기존의 사회구조를 재생산한다.
② 학교교육은 계급구조와 불평등을 정당화한다.

4) 시험의 기능

① 규범과 가치관 통제
② 지식의 공식화와 위계화
③ 기존 사회질서의 정당화와 재생산

Keyword

222 갈등론적 관점에서의 학교교육에 대한 설명으로 옳지 않은 것은? 13국

① 학교교육의 기능을 부정적, 비판적으로 본다.
② 학교교육은 기존의 사회구조를 재생산한다.
③ 학교교육은 사회의 안정과 질서에 기여하는 제도이다.
④ 학교교육은 계급구조와 불평등을 정당화한다.

223 갈등이론(conflict theory)에 대한 설명으로 옳지 않은 것은? 08국

① 사회제도와 각 집단은 서로 다른 목적과 이해관계를 추구한다.
② 사회관계는 지배와 피지배관계로 설명된다.
③ 학교는 사회적 불평등을 재생산하는 제도적 장치에 불과하다.
④ 사회는 유기체와 마찬가지로 각 부분이 전체의 존속을 위해 각기 기능을 수행한다.

1) 경제적 재생산론(economic reproduction theory)

① 학교교육은 민주적이라기보다는 자본주의적 사회관계에 잘 순응할 수 있는 노동력을 양산하기 위한 제도로 발전되어 왔다.

② 학교교육이란 자본주의 사회의 계급적 모순을 은폐하고, 불평등한 위계적 관계를 정당화하여 지배계급의 사회적 이점을 유지하며, 재생산 기능을 수행하는 제도적 장치라고 인식하고 있다.

2) 대응이론(상응이론)

① 1976년에 미국의 매사추세츠 공업 지역의 학교교육을 역사적으로 분석한 「미국 자본주의 사회와 학교교육」을 발표하면서, 경제적 재생산론이라는 새로운 관점을 제시하였다.

② 보울스와 긴티스의 경제적 재생산론의 핵심은 대응이론(혹은 상응이론)이다. 대응이론이란 **자본주의 사회에서 학교교육은 불평등한 사회적 위계관계를 정당화·합법화함으로써 지배계급인 자본가 계급의 사회적 이익을 유지하는 기능을 한다는 것이다.**

③ 학교에서 높은 학업성취로 인해 좋은 학력을 취득한 사람은 그렇지 않은 사람보다 우수하다는 인식이다. **자본가 계급은 노동자 계급보다 학력 수준이 높기 때문에 결국 노동자 계급은 자본가 계급에 순응해야 한다는 것이다.**

④ 학교교육은 객관화된 검사인 지능, 성적, 적성 등에 과학적 믿음을 부여하여 사회적 정당성을 확보하고 있다. 검사 결과는 의심 없이 받아들여야 하는 타당한 과학적 근거가 된다.

⑤ 그러나 볼스와 긴티스는 객관화된 검사는 과학적 이데올로기에 의해 지지된 사회공학적 허구며, 객관화된 검사 자체가 완전한 과학적 근거를 갖추지 못하고 있다고 하였다.

⑥ 또한 학교교육의 객관화된 검사는 지배계급의 학생에게 유리하게 편성되어 있어, 피지배계급 학생은 처음부터 불리할 수밖에 없다. 피지배계급 학생은 어렸을 때부터 학교교육의 지속적인 실패로 인해, 자연스럽게 자본주의의 불평등 체제에 대해 복종과 순종 의식을 내면화하게 된다.

⑦ 결국 학교교육의 능력주의는 경제적 실패 요인을 개인의 능력 부족으로 여기게 하여, 불평등한 사회구조를 은폐하고 있다. 학교교육의 능력주의는 교육의 위계적 단계에 따른 계급적 분절 의식을 심어 주는 핵심적인 이데올로기적 기능을 수행한다. 교육적 위계 단계에 따른 계급적 분절 의식은 대응이론에서 극명하게 나타나고 있다.

⑧ **대응이론은 자본주의적 생산의 위계관계를 학교에서 그대로 반영하고 있다고 한다.** 학교는 노동의 위계적 분화에 따라, 초등교육은 하위노동직에게 필요한 복종, 시간, 규칙 엄수 등을, 중등교육은 중간관리직에게 필요한 일반 사무와 관리 능력 등을, 고등교육은 최고관리직에게 필요한 리더십, 창의력, 독립심 등을 강조한다.

224 다음 주장을 한 학자는? 20 지

> • 학교는 자본주의적 사회관계의 유지에 필수적인 통합기능을 수행하는 기관이라고 보았다.
> • 경제적 재생산이라는 개념을 사용하여 학교교육이 자본주의 경제체제를 재생산하는 데 어떻게 기여하는지 그 메커니즘을 설명하고자 하였다.
> • 학교 교육체제에서 학생이 미래에 차지할 경제적 위치를 반영하여 차별적 사회화가 이루어진다고 주장하였다.

① 해비거스트(Havighurst)

② 보울스와 진티스(Bowles & Gintis)

③ 콜만(Coleman)

④ 번스타인과 영(Bernstein & Young)

225 보울스(S. Bowles)와 긴티스(H. Gintis)의 대응이론(correspondence theory)에서 바라본 교육과 노동의 사회적 관계에 대한 설명으로 옳지 않은 것은? 08 중등

① 학생과 노동자는 각각 학습과 노동으로부터 소외되어 있다.

② 학교에서의 성적 등급은 작업장에서의 보상 체제와 일치한다.

③ 작업장에서의 사회적 관계는 학교에서의 사회적 관계에 그대로 반영되어 있다.

④ 지식의 단편화와 분업을 통해서 학생과 노동자의 임무가 효율적으로 확장된다.

088 문화적 재생산론(cultural reproduction theory) : 부르디외(Bourdieu, P.)

1) 개요
① 문화적 재생산론은 자본주의 사회가 불평등한 구조적 모순에도 불구하고 자연스럽게 유지되는 이유를 문화 영역과 계급구조에 초점을 두어 밝히고 있다.
② 학교교육은 은연중에 자본주의 사회의 지배계급인 상류층의 문화를 강조하고 있으며, 이러한 문화적 기준에 따라 학생의 선발과 배치 기능을 한다.
③ 학교교육은 상류층의 문화가 보편적 가치 기준이 되어 지배계급 학생에게 유리하게 작용하고 있으며, 궁극적으로 자본주의 사회의 계급적 불평등을 은밀히 재생산하고 있다.

2) 부르디외의 4가지 자본 : 문화적 자본
① 경제적 자본(economic capital) : 금전, 토지, 임금 등의 화폐 요소를 의미
② 사회적 자본(social capital) : 특정 집단에 소속되어 사회 관계망을 형성하여 영향력을 미치는 자본. 학맥과 정치사회적 연줄 등을 의미
③ 문화적 자본(cultural capital) : 특정 문화에 계급적 가치가 부여되어 자본적 역할을 수행하는 것을 의미
④ 상징적 자본(symbolic capital) : 경제적 자본 + 사회적 자본 + 문화적 자본의 결합에서 파생되어 얻어진 신뢰, 위신, 명예, 존경, 명성 등을 의미

3) 문화적자본의 3가지 핵심 자본 : 아비투스적 자본
① 몸과 마음속에 오랫동안 지속적인 상태로 남아 있는 성향들의 형태인 아비투스적 자본(habitus capital)
② 책, 그림, 사전, 도구, 기계와 같은 형태의 객관화된 자본(objective capital)
③ 학위, 학력, 자격증 같은 제도화된 자본(institutional capital)

4) 상징적 폭력(symbolic violence)
① 상징적 폭력 : 상류계급의 문화가 우월하고, 보편적 가치를 띤 것처럼 착각하는 것
② 상징적 폭력은 사회적 허구성에 의해 부여된 상류계급의 문화가 보편적 기준으로 작용하여, 다른 문화를 규정하고 계급적 차이를 만드는 권력적 작용을 의미한다.
③ 부르디외는 상징적 폭력의 대표적 기관을 학교라고 보았다.

Keyword

226 부르디외(P. Bourdieu)의 문화재생산 이론에 부합하는 내용만을 모두 고르면? 19 지

> ㄱ. 교육은 사회에 적합한 인간을 양성하는 순기능적인 사회화 과정이다.
> ㄴ. 문화자본은 가정에서 자녀의 교육을 위해 지출하는 직접적인 교육비를 의미한다.
> ㄷ. 지배집단은 자신들의 문화를 학교교육에 투입시켜 불평등한 사회적 관계를 정당화한다.
> ㄹ. 학교에서 가치 있다고 여겨지는 문화자본을 많이 소유한 사람이 그렇지 못한 사람에 비해 성공할 가능성이 높다.

① ㄱ, ㄴ   ② ㄱ, ㄷ
③ ㄴ, ㄹ   ④ ㄷ, ㄹ

227 다음에 해당하는 개념은? 21 국

> • 특정 계급적 환경에서 내면화된 지속적 성향이나 태도를 의미한다.
> • 내면화된 문화자본으로서 계급적 행동유형과 가치체계를 반영한다.

① 아노미(anomie)   ② 쿠레레(currere)
③ 패러다임(paradigm)   ④ 아비투스(habitus)

① 교육을 통해 사회 평등화를 도모하고자 하는 보수·자유주의적 교육관점은 1960년대에 오면서 사회적으로 비판을 받기 시작하였다. 구체적으로 홀트(T, Holt)는 학교교육의 경직성을 비판하면서 학교가 학생을 소위 정답 제조기로 만들어 버린다고 하였다.

② 1966년 굿맨(P. Goodman)은 미국의 공립학교는 쓸모없는 지식만을 전하고, 아동의 자연적 호기심을 죽이고 있다고 하였다. 코졸(J. Kozol)은 공립학교를 '지적이고 보호적인 감옥'이라고 비유하면서, **공립학교가 하는 일은 천한 노동을 제품화하는 과정**이라고 하였다.

③ 교육은 사회의 구조적 모순을 해결하는 엘도라도가 아니라는 회의적 인식은 1970년대 전후로 더욱 가속화된다. 특히 남미의 교육적 모순을 체계적으로 분석한 프레이리(Freire)와 일리치(Illich), 그리고 라이머(Reimer)의 입장은 1970년대에 세계적으로 주목을 받음과 동시에 엄청난 영향을 주었다.

1] 문제제기식교육(problem-posing education) : 프레이리(P. Freire)

① 브라질의 교육적 모순을 목격한 프레이리는 현행 교육제도는 지배자의 이념을 강요하고, 힘없고 가난한 자에게 복종과 순응을 강요하는 지배계급의 통치 기구에 불과하며, 불평등한 현실을 그대로 수용하는 강제된 순화 기구라고 하였다.

② 따라서 학교는 만인을 위한 교육이 아니라 지배계급을 위한 교육을 실시하는 기관에 불과하여서, 교육은 결코 중립적이 될 수 없게 된다.

③ 이러한 **지배계급의 도구적 수단으로 전락한 교육 형태는 은행저축식교육**이다.

④ 은행저축식교육은 기계적으로 암기하고 반복시킴으로써 사회의 불평등한 실체를 이해하지 못하게 하고, 수동적이며 타율적인 인간으로 길들인다.

⑤ 이를 극복하기 위해 프레이리는 억압받는 민중들이 그들 자신의 삶을 반성하고 사회 현실을 올바르게 인식할 수 있는 '**의식화 교육**'을 강조하였다. 구체적으로 그는 교사와 학생의 수평적 관계 속에서 사회 현실에 대한 올바른 이해와 성찰적 사고를 통해 **비판적사고**를 형성하게 하는 **문제제기식교육(problem-posing education)**을 제안하였다.

2] 탈학교 사회[학습망] : 일리치(Illich)

① 교육은 인간의 자주성과 창의성을 마비시키고 인간을 정형화된 규격체로 양성하고 있다고 한다. 제도화된 기관들은 인간의 욕구와 잠재 능력을 억압하고 있으며 사회실체를 왜곡하고 있다고 비판하였다.

② 학습이 학교에 의해서만 이루어지는 것은 아니고, 학교가 반드시 학습의 증진을 가져다주는 것도 아니다.

③ 그는 교육의 이러한 모순적 기능을 극복하기 위해서 제도화되고, **정형화된 틀을 강요하는 교육에서 벗어나는 '탈학교'**를 주장하였다.

④ 탈학교의 구체적 실현을 위해 기존의 학교제도를 대신해 '학습을 위한 네트워크'를 만들어야 하며 모든 사람이 언제, 어디서든 원하면 **교육을 받을 수 있는 '학습망(learning web)'을 제안하였다.**

228 다음 내용과 관련이 있는 학자는? 20 지

> • 문해교육에서는 성인 각자의 삶이 반영된 일상용어를 활용해야 효과적이다.
> • 진정한 교육은 학습자가 탐구(inquiry)와 의식적 실천(praxis) 활동을 하는 것이다.
> • 교육은 주어진 지식을 전달하는 은행저금식이 아니라 문제제기식으로 이루어져야 한다.

① 일리치(I. Illich)　　② 프레이리(P. Freire)
③ 노울즈(M. Knowles)　　④ 메지로우(J. Mezirow)

229 다음과 같이 주장한 사람은? 15국

> • 학습이 학교에 의해서만 이루어지는 것은 아니고, 학교가 반드시 학습의 증진을 가져다 주는 것도 아니다.
> • '조작적 제도'에 대치되는 것으로 '상호친화적 제도'를 만들어야 한다.
> • 기존의 학교제도를 대신해 '학습을 위한 네트워크'를 만들어야 한다.

① 일리치(I. Illich)　　② 라이머(E. Reimer)
③ 프레이리(P. Freire)　　④ 슈타이너(R. Steiner)

090 신교육사회학 교육 : 해석적 패러다임(interpretive paradigm)

1) 개념

신교육사회학은 **학교의 내부 과정에서 이루어지는 미시적 수준을 분석**하고, 인간의 상호작용 행위에 대해 객관적이고 일정한 틀보다는 상황에 따른 **해석적 과정을 요구**한다.

구교육사회학과 신교육사회학 비교

	구교육사회학(전통적)	신교육사회학(해석적)
관점	거시적, 결정론적	미시적, 이해론적
연구관심	사회구조	일상적 생활세계, 구성원의 행위, 구성원이 행위에 부여하는 의미, 구성원들 사이의 상호작용
인간의 본질	수동성, 사회화의 산물, 자유의지와 주체성 결여	주체성, 능동성, 상징성, 자유의지 강조
사회과학의 목적	인간의 행위와 사회현상을 설명할 수 있는 과학적 법칙 탐구	사회적 행위의 해석적 이해를 통해서 행위자가 행위에 부여하는 의미 규명
연구방법	실증주의적 연구방법, 과학적 조사연구	해석적 이해, 관찰과 행위자와의 대화를 통한 질적 연구

2) 이론적 특징

① 거시적 수준에서 벗어나 미시적 수준의 학교 내부에 숨어 있는 사회적 역학관계를 밝히기 위한 것이다.
② 교과내용의 지식 구성과 교사와 학생의 상호작용 관계에 주목하고 있다.
③ 미시적 수준의 사회적 관계를 이해하기 위해, 연구 방법론을 주로 해석적 패러다임에 의존하였다.
④ 해석적 패러다임은 인간의 상호작용 속에 일어나는 해석과 의미 부여에 관심을 두고 있으며, 연역적 설명보다 귀납적 설명, 즉 일상생활의 세계를 구체적으로 이해할 수 있는 해석적 과정에 초점을 두고 있다.

3) 주요 이론적 관점

① 교육과정과 학교지식에 관한 것이다.
② 숨은 교육과정을 들 수 있다.
③ 교사와 학생의 상호작용을 들 수 있다.

Keyword

230 신교육사회학에 대한 설명으로 옳지 않은 것은? `21 국`

① 학교 교육과정 또는 교육내용에 주목한다.
② 불평등의 문제를 학교 교육 안에서 찾는다.
③ 학교에서 가르치는 지식의 사회적 성격을 탐구한다.
④ 구조 기능주의에 기반하여 교육의 사회적 기능을 탐구한다.

231 〈보기〉의 내용과 관계가 깊은 교육사회학 이론은? `13 지`

> • 학교교육의 내적 과정에 관심을 가진다.
> • 교육내용으로서의 지식, 학생·교사 간의 상호작용, 그리고 교육현상과 정치·사회적 현상과의 연관성 문제 등을 주로 탐구한다.
> • 미시적 관점에서 학교교육의 문제를 이해하려고 한다.

① 기능이론
② 갈등이론
③ 신교육사회학
④ 문화적 재생산론

232 신교육사회학(The new sociology of education)에 대한 설명으로 옳지 않은 것은? `18 국 7`

① 학교에서 가르치는 지식의 정치학적 성격에 주목한다.
② 교육과정 및 교사 - 학생 간 상호작용이 주요 연구주제이다.
③ 종전의 교육사회학이 사회구조적 문제를 도외시했던 점을 비판한다.
④ 교육내용의 성격과 그것이 전수되는 과정을 이해하고자 하였다.

091 교육평등

1) 교육기회의 허용적 평등

① 모든 사람에게 동등한 기회가 주어져야 한다.

② 신분, 성, 인종, 지역, 종교 등을 이유로 교육기회를 제한하는 일을 금지함으로써 개인이 원하고 능력이 미치는 데까지 교육을 받을 수 있도록 법이나 제도상으로 허용해야 한다.

2) 교육기회의 보장적 평등 : 무상교육

① 제도적 차별의 철폐로는 완전한 교육평등의 실현이 불가능.

② 교육평등을 실현하기 위해서는 취학을 가로막는 경제적, 지리적, 사회적 제반 장애를 제거해 주어야 한다.

③ 유럽은 보장적 평등정책을 추구하여 중등교육을 보편화하는 한편 무상교육을 실시하고 소외계층의 자녀들에게는 의복, 점심, 학용품 등을 지급

3) 교육과정(조건)의 평등

① 보장적 평등이 이루어졌다 해도 학교의 시설, 교사의 자질, 교육과정 등에 있어서 학교 간의 차이가 없어야 한다고 주장한다.

② 콜맨 : 교육기회의 평등은 단지 취학의 평등만이 아니라 평등하게 효과적인 학교에서의 취학을 의미한다.
   사회자본(social capital) : 가정환경이 지역사회 및 학교와의 사회적 관계를 통하여 학업성취에 영향을 미친다.

③ 한국의 고교평준화 정책이 개념적 수준에서는 과정의 평등에 해당한다. 하지만 엄밀히 말하자면 학교 시설, 교사의 질, 교육과정의 차이를 없애고 교육조건, 여건의 평등화를 꾀하는 것이 아니라 학생의 학교 간 균등 배정을 통한 평등화에 주력하기 때문에 온전한 과정적 평등화를 위한 정책으로 보기는 어렵다.

4) 교육결과의 평등

① 교육결과 즉 학업성취의 평등을 위한 적극적 조치를 취해야 한다는 입장이다.

② 배워야 하는 것을 배우는 데 목적이 있으므로 교육결과가 같지 않으면 결코 평등이 이루어진 것이 아니라고 본다.

③ 저소득층 아동들의 기초학습 능력을 길러주기 위해 보상교육을 제공한다.

④ "보상적 평등주의" : 미국의 Head Start Project, 영국의 교육우선지역(Educational Priority Area)사업, 한국의 농어촌학생특별전형제, 한국의 교육복지우선지원 사업 등

유형	정책	비고
보장적 평등(기회의 평등)	무상교육, 장학금	
보상적 평등(결과의 평등)	학습부진아 방과 후 보충지도, 학습클리닉	학생 간 격차 해소
	교육복지우선지원 사업	계층 간 격차 해소
	농어촌학생특별전형제	지역 간 격차 해소

Keyword

233 "학교의 시설, 교사의 자질, 교육과정 등의 측면에서 학교 간의 차이가 없어야 한다."라는 관점에 해당하는 것은? [19국]

① 교육기회의 허용적 평등

② 장학금 제도

③ 교육조건의 평등

④ 대학입학특별전형제도

234 교육 평등에 관한 관점 중 교육결과의 평등을 위한 정책에 해당하는 것은? [17국]

① 취학을 가로막는 경제적, 지리적, 사회적 제반 장애를 제거해 주는 취학 보장 대책

② 저소득층의 취학 전 어린이들을 위한 보상교육(compensatory education)

③ 한국의 고교평준화 정책

④ 초·중등교육의 의무무상화

235 '교육결과의 평등'을 위한 조치로 옳은 것은? [13국]

① 교육을 받을 수 있는 신분적, 법적 제약을 철폐한다.

② 교육을 위한 경제적, 지리적, 사회적 장애를 제거한다.

③ 모든 학생들이 평등한 조건에서 학습을 받을 수 있도록 교육조건을 정비한다.

④ 저소득층 아동들의 기초학습 능력을 길러주기 위해 보상교육을 제공한다.

236 다음과 관련된 평등관은? [07 경북]

> • 사람이 타고나는 능력은 모두 다르다.
> • 헌법 제31조 제1항과 교육기본법 제4조에 나타나 있다.
> • 누구나 원하면 자신의 능력에 따라 교육받을 수 있도록 해야 한다.

① 허용적 평등관

② 과정적 평등관

③ 결과적 평등관

④ 보장적 평등관

1) 개요

① 동등하게 학교에 다닌다고 해서 평등한 교육이 이루어지지는 않는다.

② 콜맨(Coleman)은 "교육기회의 평등은 단지 취학의 평등만이 아니라 평등하게 효과적인 학교에의 취학을 의미하는 것이다."라고 하였다.

③ 학교시설, 교육자료, 교육방법, 교육과정, 교사의 수준 등에 있어 차이가 없어야 한다는 것이다. 학교 간의 차이가 학업성취의 차이를 가져오고 학업성취 격차는 상위 학교 진급에도 영향을 미친다고 생각했다.

2) 콜맨 보고서(Equality of Education Opportunity, 1966)

① 콜맨(Coleman)이 교육평등의 학교 격차에 초점을 두고 분석한 콜맨 보고서는 미국의회와 행정부의 의지로 인종과 민족 집단들 간의 교육기회 불평등 정도와 원인을 규명하고 빈곤의 문제를 함께 해결해 보려는 노력에서 수행된 연구이다.

② 콜맨 보고서는 학업성취를 결정하는 제반 교육조건이 학교에 따라 어떻게 다르며, 이러한 조건의 차이가 실제로 학생들의 성적에 어떻게 반영되었는가를 알아보기 위해 인종 간, 민족 집단들 간의 계층의 차이를 대규모로 분석하였다.

③ **콜맨 연구의 목적**은 학업성취도가 낮은 근본적인 원인이 학교의 시설, 교수방법, 교사의 질 등 학교 교육조건이 열악하기 때문이라는 점에 착안하여 **교육의 조건과 학업성취의 관계를 밝히고자 하는 것**이다.

④ 또한 학교가 학생들에게 균등한 교육기회를 제공하는지의 여부를 확인하고자 하였다.

3) 시사점 : 사회적 자본

① 전국에 걸쳐 대규모로 시행된 자료를 분석한 연구결과는 학교의 교육조건들, 즉 학급 크기, 학교 시설, 다양한 교육과정 등의 차이는 학생들의 학업성취에 별다른 영향을 주지 못하며, 오히려 **학생들의 가정배경과 또래집단의 영향이 더 크다는 것**이었다.

② 즉, 가정배경으로 인해 발생한 학업성취 격차를 해결하는 데 학교는 이렇다 할 영향력을 미치지 못하며 나아가 가난이 대물림될 수 있다는 문제점을 야기시켰다.

4) 교육결과의 평등

① 교육조건과 학업성취 사이에 관련이 크지 않다는 연구결과와 함께 교육조건을 같게 하여도 교육결과의 평등이 보장되지 않는 것으로 나타나자 교육결과의 평등에 대해서 관심을 갖기 시작했다. 즉 학업성취의 결과가 같아야 한다는 것이다.

② 조건의 평등이 아니라 결과의 평등을 위해 교육조건이 달라져야 한다는 것이다.

Keyword

237 다음은 자녀의 학업성취 향상에 도움을 줄 수 있는 부모활동이다. 이 활동에 해당하는 자본의 명칭은? 21국

> • 부모가 이웃에 사는 친구 부모들과 자녀교육, 학습 보조방법, 학습 분위기 조성에 관하여 대화하였다.
> • 부모가 자신의 자녀가 다니는 학교의 학부모회에 참석하고 학생지도에 협력하였다.

① 재정자본(financial capital)　② 인간자본(human capital)

③ 문화자본(cultural capital)　④ 사회자본(social capital)

238 학업성취도에 관한 콜맨(Coleman)의 주장으로 옳은 것은? 14지

① 인간의 지능은 유전되므로 부모의 지능이 자녀의 학업성취도에 영향을 준다.

② 교사들의 학업성취에 대한 기대가 학생들의 학업성취도에 영향을 준다.

③ 학교의 학습풍토(학생·교사·교장 풍토)가 학업성취도에 영향을 준다.

④ 학생 가정의 문화적 환경이 학업성취도에 영향을 준다.

239 보상적(補償的) 교육평등관에 해당하는 내용을 〈보기〉에서 고른 것은? 17지

> ㉠ 성별이나 인종의 차별 없이 교육에 접근할 수 있는 기회를 부여한다.
> ㉡ 교육복지 우선지원사업으로 사회적 취약계층의 교육결과를 제고한다.
> ㉢ 대학 입시에서 농어촌지역 학생들을 배려하기 위한 특별전형을 실시한다.
> ㉣ 학교의 시설 및 여건, 교사의 전문성, 교육과정에서 학교 간 차이를 줄인다.

① ㉠, ㉡　　② ㉠, ㉣　　③ ㉡, ㉢　　④ ㉡, ㉣

093 롤스의 정의론(a theory of justice), 다문화 교육 : 뱅크스(J. Banks)

1) 롤스의 정의론(a theory of justice) 정의 원칙

(1) 제1원칙인 '평등의 원칙'

① 인간의 기본적 권리로서 어떤 정치사회적 조건에 의해 차등되지 않고 모든 사람에게 동등한 대우를 해야 한다는 것이다.

② 개인의 자유는 사회 전체의 목적과 이익을 위해 침해할 수 없는 불가침의 권리이기 때문이다.

(2) 제2원칙인 '차등의 원칙'

① 모든 사람의 이익을 증대시키기 위해 불가피하게 나타나는 불평등을 정당한 것으로 간주하고 있다. 그러나 롤스는 특정 개인의 이익을 극대화하기 위한 능력주의는 부정의하고 불평등한 것으로 보고, '최소 수혜자에게 최대 이익'인 사회적 선을 실현하는 것이 정의로운 사회라고 역설한다.

② 롤스는 정의를 구현하기 위한 과정으로 '공정한 기회균등의 원리'를 강조한다. 능력주의는 외관상 공정하게 보이지만, 사실 사회의 출발선상에서 보이지 않는 계급적 혜택에 의해 좌우된다. 그는 이런 문제를 보완하기 위해 '사회적 우연성', 즉 계급적 배경의 혜택을 배제하고, 누구나 동일한 교육적 출발선상에 놓이게 할 것을 주장한다.

③ 그의 교육관은 '차등의 원칙'을 고려하여, 모든 사람의 최대 이익을 구현하는 사회적·집단적 공동선을 실현하는 자유를 통해서 모두가 행복할 수 있는 사회적 평등의 최대화에 있다. 롤스는 개인의 자유 가치를 존중하면서 사회의 평등 원리를 지향하고 있지만, 궁극적으로 평등 원리에 비중을 더 두고 있다.

2) 뱅크스(J. Banks)의 다문화교육(multicultural education)

(1) 정의 : 다문화교육은 교육철학이자 교육개혁 운동으로 교육기관의 구조를 바꾸어 학생들에게 평등한 교육 기회를 제공하는 것이 중요한 목표다.

(2) 다문화교육의 목적 : 개인들로 하여금 다른 문화의 관점을 통해 자신의 문화를 바라보게 함으로써 자기 이해를 증진시키는 것이다. 다문화 교육은 이해와 지식을 통해 존경이 나올 수 있다고 가정한다.

(3) 다문화교육(multicultural education)의 다섯 가지 차원

① 내용 통합
② 지식 구성 과정
③ 편견 감소
④ 평등한 교수법
⑤ 기회를 제공하는 학교 문화와 사회 구조

240 다음 설명에 해당하는 롤스(Rawls)의 교육평등 원리는? 20 지

> • 모든 이익이 평등하게 분배되도록 요구하지는 않지만 평등한 분배로부터의 일탈은 결과적으로 모든 사람에게 이득이 될 경우에만 인정되어야 함을 요구한다.
> • 사회적으로 가장 불리한 입장에 있는 사람의 필요에 특히 신경 쓸 것을 요구한다.
> • 모든 사람이 평등하게 살아야 한다는 것이 아니라 어떤 사람이 다른 사람의 희생으로 잘 살게 되는 것을 금지하는 것이다.

① 공정한 경쟁의 원리
② 최대이익의 원리
③ 차등의 원리
④ 인간존중의 원리

241 뱅크스(J. A. Banks)가 제시한 다문화교육의 목적이 아닌 것은? 14국

① 특정 인종이나 민족 또는 소외받은 자만을 대상으로 교육하는 것이다.
② 학생들에게 다른 문화의 관점을 통해 자신의 문화를 바라보게 함으로써 자기 이해를 증진시키는 것이다.
③ 학생들에게 문화적, 민족적, 언어적 대안과 선택을 가르치는 것이다.
④ 학생들이 전 지구적이며 테크놀로지화된 세계에서 살아가는 데 필요한 읽기, 쓰기, 수리적 능력을 습득하도록 돕는 것이다.

XI 평생교육

11		기본		22	21	20	19	18	17	16	15	14	13	12	11	10
94	평생교육	법			○	*		*	*	○*	○					
95 심화		개념	형식, 비형식	○		○							○			○
			놀스, 데이브									*			○	
96		유네스코	렝그랑 | 평생교육 입문		○		○									
			들로어 | 4가지 학습							○						
97		OECD	순환교육		*		*									
98		평생교육제도	평생교육사		○			○								
			학점은행제	○					*			○	○			
99			독학학위제	*			○	○	*	○		○				
			학습계좌제	*	○			○	*							
100			시간제 등록제									○				
			문하생 학점학력						*			○				
			평생학습도시		*											

○ : 국가직   * : 지방직

1) 제2조[정의] 이 법에서 사용하는 용어의 정의는 다음과 같다. <개정 2014. 1. 28.>

① "평생교육"이란 학교의 정규교육과정을 제외한 학력보완교육, 성인 문자해득교육, 직업능력 향상교육, 인문교양교육, 문화예술교육, 시민참여교육 등을 포함하는 모든 형태의 조직적인 교육활동을 말한다.

② "평생교육기관"이란 다음 각 목의 어느 하나에 해당하는 시설·법인 또는 단체를 말한다.
  가. 이 법에 따라 인가·등록·신고된 시설·법인 또는 단체
  나. 「학원의 설립·운영 및 과외교습에 관한 법률」에 따른 학원 중 학교교과교습학원을 제외한 평생직업교육을 실시하는 학원
  다. 그 밖에 다른 법령에 따라 평생교육을 주된 목적으로 하는 시설·법인 또는 단체

③ "문자해득교육"(이하 "문해교육"이라 한다)이란 일상생활을 영위하는 데 필요한 문자해득(文字解得)능력을 포함한 사회적·문화적으로 요청되는 기초생활능력 등을 갖출 수 있도록 하는 조직화된 교육프로그램을 말한다.

2) 제8조[학습휴가 및 학습비 지원]

국가·지방자치단체와 공공기관의 장 또는 각종 사업의 경영자는 소속 직원의 평생학습기회를 확대하기 위하여 유급 또는 무급의 학습휴가를 실시하거나 도서비·교육비·연구비 등 학습비를 지원할 수 있다.

3) 제29조[학교의 평생교육]

① 「초·중등교육법」 및 「고등교육법」에 따른 각급 학교의 장은 평생교육을 실시함에 있어서 **평생교육의 이념에 따라 교육과정과 방법을 수요자 관점으로 개발·시행하도록** 하며, 학교를 중심으로 공동체 및 지역문화 개발에 노력하여야 한다.

② 각급 학교의 장은 해당 학교의 교육여건을 고려하여 학생·학부모와 지역 주민의 요구에 부합하는 평생교육을 직접 실시하거나 지방자치단체 또는 민간에 위탁하여 실시할 수 있다. 다만, **영리를 목적으로 하는 법인 및 단체는 제외한다.**

③ 제2항에 따른 학교의 평생교육을 실시하기 위하여 각급 학교의 교실·도서관·체육관, 그 밖의 시설을 활용하여야 한다.

④ 제2항 및 제3항에 따라 학교의 장이 학교를 개방할 경우 개방시간 동안의 해당 시설의 관리·운영에 필요한 사항은 해당 지방자치단체의 조례로 정한다.

Keyword

242 다음은 평생교육법 조항의 일부이다. 괄호 안에 공통으로 들어가는 말은? 15국

> 제2조(정의) 이 법에서 사용하는 용어의 정의는 다음과 같다.
>   1. "평생교육"이란 학교의 정규교육과정을 제외한 학력 보완교육, 성인( )교육, 직업능력 향상교육, 인문교양교육, 문화예술교육, 시민참여교육 등을 포함하는 모든 형태의 조직적인 교육활동을 말한다.
> 제39조 … ① 국가 및 지방자치단체는 성인의 사회생활에 필요한 ( )능력 등 기초능력을 높이기 위하여 노력하여야 한다.

① 취업
② 문자해득
③ 의사소통
④ 정보통신

243 초·중등교육법에 따른 각급 학교의 장이 평생교육법에 의거하여 학교의 평생교육을 실시하고자 할 때, 그 방법으로 옳지 않은 것은? 16국

① 평생교육을 직접 실시하거나 영리를 목적으로 하는 법인 및 단체에 위탁하여 실시할 수 있다.
② 학교의 평생교육을 실시하기 위하여 각급 학교의 교실, 도서관, 체육관, 그 밖의 시설을 활용하여야 한다.
③ 평생교육을 실시함에 있어서 평생교육의 이념에 따라 교육과정과 방법을 수요자 관점으로 개발·시행하도록 한다.
④ 학교를 개방할 경우 개방시간 동안의 해당 시설의 관리·운영에 필요한 사항은 해당 지방자치단체의 조례로 정한다.

1) 학교교육과 평생교육 비교

구 분	학교교육	평생교육
교육대상	일정한 연령과 교육 및 경험	다양한 연령과 교육 및 경험
교육장소	학교 내, 일정한 장소	다양한 장소
참여동기	강제적	자발적
교육내용	전통, 문화유산 전달, 학문·지식 전달	현실지향적, 구체적, 실생활적
교육형식	체계적, 단계적, 형식적	통합적, 유기적, 생성적, 비형식적
교육시기	제한적, 의무교육	때와 상황에 따라
교육주체	교수자	학습자

2) 교육의 여러 형식

(1) 형식교육(formal education) : 학교

특정한 교육기관이 마련되어 있고 일정한 교육목적을 향하여 규율과 순서에 따라 계획적이고, 계속적인 교육 작용이 이루어지는 것으로 표준화된 교육과정을 제공하고 초등교육부터 고등교육까지 위계적인 제도를 유지하고 있는 제도권교육을 뜻한다.

(2) 무형식교육(informal education) : 가정, 인터넷

학교나 사회처럼 의도적이 아닌, 자연발생적이고 우발적으로 이루어지는 교육

(3) 비형식교육(nonformal education) : 방송통신 교육, 사회문화원

	형식교육	무형식교육	비형식교육
내용	전통, 문화, 지식, 학문	학습자의 필요에 따라 정보 수집	개인화된 내용 및 학습자가 입학조건 결정
전달방식	체계적, 계획적	자연발생적, 우발적	자원의 절약 및 유연한 체제
시간	일정시간내 이수	평생	단기간 및 시간제 학생
대표기관	학교	가정, 사회, 인터넷	방송통신 교육, 문화원
특징	선발과정, 상급학교 진학 폐쇄적, 경쟁적	개방적, 학습자 중심, 비경쟁적	형식과 무형식 중간형태 학습자 중심

244 형식학습과 비교한 비형식 학습에 대한 설명으로 옳지 않은 것은? 20국

① 시간 - 단기간 및 시간제 학생
② 목적 - 일반적인 목적 및 학위수여
③ 내용 - 개인화된 내용 및 학습자가 입학조건 결정
④ 전달방식 - 자원의 절약 및 유연한 체제

245 평생교육체제의 특징에 대한 설명으로 옳지 않은 것은? 13국

① 인간의 통합적이고 유기적인 발달을 고려하여 여러 교육 간의 연계와 결합을 추구한다.
② 때와 상황에 따라 사회 전 영역에서 교육의 기회가 제공될 수 있어야 한다고 본다.
③ 지식, 인격, 이성이 변증법적으로 생성될 수 있다는 관점을 가지고 있다.
④ 교육은 문화 유산의 전달 수단이 되고, 인재선별의 기능을 한다.

1) 유네스코(UNESCO)의 영향

① 유네스코의 설립 목적은 인류평화문화 조성, 빈곤 추방, 교육·과학·문화의 소통과 정보제공을 통하여 지속가능한 발전과 다양한 문화 간 소통에 있으므로 교육영역, 특히 평생교육영역에서도 이 같은 기조하에 평생교육의 지향점을 제시하고 사업을 추진해 왔다.

② 유네스코 평생교육의 지향은 유네스코의 성인교육에 관여한 학자들의 주요 보고서를 통해 형성되어 왔다.

2) 렝그랑(P. Lengrand) : 『평생교육에 대한 입문 (Introduction to Lifelong Education, 1970)』

① 유네스코의 평생교육 지향에서 가장 중요한 인물 중 한 사람은 렝그랑이다.

② **평생교육에 대한 입문은 평생교육의 개념 정립보다는 평생교육의 대두 배경을 제시함.**

③ 인간의 전 생애에 걸친 교육기회 제공, 인간의 발달단계에 적합한 교육기회 제공, **인간의 전 생애에 걸친 학습지원을 위한 제도적 장치 마련**, 공교육기관의 평생교육기관으로서의 기능 강화를 통해 개인의 사회 참여 등이다.

④ 평생학습을 통해 개인이 가진 다양한 소질을 계속적으로 발전시키는 교육

⑤ 국제교육의 해와 개발연대를 맞추어서 전 세계적으로 보급·확산에 기여

3) 포르(Edgar Faure) : 『존재를 위한 학습(Learning to Be, 1972)』

① 포르는 1972년 『존재를 위한 학습』 보고서를 발간

② 모든 국가는 평생교육을 모든 교육정책의 기본 개념으로 삼아야 한다고 전제하고, 이를 위한 교육개혁 방안을 제시하였다.

③ 이 보고서는 그 당시까지 계속교육에 치우쳤던 평생교육의 개념을 가정, 학교, 지역사회에서의 교육을 통합하는 개념으로 확대했고, 유네스코교육연구소는 평생교육을 학교제도, 학교교육 과정, 교사양성 문제까지 연결하였다.

4) 들로어(J. Delors) : 『학습 : 그 안에 담긴 보물(Learning: The Treasure Within, 1996)』

① 유네스코 1996년에 보물을 담은 학습이라는 보고서를 발간 : 위원장 들로어

② 4가지 학습 : ㉠ 알기 위한 학습(learning to know), ㉡ 일하기 위한 학습(learning to do), ㉢ 함께 살기 위한 학습(learning to live together), ㉣ 존재하기 위한 학습(learning to be)

③ 교육은 인간의 기본적 권리이며, 평등과 발전과 평화를 성취하는 핵심적 수단이므로 교육으로부터 소외된 집단과 계층에게 동등한 교육기회를 제공하는 것이 중요하다고 주장하였다.

Keyword

246 다음 설명에 해당하는 평생교육 문헌은? 20국

> • 국제교육의 해와 개발연대를 맞추어서 전 세계적으로 보급되었다.
> • 평생교육 개념 확산에 크게 기여하였다.
> • 평생교육의 개념 정립보다는 평생교육의 대두 배경을 제시한 입문서로 볼 수 있다.

① 렝그랑(Lengrand)의 평생교육에 대한 입문
② 포르(Faure)의 존재를 위한 학습
③ 다베(Dave)의 평생교육과 학교 교육과정
④ OECD의 순환교육 보고서

247 다음은 유네스코의 21세기 국제교육위원회에서 제시한 21세기를 준비하는 4가지 학습이다. 이 내용을 담고 있는 보고서는? 16국

> • 알기 위한 학습(learning to know)
> • 행하기 위한 학습(learning to do)
> • 존재하기 위한 학습(learning to be)
> • 함께 살기 위한 학습(learning to live together)

① 만인을 위한 평생학습(Lifelong Learning for All)
② 학습 : 감추어진 보물(Learning : The Treasure Within)
③ 지구 지식경제에서의 평생학습(Lifelong Learning in the Global Knowledge Economy)
④ 순환교육 : 평생학습을 위한 전략(Recurrent Education : A Strategy for Lifelong Learning)

1) 순환교육 : OECD

① 전통적인 관점에서 순환교육은 일을 하다가 필요에 의하여 평생교육에 참여하게 되는 현상에 초점을 두었다.

② OECD에서 1973년 『순환교육 : 평생학습의전략(Recurrent education: A strategy for lifelong learning)』을 출간하면서 개념적 논의와 실천 방법에 대한 담론이 확장되었다.

③ 1970년대의 순환교육은 교육의 양적 팽창과 이에 대한 비판적 목소리가 공존하던 시기에 평생교육의 또 다른 표현이었다.

④ 교육은 개인의 전 생애 동안 순환적인 방법으로 배분되며 사적 영역에서 이루어지고 있는 직무교육을 포함한다.

⑤ 교육과 일, 자발적 비고용 기간, 은퇴가 서로 교차할 수 있다.

⑥ 학습휴가제와 같이 혁신적인 방안을 함께 제시하면서 순환교육은 고등교육과 직업교육 그리고 평생교육을 연결하는 개념으로서 각광을 받았다.

⑦ 모든 형태의 학습이나 교육이 모든 연령 계층에게 필요하고 그로 인하여 **수시로 일과 학습이 번갈아가며 이루어지는 현상을 설명하는 개념**으로 활용될 수 있다.

2) 전환교육 : 메지로우(Mezirow, J.)

① 전환학습은 메지로우가 주창한 개념으로 지식을 습득, 축적하는 전통적 학습과는 달리 개인이 가진 많은 기본적인 가치와 가정들이 학습을 통해 변화하는 하나의 과정을 의미한다.

② **전환학습을 통해 전환되는 것은 관점이다.**

③ 메지로우는 전환학습의 과정을 비판적 성찰, 비판적 성찰에 의해 획득된 통찰력을 확인하기 위한 담론, 행동의 단계로 구분하고 있다.

④ 전환학습의 과정에서 필수적인 비판적 성찰은 자신의 경험의 원인이나 의미에 대해 의문을 갖는 데서 출발하여 개인의 경험을 이해하기 위한 주요 신념과 가정들을 검증해 가는 것이다.

⑤ 담론은 편견이나 오류, 개인적 관심사를 배제하고 개방적이고 객관적인 태도로 특정한 주장에 대한 논쟁과 증거를 검토하는 과정이다.

⑥ 마지막으로 전환학습에서 습득한 결과를 행동으로 옮기는 것이다.

248 경제협력개발기구(OECD)가 제안한 순환교육에 대한 설명으로 옳지 않은 것은? 19 지

① 의무교육과 같은 정규교육 영역을 중심으로 제안한 전략이다.

② 사적 영역에서 이루어지고 있는 직무교육을 포함한다.

③ 교육은 개인의 전 생애 동안 순환적인 방법으로 배분될 수 있다고 가정한다.

④ 교육과 일, 자발적 비고용 기간, 은퇴가 서로 교차할 수 있다는 것을 기본 원리로 삼는다.

249 다음 설명에 해당하는 성인학습 유형은? 17 국 7

> • 개인이 주변 현실을 지각하고, 이해하고, 느끼는 방식에 대한 극적이고 근본적인 변화에 관한 학습이다.
> • 기존에 겪은 경험의 의미를 재해석하고 새로운 의미를 만들어가는 비판적 성찰을 필수적인 과정으로 본다.
> • 주장에 대한 논쟁과 증거를 검토하는 담론 과정과 학습에서 습득한 결과를 행동으로 옮기는 과정을 중시한다.

① 자기주도학습(Self-directed learning)

② 상황학습(Situated learning)

③ 우연학습(Incidental learning)

④ 전환학습(Transformative learning)

1) 평생교육사

① 평생교육사 제도는 교우를 담당하는 전문인력에 관한 제도이다.

② 평생교육 이익 실현을 위해 실무능력과 전문성을 가진 평생교육 담당자를 양성·연수·배치함으로써 양질의 평생교육을 실시하기 위한 제도이다.

③ 현행 「평생교육법」 제24조 4항에는 평생교육사는 "평생교육에 대한 기획, 진행, 분석, 평가 및 교수업무를 수행한다."라고 평생교육사의 주요 업무를 규정하고 있다.

④ 평생교육사의 등급은 1급부터 3급까지로 구분한다.

⑤ 「학점인정 등에 관한 법률」에 따라 평가인정을 받은 학습과정을 운영하는 교육훈련기관에서도 평생교육사 자격 취득에 필요한 학점을 이수할 수 있다.

2) 학점은행제

① 학점은행제는 1995년 5월 대통령 직속 교육개혁위원회에서 제안한 제도

② "학교에서 뿐만 아니라 학교 밖에서 이루어지는 다양한 형태의 학습 및 자격을 대학 학점으로 인정받을 수 있도록 하고, 이 학점이 누적되어 일정 기준을 충족시키면 대학 학위 취득을 가능하게 함으로써 궁극적으로 열린교육사회와 평생학습사회를 구현하기 위한 제도이다"(교육부, 2000),

③ 학점은행제로 취득한 학점은 일정 조건을 갖추게 되면, 독학학위제의 시험 응시자격에 활용될 수 있다.

④ 학점은행제를 실제로 운영하기 위하여 1997년 1월 13일 「학점인정 등에 관한 법률」이 제정되어 1997년 3월 1일자로 시행되었다.

⑤ 전문학사 80학점, 학사 140학점, 기술사 45학점, 기능장 39학점 이상

3) 평생학습계좌제

① 성인학습자가 자신의 학습과 자격에 관한 것을 공적으로 누적·기록함으로써 자신의 평생에 걸친 계발과 상급학교 진학, 취업 등에 활용할 수 있도록 지원하기 위한 목적의 제도이다.

② 평생교육을 촉진하고 인적자원의 개발·관리를 위하여 국민의 개인적 학습경험을 종합적으로 집중 관리하는 제도

③ 평생학습계좌제는 1995년 5.31 교육개혁안에서 '교육구좌제(educational account)'라는 이름으로 제안된 후 제도화가 충분히 이루어지지 못하고 있는 제도이다.

④ 평생학습계좌제는 2006년 처음 시범사업형태로 추진되었는데, 교육인적자원부는 57개 평생학습도시를 대상으로 '평생학습결과 표준화 시범운영사업'이라는 명칭으로 7개 평생학습도시에 각 3,000만 원의 예산을 지원하여 시범사업을 추진하였다.

Keyword

250 다음 (가), (나)의 내용에 해당하는 평생교육제도를 바르게 짝지은 것은? 16 지

> (가) 개인의 다양한 학습경험을 공식적인 이력부에 종합적으로 누적·관리하고 그 결과를 학력이나 자격 인정과 연계하거나 고용정보로 활용하는 제도이다.
>
> (나) 학교에서뿐만 아니라 학교 밖에서 이루어지는 다양한 형태의 학습경험 및 자격을 학점으로 인정하고, 학점이 누적되어 일정 기준을 충족하면 학위취득을 가능하게 하는 제도이다.

	(가)	(나)
①	평생학습 계좌제	학점은행제
②	평생학습 계좌제	독학학위제
③	문하생 학력인정제	학점은행제
④	문하생 학력인정제	독학학위제

251 다음 설명에 해당하는 평생교육제도는? 16 국

> 학교 안팎에서 이루어지는 다양한 형태의 학습경험과 자격을 학점으로 인정하여, 일정 기준을 충족하면 대학졸업학력 또는 전문대학졸업학력을 인정하는 제도

① 독학학위제　　　　　② 학점은행제
③ 평생학습계좌제　　　④ 국가직무능력표준제

252 평생교육을 촉진하고 인적자원의 개발·관리를 위하여 국민의 개인적 학습경험을 종합적으로 집중 관리하는 제도는? 18 국 7

① 입학사정관제　　　　② 학습계좌제
③ 편입학제도　　　　　④ 조기이수제

4] 독학학위제

① 독학학위제는 사회적, 경제적, 신체적으로 어려운 환경의 사람들이 대학에 다니지 않고도 대학 학위를 취득할 수 있도록 하는 제도

② 학생들의 자기주도학습과 학습결과에 대한 시험으로 학습결과를 인정해 주는 제도이다.

③ 현재까지 통상적으로 학습인정은 형식교육기관에 등록하고 해당 과정을 이수해야만 학습한 것으로 인정해 왔는데, 독학학위제는 학습자의 자기주도적, 독립적, 자율적 학습결과를 인정해 준다는 점에서 교육복지실현에 기여하고 있는 제도이다.

④ 독학학위제는 1990년 제정된 「독학에 의한 학위취득에 관한 법률」에 기반을 두고 시행된 제도로 학습자가 스스로 학습한 정도가 일정 수준에 도달하였는가에 대한 평가를 통해 국가가 학위를 수여하는 제도이다.

⑤ 독학학위제는 1989년에 발족한 교육정책자문회의에서 일반 국민의 고등교육에 대한 수요를 충족하기 위하여 무한정 대학을 설립할 수 없으므로 이에 대한 대안으로 독학학위제를 도입하였다.

⑥ 독학학위제는 1990년 중앙교육평가원을 통해 처음 관리되었으며 이후 한국방송통신대학교로 이관되었다. 2008년 「평생교육법」 개정으로 **평생교육진흥원으로 이관되었다.**

⑦ **독학학위제는 4단계 시험으로 구성되어 있다.** 1단계는 교양과정인정시험으로 이 시험에 합격한 사람은 대학의 교양과정을 이수한 것과 같은 인정을 받게 된다. 2단계와 3단계는 각각 전공기초과정인정시험과 전공심화과정 인정시험으로 전공영역에 대한 시험으로 구성되고, **4단계는 학위취득종합시험으로** 학위취득자가 갖추어야 할 소양과 전문지식을 평가하는 시험이다. 이 모든 단계의 시험에 합격하면 학사학위를 취득한다(교육과학기술부, 2008).

⑧ 「독학에 의한 학위취득에 관한 법률 시행령」 제9조에 따라 국가기술자격취득자, 국가시험 합격 및 자격·면허 취득자, 일정한 학력을 수료하였거나 학점을 인정받은 사람은 1~3과정별 인정시험 또는 시험과목을 면제받을 수 있다.

1. 교양과정 인정시험	→	2. 전공기초과정 인정시험	→	3. 전공심화과정 인정시험	→	4. 학위취득 종합시험

5] 선행학습인정제(Recognition for Prior Learning: RPL)

성인학습자들이 학교(대학)에 입학함에 있어서 과거에 이수한 교육과, 직장생활에서 취득한 능력, 보유하고 있는 자격 등을 평가·인정하여 향후 참여하게 되는 교육과 관련된 교과목 이수 부분을 인정함으로써 평가가 인정된 교과목의 수강면제, 교과목의 학점을 인정하는 제도

Keyword

253 독학학위제에 대한 설명으로 옳은 것만을 모두 고른 것은? 18국

> ㄱ. 교양과정, 전공기초과정, 전공심화과정 등의 3개 인정시험을 통과하면, 학사학위를 수여하는 제도이다.
>
> ㄴ. 학점은행제로 취득한 학점은 일정 조건을 갖추게 되면, 독학학위제의 시험 응시자격에 활용될 수 있다.
>
> ㄷ. 특성화고등학교를 졸업한 사람은 독학학위제에 응시할 수 없다.
>
> ㄹ. 교육부장관은 독학학위제의 시험 실시 권한을 평생교육진흥원장에게 위탁하고 있다.

① ㄱ, ㄷ   ② ㄱ, ㄹ
③ ㄴ, ㄷ   ④ ㄴ, ㄹ

254 우리나라의 독학자 학위취득시험 단계에서 □에 들어갈 것은? 15국

교양과정 인정시험	→	전공기초 과정 인정시험	→	전공심화 과정 인정시험	→	

① 심층면접   ② 학위취득 종합시험
③ 실무능력 인정시험   ④ 독학능력 인정시험

6) 평생학습도시 : 1999년 경기도 광명시 최초

① 평생학습도시는 1968년 허친스(R. M. Hutchins)의 학습사회론을 이후 주목
② 학습공동체 건설을 도모하는 총체적 도시 재구조화 운동이며 학습공동체를 형성하려는 지역시민에 의한, 시민을 위한 시민의 지역사회교육운동
③ OECD의 한 보고서는 지식기반 경제시대를 맞아 도시 및 지역에서의 학습, 생산성, 혁신경제 등을 증진시키는 데에 이것의 운영이 매우 긍정적인 작용을 한 것으로 평가한다.
④ 산업 혁신형, 학습 파트너형, 지역사회 재생형, 이웃 공동체 형성형 등으로 구분할 수 있다.
⑤ 국가는 지역사회의 평생교육 활성화를 위하여 시·군 및 자치구를 대상으로 평생학습도시를 지정 및 지원할 수 있다.
⑥ 평생학습도시의 지정 및 지원에 필요한 사항은 교육부장관이 정한다.
⑦ 평생학습도시 간의 연계·협력 및 정보교류의 증진을 위하여 전국평생학습도시협의회를 둘 수 있다.
⑧ 전국평생학습도시협의회의 구성 및 운영에 필요한 사항은 대통령령으로 정한다.

7) 산업대학(産業大學, industrial university)

① 일정한 학교교육을 마쳤거나 중단한 근로 청소년·직장인·시민들에게 재교육 및 평생교육의 기회를 주어서 대학과정을 이수하게 하는 학교
② 1981년에 개방대학이란 이름으로 도입되었으나 1996년 산업대학으로 명칭이 바뀌었다. 공개대학이라고도 한다.

8) 시간제등록제

① 고등교육법에 본 대학에서 학부생들에게 개설하는 학습과목을 우리대학 학칙에 의하여 해당 학습과목의 수강이 필요한 성인학습자에게도 개방하는 제도
② 고등학교 졸업자 또는 이와 동등 이상의 학력이 있다고 인정된 자

9) 문하생 학점·학력 인정제

① 무형문화재 보전 및 진흥에 관한 법률 (약칭: 무형문화재법) 제1조(목적) 이 법은 무형문화재의 보전과 진흥을 통하여 전통문화를 창조적으로 계승하고, 이를 활용할 수 있도록 함으로써 국민의 문화적 향상을 도모하고 인류문화의 발전에 이바지하는 것을 목적으로 한다.
② 「무형문화재 보전 및 진흥에 관한 법률」에 따라 인정된 국가무형문화재의 보유자와 그 전수교육을 받은 사람
③ 「무형문화재 보전 및 진흥에 관한 법률」 제17조에 따라 국가무형문화재의 보유자로 인정된 사람과 그 전수교육을 받은 사람으로서 대통령령으로 정하는 사람

Keyword

255 평생학습도시에 대한 설명으로 옳은 것은? 11국
① 평생학습도시의 효시는 1968년에 애들러(M. Adler)가 학습사회론을 제창하면서부터이다.
② 1979년에 평생학습도시를 최초로 선언한 도시는 영국의 뉴캐슬이다.
③ 평생학습도시의 유형 중 '산업혁신형'은 지방자치단체의 종합적이고 광범위한 재생 전략을 기본 특징으로 하는 도시이다.
④ 우리나라의 경우 1999년에 경기도 광명시가 최초로 평생학습도시를 선언한 후 국가 단위의 학습도시사업이 전개되고 있다.

256 우리나라 평생교육제도에 대한 설명으로 옳지 않은 것은? 17국
① 국가무형문화재의 보유자로 인정된 사람과 그 전수교육을 받은 사람으로서 대통령령으로 정하는 사람은 그에 상당하는 학점을 인정받을 수 있다.
② 헌법은 "국가가 평생교육을 진흥하여야 한다."라고 규정하고 있다.
③ 평생교육사는 평생교육의 기획·진행·분석·평가 및 교수업무를 수행한다.
④ 대표적인 평생교육제도인 독학학위제, 학점은행제, 평생학습계좌제, 내일배움카드제는 국가평생교육진흥원에서 운영하고 있다.

257 평생교육 제도에 대한 설명으로 옳은 것은? 14국
① 학점은행제는 다양한 학습 경험을 학점으로 인정하나 학위취득은 불가능한 제도이다.
② 학습계좌제는 학습자에게 교육비를 무상으로 지원해주기 위한 제도이다.
③ 시간제 등록제는 대학의 입학 자격이 있는 사람이 시간제로 등록하여 수업을 받을 수 있게 하는 제도이다.
④ 산업대학은 원격교육을 통해 정식 학위를 수여하는 제도이다.

번호	정답	번호	정답	번호	정답	번호	정답	번호	정답	번호	정답	번호	정답	번호	정답	번호	정답
001	④	031	②	061	②	091	②	121	④	151	③	181	①	211	①	241	①
002	③	032	①	062	②	092	③	122	①	152	③	182	④	212	④	242	②
003	②	033	②	063	②	093	②	123	③	153	③	183	②	213	④	243	①
004	①	034	③	064	③	094	④	124	①	154	①	184	③	214	②	244	②
005	③	035	③	065	①	095	②	125	④	155	③	185	③	215	②	245	④
006	②	036	②	066	③	096	①	126	③	156	②	186	②	216	③	246	①
007	③	037	②	067	④	097	④	127	①	157	③	187	④	217	①	247	②
008	③	038	②	068	④	098	②	128	①	158	①	188	①	218	②	248	①
009	③	039	④	069	①	099	①	129	①	159	②	189	①	219	②	249	④
010	④	040	②	070	①	100	①	130	④	160	③	190	④	220	②	250	①
011	②	041	①	071	③	101	③	131	④	161	④	191	①	221	①	251	②
012	③	042	③	072	④	102	③	132	④	162	④	192	①	222	③	252	②
013	④	043	①	073	③	103	①	133	④	163	④	193	①	223	④	253	④
014	①	044	④	074	②	104	①	134	④	164	①	194	①	224	②	254	②
015	④	045	④	075	⑤	105	①	135	③	165	②	195	①	225	④	255	④
016	①	046	①	076	①	106	②	136	②	166	②	196	③	226	④	256	④
017	①	047	④	077	①	107	④	137	③	167	④	197	②	227	④	257	③
018	②	048	③	078	①	108	①	138	④	168	④	198	①	228	②		
019	④	049	③	079	④	109	①	139	②	169	②	199	③	229	①		
020	②	050	①	080	①	110	③	140	①	170	②	200	③	230	④		
021	①	051	④	081	④	111	②	141	②	171	②	201	③	231	③		
022	①	052	④	082	④	112	③	142	①	172	②	202	④	232	③		
023	①	053	④	083	③	113	②	143	②	173	③	203	③	233	③		
024	④	054	④	084	③	114	④	144	②	174	③	204	③	234	②		
025	①	055	①	085	②	115	③	145	④	175	④	205	②	235	④		
026	③	056	①	086	②	116	③	146	③	176	①	206	④	236	①		
027	①	057	③	087	③	117	①	147	③	177	③	207	③	237	④		
028	④	058	③	088	②	118	②	148	③	178	①	208	④	238	④		
029	③	059	④	089	④	119	①	149	②	179	①	209	②	239	③		
030	④	060	③	090	①	120	①	150	④	180	②	210	①	240	③		

001
정답 ④

경험 중심 교육과정은 '학생이 교육의 중심적 존재가 되어야 한다'는 입장에서 교육과정의 중심이 되는 내용을 학생이 행해야 할 경험으로 구성한다. 학생의 관심과 흥미를 중시하며 반성적 사고를 통한 문제해결과 프로젝트 학습, 협동학습을 강조한다.

002
정답 ③

학문 중심 교육과정은 지식의 구조화, 발견학습, 학습의 계열화 및 나선형 교육과정(계속성, 계열성)을 중시한다. 또한 핵심 아이디어 또는 기본 원리 및 개념을 중시한다.

003
정답 ②

인간 중심 교육과정에서 교육의 궁극적인 목표는 인간적 성장, 인격적 통합, 자율성 등의 이상을 추구하는 것이다. 따라서 지적 능력의 성취보다는 정의적 특성의 발달을 강조한다.

004
정답 ①

잠재적 교육과정이란 공식적 교육과정에서 의도하지 않았으나 학생들이 은연중에 배우게 되는 경험된 교육과정으로, 잭슨(P. Jackson)이 제시한 개념이다.

005
정답 ③

영 교육과정(Null Curriculum)은 아이즈너(E. W. Eisner)가 제시한 개념으로 교육적 가치가 있음에도 불구하고 공식적 교육과정에서 배제된 교육과정이다. 그리고 영 교육과정은 학교에서 공개적으로 가르치지 않거나 소홀히 다루어지는 교과지식, 사회양식, 가치, 태도, 행동양식 등을 일컫는다.

006
정답 ②

타일러(Tyler)가 제시한 학습경험 조직 원리는 계속성, 계열성, 통합성, 범위성, 균형성 그리고 연계성이 있다.

007
정답 ③

계속성(continuity)이란 교육내용이나 경험을 수직적으로 조직하고 요소를 지속적으로 반복하는 것으로, 학년 간 교육내용의 반복성을 강조한다.

008
정답 ③

계열성(sequence)이란 시간의 경과에 따라 내용을 수준별로 조직, 심화하며 단순한 것에서 복잡한 것으로 나열하는 것이다.

009
정답 ③

범위성(scope)이란 다루어야 할 내용의 영역과 범위를 결정하는 것이다. 폭과 깊이를 모두 고려하는 것을 말한다.

010
정답 ④

타일러(R. W. Tyler)의 교육과정 개발 논리는 기존 교육과정에 대해 기계적이고 절차적인 모형이라는 비판을 받는다.

011
정답 ②

타일러(R. W. Tyler)의 교육과정 개발 논리는 목표를 우위에 두어 내용을 목표 달성을 위한 수단으로 전락시켰다는 한계를 가지고 있다.

012
정답 ③

만족의 원리는 학생의 흥미, 필요와 합치되도록 경험을 선정하는 것이다.
① 기회의 원칙 : 교육목표를 달성할 기회가 보장되도록 경험 선정
② 만족의 원칙 : 학생의 흥미, 필요와 합치되도록 경험 선정
③ 학습가능성의 원칙 : 학습자의 발달단계에 맞는 경험 선정
④ 일목표 다경험의 원칙 : 다양한 학습경험으로 교육목표를 달성할 수 있도록 함
⑤ 일경험 다성과의 원칙 : 하나의 경험을 통하여 여러 성과를 거둘 수 있도록 계획
⑥ 타당성의 원칙 : 교육내용이 목표 달성에 도움이 되도록 선정

013
정답 ④

타바(H. Taba)의 교육과정 개발 모형의 특징으로 귀납적 접근 방법을 사용, 요구 진단, 내용과 학습경험을 구별하여 개발 단계를 설정하였다.
ㄹ. 반응평가모형은 스테이크(Stake)가 제시한 참여자 중심 평가모형이다.

014
정답 ①

타일러(R. Tyler)는 교육과정 개발 단계를 교육목표 설정, 학습경험 선정, 학습경험 조직, 교육평가로 제시하였다.
워커(D. Walker)가 제안한 교육과정 개발 단계는 강령(platform), 숙의(deliberation), 설계(design)로 구성된다.

015
정답 ④

교육과정 재개념화의 특징에는 다음과 같은 것들이 있다.
→ 개인적 교육체험의 자서전적 서술 방법 도입(쿠레레 방법 4단계)
→ 해석학과 현상학 같은 다양한 방법론을 교육과정 연구에 적용한다.
→ 역사적, 정치적, 심미적 텍스트로서의 교육과정 탐구
→ 교육내용의 이데올로기적 성격이나 쟁점을 드러내는 데 관심이 있다.

016
정답 ④

아이즈너(Eisner)는 최초로 예술 교육과 교육과정에 대해 질적인 연구를 시도했다는 점에서 큰 의의를 가진다.

017
정답 ①

교육과정의 정치적 독립성과 가치중립성을 강조하는 것은 타일러의 교육과정 개발 논리이다.
교육과정 '이해' 패러다임에서는 역사적, 정치적, 심미적 텍스트로서의 교육과정 탐구를 한다.

018
정답 ②

②번은 보존성 개념으로 구체적 조작기에서 아동은 가역성의 개념을 이해하여 보존 과제를 획득한다.

019
정답 ④

사회적 상호작용을 통해 고차적 인지능력을 획득한다고 보는 것은 Vygotsky 인지발달이론이다. 피아제(Piaget)의 인지발달이론에서는 개인적 구성주의를 주장한다.

020

정답 ②

피아제(J.Piaget)와 비고츠키(L.S.Vygotsky)의 발달이론이 지닌 공통점으로 인지발달에서 환경과의 상호작용을 강조하였다.

021

정답 ①

피아제는 발달에 기초하여 학습이 이루어진다고 보았고, 비고츠키는 학습이 발달을 주도한다고 보았다.

022

정답 ①

비고츠키는 아동의 혼잣말을 자신의 사고와 행동을 지도하기 위한 수단이자 문제해결을 위한 사고의 도구라고 보았다.

023

정답 ①

비고츠키는 언어발달이 인지를 발달시킨다고 보았다. 따라서 혼잣말을 긍정적으로 본 것이다.

024

정답 ④

프로이트의 잠복기에 해당하는 에릭슨의 발달단계는 근면성 대 열등감이다.

025

정답 ①

프로이드(Freud)는 각 단계에서 아동이 성적 쾌감을 충분히 느끼지 못하여 욕구불만이 생기거나 지나치게 몰두하면 고착(fixation) 현상을 일으켜 다음 단계로 순조롭게 발달이 이루어지지 못한다고 보았으며 에릭슨(Erikson)은 점진적 분화의 원리에 따라 발달이 선천적으로 예정된 시점에 따라 이루어 지며 각 단계에는 심리사회적 위기(psycho-social crisis)가 있으며, 각 단계의 위기를 성공적으로 해결했을 때 성격발달이 제대로 이루어진다고 보았다.

026

정답 ③

ㄱ. 에릭슨(E. Erikson)은 인생 주기 단계에서 심리사회적 위기가 우세하게 출현 하는 최적의 시기는 개인에 따라 차이가 있지만, 그것이 출현하는 순서는 불변한다고 가정하였으며 각 단계에는 심리사회적 위기(psycho-social crisis)가 있으며, 각 단계의 위기를 성공적으로 해결했

을 때 성격발달이 제대로 이루어진다고 보았다.
ㄷ. 청소년기에는 이전 단계에서의 발달적 위기가 반복한다고 보았으나
ㄴ. 현 단계의 위기를 극복하지 못해도 다음 단계로 넘어갈 수 있다고 보았다.(Erikson)은 점진적 분화의 원리에 따라 발달이 선천적으로 예정된 시점에 따라 이루어 지며 각 단계에는 심리사회적 위기(psycho-social crisis)가 있으며, 각 단계의 위기를 성공적으로 해결했을 때 성격발달이 제대로 이루어진다고 보았다.

027

정답 ①

주도성 대 죄의식 단계에서는 탐색할 수 있는 자유를 허용하고 아동의 질문에 충실히 답해 줄 때 주도성이 발달한다. 어린이들이 좋아하는 이야기에 어울리는 옷을 스스로 선택하고 등장인물이 되어 실연하면서 학습에 참여하게 한다.

028

정답 ④

정체감 대 역할혼미 단계의 주요 특징은 자신의 존재, 가치에 대한 인식이 정체감을 발달시킨다는 것이다. 신체적 불안감, 성 역할과 직업선택의 불안정은 역할혼미를 초래한다. 정체감을 발달시키기 위해 자서전을 쓰게 하는 것이 좋다.

029

정답 ③

중간체계 (mesosystem)는 둘 또는 그 이상의 미시체계가 상호 관련되어 서로 영향을 주고받는 양방향 관계다. **데** 부모-교사 관계, 가정-학교 관계, 부모-또래 친구 관계

030

정답 ④

① 피아제(Piaget) - 동화와 조절을 통해 환경에 적응해 나감으로써 인지발달이 이루어진다.
② 피아제(Piaget) - 아동은 인지적 성숙과 사회적 경험을 통해 타율적 도덕성 단계에서 자율적 도덕성 단계로 발달한다.
③ 에릭슨(E. Erikson) - 생의 특정 시점에서 경험하는 사회적 요구에 의해 나타나는 위기를 어떻게 해결하느냐에 따라 심리사회적 발달이 이루어진다.

031

정답 ②

㉠ 콜버그(L. Kohlberg)는 피아제(J. Piaget)가 구분한 아동의 도덕성 발달단계를 더 세분화하여 성인기까지 확장하였다.
㉣ 길리건(C. Gilligan)은 콜버그의 도덕성 발달이론에 대해 남성 중심의 이론이며 여성의 도덕성 판단기준은 남성과 다르다고 비판하였다.
㉡ 도덕적 사고력을 길러 주기 위해서는 성인에 의한 사회적 전수보다 도덕적 원리에 대한 사고능력을 중시하였다.
㉢ '착한 소년 · 소녀' 단계는 3단계이다.

032

정답 ①

길리건은 서양의 기존 윤리관을 남성 중심의 성차별적 윤리관으로 규정하고 이에 대한 대안으로서 배려의 윤리를 주장하였다.

033

정답 ②

상황에 관계없이 스스로 사고하고 판단하는 존재로 보는 것은 인지주의 학습이론 관점이다.

034

정답 ③

ㄱ. 행동의 강도와 빈도를 높이는 것은 강화이며 벌은 행동의 강도와 빈도를 감소시키는 것에 효과적이다.
ㄴ. 부적강화
ㄷ. 정적강화

035

정답 ③

시험과 상관없이 국어선생님을 보는 것만으로도 철수의 얼굴이 붉어졌으므로 고전적 조건형성이다.

036
정답 ②

① 고정간격 강화계획(fixed interval schedules)은 일정한 시간 간격을 기준으로 강화가 제시되는 것을 의미한다. 고정비율 강화계획(fixed ratio schedules)은 정해진 반응 횟수에 따라 강화물이 제시되는 것을 의미한다.

③ 일차적 강화물이란 그 자체로 강화능력을 가지고 있어 생리적 욕구를 충족해 주는 것으로서 음식물이나 물 같은 것이 해당된다.

④ 프리맥(Premack)의 원리 : 학습자에게 빈번하게 발생하는 행동이 상대적으로 덜 빈번하게 일어나는 행동의 빈도를 증가시키기 위한 강화물로 사용될 수 있다는 것을 의미한다.

행동조성은 일련의 복잡한 행동을 학습시키기 위해 목표행동에 근접하는 행동을 보일 때마다 강화를 하여 점진적으로 목표 행동을 학습시키는 것이다.

037
정답 ②

프리맥(Premack)의 원리 : 학습자에게 빈번하게 발생하는 행동이 상대적으로 덜 빈번하게 일어나는 행동의 빈도를 증가시키기 위한 강화물로 사용될 수 있다는 것을 의미한다.

038
정답 ②

사회인지 이론은 관찰하는 것으로 학습이 이루어진다고 본다.

039
정답 ④

사회인지이론에서는 강화와 처벌에 대한 개념을 받아들인다.

040
정답 ②

반두라(Bandura)의 관찰학습 단계 중 모델의 행동을 언어적 · 시각적으로 부호화하는 단계는 파지이다.

041
정답 ①

목적적 행동주의는 톨만의 잠재학습을 가리키는 말이며 눈에 보이는 행동의 변화만이 학습은 아니며 구체적인 행동이 아니라 인지도(cognitive map)를 학습한다고 본다.

042
정답 ③

통찰학습은 문제 상황에서 관련 없는 여러 요인이 갑자기 완전한 형태로 재구성되어 문제를 해결하는 것을 뜻한다. '아하' 현상이 나타난다.

043
정답 ①

독일에서 출현한 형태주의(Gestalt theory)는 유기체가 환경을 있는 그대로 받아들이는 것이 아니라, 환경을 능동적으로 구조화하고 조직함으로써 형태(Gestalt)를 구성한다고 하였다. 통찰학습은 문제 상황에서 관련 없는 여러 요인이 갑자기 완전한 형태로 재구성되어 문제를 해결하는 것을 뜻한다.

044
정답 ④

④번은 주의집중과 감각기억에 해당한다.

045
정답 ④

• 조직화 전략(organization) : 공통 범주나 유형을 기준으로 새로운 정보를 장기기억에 저장되어 있는 정보와 연결하는 부호화 전략이다. (개요작성 또는 개념도)

• 심상전략(imagery) : 새로운 정보를 우리의 마음속에 그림으로 만드는 과정으로, 심상전략을 통해 우리는 정보를 오래 기억할 수 있다. (언어정보 + 시각적 자료)

• 정교화 전략(elaboration) : 기존에 가지고 있던 정보를 새 정보에 연결하여 정보를 유의미한 형태로 저장하는 과정(자신의 경험 + 새로운 정보 + 장기기억연결)

046
정답 ①

너무 많은 정보제공은 학습자에게 인지과부하를 초래한다.

047
정답 ④

	원인의 소재	안정성	통제 가능성
(능력)	내적	안정적	통제 불가
(노력)	내적	불안정적	통제 가능
(운)	외적	안정적	통제 불가
(과제의 난이도)	외적	불안정적	통제 불가

048
정답 ③

자기결정성은 환경에 대해 어떤 행동을 취할 것인가를 스스로 결정하는 것으로 개인의 의지를 사용하는 과정이다.

049
정답 ③

수행목표(perfomance goal) : 자신의 유능함과 능력이 다른 사람의 능력과 어떻게 비교되느냐에 초점을 둔 목표이다. 자신의 능력이 타인에 의해서 어떻게 평가받는가에 관심을 둔다.

050
정답 ①

학습유형	
장독립형	장의존형
분석적으로 지각	전체적으로 지각
자신이 구조화할 수 있음	구조화된 것이 필요함
비판의 영향을 적게 받음	비판의 영향을 많이 받음
교수유형	
개별학습 선호	협동학습 선호
주제소개로 질문사용	수업상황 확인위해 질문사용
정확한 피드백 : 부정적 평가 사용	적은 피드백 : 부정적 평가 피함
학생 동기화 방법	
개인 목표를 통해	언어적 칭찬을 통해
과제가 그에게 얼마나 유용한가	다른 사람에게 과제의 가치를 보여주는 것
구조를 디자인할 자유를 주는 것을 통해	윤곽과 구조를 제시하는 것을 통해

051
정답 ④

장독립형 학습자는 사물을 분석적으로 지각한다.

052
정답 ④

스턴버그는 삼원지능이론을 주장하여 지능을 분석적, 창의적, 실제적 지능으로 구분하였다. 유동적 지능과 결정적 지능으로 구분한 것은 카텔(R. B. Cattell)이다.

053
정답 ④

유동적 지능은 유전적이고 생리적인 영향을 많이 받는 지능요인으로 암기, 지각, 추리와 같은 정보의 관계성이나 기억력과 관련된 능력이다. 결정적 지능은 교육이나 훈련으로 형성되는 것으로, 정보의 내용과 관련되며 언어능력, 문제해결능력, 논리적 추리력과 같이 경험의 영향을 많이 받는 능력이다.

054
정답 ④

결정지능은 교육이나 훈련으로 형성되는 것이다. 태어날 때 이미 결정되어 새로운 지식이나 경험이 영향을 적게 받는 것은 유동적 지능이다.

055
정답 ①

렌줄리(J. S. Renzulli)가 제안한 영재성 개념의 구성요인은 ① 평균 이상의 일반능력, ② 높은 수준의 과제집착력, ③ 높은 수준의 창의성

056
정답 ①

창의성의 요소에는 유창성(fluency), 유연성(flexibility), 독창성(originality), 정교성(elaboration) 그리고 민감성(sensitivity), 재정의(redefinition)능력이 있다.

057
정답 ③

생활지도의 원리 중 균등성은 모든 학생을 대상으로 한다는 것이다.

058
정답 ③

- 학생조사활동 : 학생의 특성을 객관적, 과학적으로 파악 **예** 표준화 검사, 학업성취도 검사
- 추수활동 : 사후 활동, 생활지도를 받은 학생이 어느 정도 적응, 개선되었는지를 알아보고 계속 지도하는 활동

059
정답 ④

무조건적인 긍정적 수용은 칼 로저스(Carl Rogers)에 의해 창시된 인간중심 상담이론이다.

060
정답 ③

정신분석 상담과 행동주의 상담의 공통점은 인간의 행동을 인과적 관계로 해석하는 결정론적 관점을 가진다.

061
정답 ②

반동형성이란 자기가 실제로 가지고 있는 감정과 정반대되는 감정을 나타내는 것이다. 예를 들어 부모의 사랑을 빼앗아 간 어린 동생에 대한 증오심을 숨기기 위하여 동생을 더 예뻐하는 것이 있다.

062
정답 ②

합리화란 자신의 욕구를 만족시키지 못하는 대상에 대해 그럴듯한 이유를 둘러대는 것이다. 예를 들어 여우와 신포도 이야기가 이에 해당된다.

063
정답 ②

내면의 경험을 자각하고 수용할 수 있도록 지금-여기에 주목하는 것은 현실 요법 상담이다.

064
정답 ③

인간 중심 상담기법은 비지시적 상담이며 내담자가 자신의 모습대로 살아가게 하는 것을 목표로 한다.

065
정답 ①

잘못된 사고 과정을 재구성하는 것을 인지적 상담이라고 한다.

066
정답 ③

합리적 · 정서적 상담에서는 인간의 비합리적인 사고로 인해 나타나는 문제를 해결하기 위해서 비합리적 사고를 합리적인 사고로 바꾸어야 한다고 주장한다.

067
정답 ④

에릭 번(E. Berne)의 교류분석이론은 자아 상태(ego-state)를 어버이 자아(P), 어른 자아(A), 어린이 자아(C)로 나누어 이들 간의 관계를 규명하였다.

068
정답 ④

현실 요법 상담에서는 '거의 대부분의 인간의 행동은 자신이 선택한 것이다'라는 관점을 가진다. 따라서 선택한 행동에 대한 책임이 개인에게 있음을 강조한다. (실존주의 선택)

069
정답 ①

홀랜드(Holland)가 제안한 직업흥미유형 간 유사성이 가장 낮은 조합은 탐구적(I) - 기업적(E)이다.

070
정답 ①

홀랜드(Holland)는 여섯 가지 성격유형(실재적, 탐구적, 예술적, 사회적, 설득적, 그리고 관습적)으로 나누었다.

071
정답 ③

지식의 표상 양식은 작동적 · 영상적 · 상징적 순서이다.

072
정답 ④

발견학습의 특징은
① 교재의 기본구조에 대한 철저한 학습을 강조한다.(개념, 원리, 지식의 구조)
② 학습의 결과보다 과정과 방법을 중요시한다. (학습과정에서의 방법적 지식)
③ 학습자의 능동적인 학습을 강조한다. (내적 보상 강조)
④ 학습효과의 전이를 중시한다. (방법적 지식은 다양한 장면에 적용, 전이)

073
정답 ③

브루너는 교수-학습의 과정에서 지식 습득의 결과보다는 과정을 중시하는 발견학습을 제시했다. 발견학습은 학생이 교사의 설명에 의해 지식을 습득하는 것이 아니라 학생 스스로 문제해결의 과정을 통해 지식을 발견하는 것이다.

074
정답 ②

학습자의 인지구조에 알맞게 포섭 및 동화되도록 학습과제를 제시하는 것은 오수벨의 유의미학습니다.

075
정답 ⑤

설명조직자는 학습과제와 학습자의 인지구조 사이에 전혀 관련이 없을 때 사용한다. 교사가 학습과제보다 상위에 있는 지식을 설명해 주는 것이다. 포섭은 새로운 학습과제를 학습자의 인지구조 속에 병합시키는 과정이며, 이것이 곧 학습이다. 포섭에는 종속적 포섭과 상위적 포섭 등이 있다. 새로운 학습과제가 의미 있게 학습되려면 학습자의 기존 인지구조 속에 새 학습과제와 어떠한 관련을 맺을 수 있는 지식이 있어야 하는데, 이 지식을 관련정착 지식(정착 아이디어)이라 한다.

076
정답 ①

지적 기능(intellectual skills) - 변별 - 개념 - 원리 - 문제해결 순서로 가르친다. 지적 기능은 대상이나 사건 등을 구별하고, 결합하고, 도표화하고, 분류하고, 분석하고 적용하는 등 기호나 상징을 사용하거나 방법을 아는 것으로 절차적 지식이라고도 한다. 학교교육에서 가장 많은 비중을 차지하는 영역이다.

077
정답 ①

가네(R. Gagné)는 교수목표(학습결과)에 따라 학습조건(conditions)은 달라져야 한다고 하였다.

078
정답 ①

언어정보(verbal information) : 정보를 진술하거나 말하는 능력으로 선언적 지식 또는 명제적 지식이라고도 한다. 사물의 이름이나 단순한 사실, 원리, 조직화된 정보 등을 말한다.

079
정답 ④

① 학습을 위해 개발된 자원과 과정을 실제로 사용하는 것을 말한다 : 실행 단계
② 설계에서 구체화된 내용을 물리적으로 완성하는 단계로 실제 수업에서 사용할 자료를 만든다 : 개발단계
③ 앞으로의 효과 및 결과를 예견하고 평가하는 과정으로 학습과 관련된 요인과 학습자 요구를 면밀히 분석한다 : 분석단계

080
정답 ①

개발(development)단계 : 교수자료 및 매체를 제작한다.

081
정답 ④

실행 단계(Implementation) : 이 단계는 완성된 교수 프로그램을 현장에서 사용하고 이를 유지, 관리하는 활동을 포함한다.

082
정답 ④

(가) ① 주의 집중(Attention)　　(다) ② 관련성(Relevance)
(나) ③ 자신감(Confidence)　　(라) ④ 만족감(Satisfaction)

083
정답 ③

자신감(Confidence) : 자신감을 위한 핵심 질문은 학습자들이 자신의 통제 하에서 성공하도록 하기 위해 어떻게 도와줄 수 있는가?"이다. 📵 도전감을 느낄 수 있는 문제를 제시하고, 이를 해결했을 때 기분 좋게 느끼도록 한다. 쉬운 것에서 어려운 것의 순서로 과제 제시

084
정답 ③

① 라이겔루스의 정교화 이론은 거시적 교수설계이론이다.
② 요약자는 학습자가 학습한 것을 망각하지 않도록 하기 위해 체계적으로 복습하는 데 사용되는 전략요소이다.
④ 종합자는 아이디어들을 서로 연결시키고 통합시키기 위하여 사용되는 전략요소이다.

085
정답 ②

① 가네(Gagné)의 설명 ③ 라이겔루스(Reigeluth)는 객관주의 기반이다.
④ 켈러(Keller)의 설명

086
정답 ②

협동학습의 필요조건은 이질적 집단의 구성, 개별적 책무성 부여, 적극적 상호 의존성의 강화, 공동의 목표, 평가(소집단 보상)이다.

087
정답 ③

개별학습에서 교육목표는 학습자 개인의 동기 · 능력 · 희망 · 흥미에 따라 선택되고 결정된다.

088
정답 ②

협동학습은 이질적 집단으로 구성해야한다.

089
정답 ④

ㄱ. 교수의 내용은 객관적 법칙이라고 밝혀진 체계화된 지식이다 : 객관주의
ㄴ. 실재하는 지식을 효과적으로 전달할 수 있는 교수 · 학습방법을 강조한다 : 객관주의
ㄷ. 학습자가 정보를 획득하고 의미를 재구성할 수 있도록 복잡하고 비구조화된 과제를 제시한다 : 구성주의
ㄹ. 협동 수업, 소집단 활동, 문제해결학습 등을 통해 사고와 메타인지를 촉진하는 다양한 교육방법을 적용한다 : 구성주의

090
정답 ①

구성주의에서 지식은 사회적 경험을 바탕으로 개인의 인지적 작용에 의하여 지속적으로 구성, 재구성되는 것이다.

091
정답 ②

비고츠키, 듀이, 피아제, 문제중심학습 및 상황학습 모두 구성주의와 관련이 있다.

092
정답 ③

상황학습은 추상적인 형태의 지식보다 실제적이고 맥락적인 지식을 제공한다.

093
정답 ②

비계설정(scaffolding)은 근접발달영역에서 제공되는 더 뛰어난 친구나 성인의 도움을 뜻한다.

094
정답 ④

문제중심학습(Problem-Based Learning)의 특징
① 문제 특징 : 실제적, 맥락적, 비구조화된 문제
② 학습 방법 : 협동학습, 자기주도학습

095 정답 ②

활용영역에는 매체활용, 혁신의 확산, 수행 및 제도화, 정책 및 규제가 있다. 관리영역에는 프로젝트 관리, 자원관리, 전달체제 관리, 정보관리가 있다.

096 정답 ①

교수매체는 교수학습을 위해 사용하는 시청각 기자재와 수업자료를 총칭한다.

097 정답 ④

디지털 교과서는 특정한 장비와 프로그램이 필요하다.

098 정답 ②

이러닝은 원격교육의 하나로, 컴퓨터와 각종 정보통신매체가 지원하는 상호작용성에 기반한 온라인 학습을 주로 교수학습과정에 적용하면서 시간과 장소에 대한 제약을 받지 않는 새로운 형태 교육방법이다. 따라서 학습통제권이 학습자에게 주어지기 때문에 성공적인 원격교육을 위해서는 학습자의 자기주도적 학습능력이 일반 교육에 비해 더 많이 요구된다.

099 정답 ①

플립러닝(flipped learning)은 일종의 블렌디드 러닝(blended learning)으로 학습할 내용을 수업 이전에 온라인으로 미리 공부하는 것으로 거꾸로 학습이나 거꾸로 교실이라고 한다.

100 정답 ①

모바일 러닝(Mobile learning) : 스마트폰 등 모바일 기기를 통해 언제 어디서나 자유롭게 인터넷에 접속해 교육받을 수 있게 하는 시스템이다. 기기의 4C(Content, Capture, Compute, Communicate) 기능을 활용하여 교수·학습을 촉진한다.

101 정답 ③

ㄷ. 규준참조평가의 특징이다.

102 정답 ③

상대평가는 정상 분포 곡선, 절대평가는 부적 편포 곡선이다.

103 정답 ①

ㄱ. 성장참조평가는 교육과정을 통하여 학생이 얼마나 성장하였는지에 관심을 둔다.
ㄴ. 성장참조평가는 학업 증진의 기회를 부여하고 평가의 개별화를 강조한다.
ㄷ. 성장참조평가는 사전 측정치와 현재 측정치의 상관이 낮을수록 타당한 결과를 얻을 수 있다.
ㄹ. 성장참조평가는 대학 진학이나 자격증 취득을 위한 행정적 기능이 강조되는 고부담검사에 적합하지 않다.

104 정답 ①

형성평가는 수업이 진행되고 있는 도중에 실시하는 평가로서, 현재 진행 중인 학습내용에 대한 학습자의 이해 정도나 기능 수준을 확인하고 이를 극대화하기 위해 실시하는 평가다. 학습의 개별화를 추구한다.

105 정답 ①

Scriven(1967)은 교육과정이 끝난 다음에 교수학습에서 괄목할 만한 성장이 이루어졌는가를 규정하고 교육목표를 성취하였는가를 판정하는 평가를 총합평가(총괄평가)라 하였다.

106 정답 ②

일반적으로 수업진행에 따라 수업 전(진단평가), 수업 중(형성평가), 수업 후(총괄평가)로 나뉘며 진단평가(출발점 행동 진단), 형성평가(수업개선), 총괄평가(목표 달성확인)가 주요 목적이다.

107 정답 ④

수행평가는 결과뿐만 아니라 과정을 평가하는 것으로 교사는 평가의 과정의 기준을 만들고 학습자와 학부모에게 제공하여야 한다.

108 정답 ①

포트폴리오 평가는 정확하고 구체적으로 기술될 필요가 있다.

109 정답 ①

후광 효과 - 학생에 대한 교사의 일반적인 인상이 개인의 특성이나 수행에 주어지는 점수에 영향을 미칠 때 발생한다.

110 정답 ③

질문법은 사용이 간편하고, 의견, 태도, 감정, 가치관 등을 측정하기가 용이하다. 단시간에 다양한 자료를 수집하고 결과 또한 신속하게 처리할 수 있다. 응답의 진위 여부를 확인하는 것이 불가능하기 때문에 결과 해석에 주의가 요망된다.

111 정답 ②

정의적 영역의 평가 방법에는 질문법, 평정법, 관찰법, 체크리스트법, 의미분석법, 면접법 등이 있다.

112 정답 ③

사회성 측정법은 체크리스트에 의한 친구 간의 관계를 분석하는 것으로, 간단한 체크리스트 문항으로 검사를 할 수 있다.

113 정답 ②

ㄱ. 난이도가 어려울수록 변별도가 높아질 수도 낮아질 수도 있다.
ㄴ. 정답률이 50%이더라도 상·하 집단 구성에 따라 변별도는 달라진다.

114 정답 ④

㉠ 문항변별도 지수는 -1 ~ 1 사이 값을 갖는다.
㉢ 능력수준이 다른 두 집단을 대상으로 각각 계산하더라도 문항변별도는 달라진다.

115 정답 ③

4개의 척도를 Z점수 변환하면
① Z점수 1.5, ② 백분위 90은 Z점수 약 1.3, ③ T점수 60은 Z점수 1, ④ 스테나인 2등급은 Z점수 약 1.2~2

116
정답 ③

평균이 100이고 표준편차가 15인 정상분포에서 115점을 받은 학생의 Z값은 1이다. Z=1은 84.13%이기 때문에 84에 가장 가깝다.

117
정답 ①

학업성취도 검사에서 내용타당도를 증진시키기 위하여 내용요소와 행동요소로 나누어 이원분류표를 작성하는 것은 매우 중요하다.

118
정답 ②

ⓒ, ⓔ은 신뢰도에 대한 설명이다.

119
정답 ①

예언(측) 타당도에 대한 설명이다.

120
정답 ①

규준지향평가의 신뢰도에서는 원점수 자체보다 다른 사람과의 비교에 의한 위치가 중요하다.

121
정답 ④

반분 신뢰도는 검사문항을 반으로 나누어 신뢰도를 추정한다. 두 부분의 점수 간의 상관계수를 산출하여 신뢰도를 나타내는 방법이다. 따라서 문항 간 동질성이 높아야 하고, 평가 유형은 속도검사 보다는 역량검사에 적당하다.

122
정답 ①

검사도구의 신뢰도를 높이기 위한 방법에는 양질의 문항 수를 증가(곡선형 증가), 적절한 문항난이도, 높은 변별도, 시험 시간을 제한하지 않는 역량 검사, 내용타당도 고려 등이 있다.

123
정답 ③

서답형 또는 논술형 문항에서 답안지를 평가문항별로 채점하는 것이 채점자의 일관성을 확보하는 것에 유리하며 신뢰도를 높일 수 있다.

124
정답 ①

② Cronbach's 계수는 문항내적일관성 신뢰도이다.
③ 객관도는 타당도보다는 신뢰도에 가까운 개념이다.
④ 높은 신뢰도는 높은 타당도가 되기 위한 필요조건이다.

125
정답 ④

중앙집권적인 형태를 띠는 것은 국가통치권론(국가공권설) 관점이다.

126
정답 ③

교육행정의 기능 중 조정(coordinating)은 모든 활동을 통합하고 상호조정하는 일이다. 예시로 의사소통, 갈등 조정 등이 있다.

127
정답 ①

② 교육행정의 특징 중 정치적 특성은 무상급식의 시행, 고교평준화의 유지와 해제 등의 사회적 이슈가 되는 교육현안들은 교육적 가치와 교육 논리만으로 해결하기 어려워 정치적 결정에 의지하는 경우가 많다는 것이다.
③ 교육은 전문적 활동이기 때문에 이를 지원하는 교육행정은 특별한 훈련을 거쳐야 수월하게 이루어질 수 있다.
④ 교육행정은 교육목표를 효율적으로 달성하기 위하여 인적 물적 자원을 지원하는 수단적 봉사활동이다.

128
정답 ①

자주성의 원리는 교육이 그 본질을 추구하기 위하여 일반행정에서 분리 독립되고 정치와 종교로부터 중립성을 유지해야 한다는 것이다.

129
정답 ①

민주성의 원리는 국민의 의사를 행정에 반영하고 국민을 위한 행정을 해야 한다는 것을 의미한다.

130
정답 ④

합법성의 원리는 교육행정의 모든 활동이 합법적으로 개정된 법령 규칙 조례 등에 따라야 하는 법률 적합성을 가져야 한다는 것이다.

131
정답 ④

과학적 관리론은 학교 상황에 있어 비용편익의 효율성을 강조하기 때문에, 교사는 학생을 가르치는 데 전념하고 학교장은 관리자로서 학교 행정을 책임지는 일에 집중한다.

132
정답 ④

의사소통의 저해는 관료제 특성 중 '권위의 위계'의 특성 중에서 역기능에 해당한다.

133
정답 ④

보기의 사례는 관료제 중 규율과 규정에 대한 설명이다. 규율과 규정에 대한 역기능은 목표와 수단의 전도이다.

134
정답 ④

④는 인간관계론의 특성이다.

135
정답 ③

효율성은 인간관계론의 관점이 아니다.

136
정답 ③

과학적 관리론 입장이다.

137
정답 ③

조직화된 무질서(무정부) 조직의 특징은 다음과 같다.
학교 구성원들의 참여가 유동적이고 간헐적이다.
교육 조직의 목적은 구체적이지도 명료하지도 않다.
학교운영 기술뿐만 아니라 교수학습 기술이 분명하지 않다.

138
정답 ④

학교 구성원들에게 더 많은 자유재량과 자기결정권을 부여하므로 교원의 직무수행에 대한 엄격하고 분명한 감독이나 평가방법이 없는 것이 이완결합체제의 특징이다.

139
정답 ②

학교조직의 존재와 생존은 이미 보장받은 것이고, 학교는 고객의 유치를 위해 경쟁할 필요도 없는 조직은 온상(사육)조직이다.

140
정답 ①

제시문은 직무 만족요인과 직무 불만족 요인으로 나누어 설명하는 허즈버그(Herzberg)의 동기 - 위생이론이다.

141
정답 ②

미성숙 - 성숙이론은 X-Y이론과 연관된 것으로, X이론적 바탕의 관료적이고 전통적인 조직에서는 인간을 미성숙한 존재로 가정한다. 이러한 조직에서는 강압적 관리전략을 사용하여 개인의 성숙을 방해하고, 수동적이고 의존적인 행동을 장려하여 미성숙한 존재로 남게 한다.

142
정답 ①

동기 행동이 유발되는 과정에 초점을 맞추며 유인가, 성과기대, 보상기대의 세 가지 기본 요소를 토대로 이론적 틀을 구축한 이론은 브룸(V. H. Vroom)의 기대이론이다.

143
정답 ③

①은 허즈버그(F. Herzberg)의 동기 - 위생이론, ② 포터와 라우러(Porter & Lawler)의 성취-만족이론, ④는 아담스(Adams)의 공정성 이론이다.

144
정답 ②

구성원의 성숙도를 지도자 행동의 효과성에 영향을 주는 주요 요인으로 보는 리더십은 허시(P. Hersey)와 블랜차드(K. Blanchard)의 상황적 리더십 이론이 대표적이다.

145
정답 ④

상황적 지도성이론의 대표적 학자에는 하우스(House), 허시(Hersey)와 블랜차드(Blanchard) 등이 있다.

146
정답 ③

피들러(F. Fiedler)의 상황적응 지도성이론을 학교 상황에 적용했을 때 상황 호의성 변수는 ① 교장과 교사의 관계, ② 과업구조, ④ 교장의 지위 권력이다.

147
정답 ③

추진력이 아니라 영감적 동기화를 통해 구성원들을 동기화 시킨다.

148
정답 ③

③은 거래적 지도성의 특징이며 변혁적 리더십은 이상화된 영향력(icealized influence), 영감적 동기화(inspirational motivation), 지적 자극(intellecnual stimulation), 개별화된 배려(individualized consiceration)를 통해 리더십을 발휘한다.

149
정답 ②

점증모형(incremental model) : 린드블룸(Lindblom)
의사결정 시 현실을 긍정하고 이전의 상태보다 다소 향상된 대안을 추구하는 모형이다.
보수적이고 소극적이라는 비판을 받고 있다.

150
정답 ④

쓰레기통 모형에서 학교 조직의 의사결정은 다양한 문제와 해결 방안들 사이의 혼란스러운 상호작용 속에서 비합리적이고 우연적 방식으로 이루어진다고 본다.

151
정답 ③

수용적 전략 : 협상자가 성과보다 관계적 성과를 더 중요시할 때 적절하다. 이러한 방식은 상대방을 이길 수 없을 때 내일을 기약하는 전략이다.

높음	강제(경쟁)		협력
(독단성)		타협	
낮음	회피		양보(수용)
	낮음	**(협조성)**	**높음**

152
정답 ③

① 관리 장학 시대(1750~1930년) : 이 시기의 장학은 근본적으로 행정의 연장으로 보이며, 권위주의적이고 강제적인 방법으로 장학이 이루어졌다.
② 협동 장학 시대(1930~1955년) : 과학적 관리론은 1930년대 인간관계론의 등장과 더불어 퇴조하게 되었다. 장학사와의 원만한 인간관계를 통하여 교사가 학교에 만족감을 느끼게 하고 스스로 학교에 헌신하게 한다.
③ 수업 장학 시대(1955~ 1970년) : 1957년 옛 소련의 스푸트니크호의 충격은 미국 교육의 전반을 바꾸어 놓는 계기가 되었다.
④ 발달론적 장학 시대(현재) : 교사의 전문적 자질의 증진이란 교사 개개인의 가치관과 신념 · 태도 · 지적 이해력이라는 내면적 변화와 더불어 교수의 기술, 문제해결능력, 자율적 의사결정능력, 교사 상호 간의 협동적 사고와 교육실제의 개선이라는 외면적 행동의 변화를 의미한다.

153
정답 ③

수업장학은 주로 초임교사, 저경력교사 등을 대상으로 교수 - 학습 기술 향상을 위해 임상장학 형태로 이루어진다.

154
정답 ①

약식장학은 평상시에 교장 및 교감의 계획과 주도하에 이루어지는 것으로, 다른 장학형태의 보완적인 성격을 지닌다. 단위학교에서 일상적으로 빈번하게 수행되기 때문에 일상 장학이라고도 부른다.

155
정답 ③

임상장학은 학급 내에서 수업의 질을 개선하기 위한 것으로, 교사와 학생 사이에서 이루어지는 상호작용에 초점을 둔다.

156
정답 ③

자기장학은 교수활동의 전문성을 반영한 장학형태이다. 자신의 수업을 녹화하여 분석 · 평가하거나 대학원에 진학하여 전공 교과 또는 교육학 영역의 전문성 신장한다.

157
정답 ③

학교운영위원회에서는 국립 · 공립 학교의 경우 학교의 예산안과 결산, 학교 교육과정의 운영방법, 학교급식 등을 심의한다.

158
정답 ①

국·공립학교에서는 대학입학과 관련된 사항을 심의할 수 있다.

159
정답 ②

학부모 위원은 학부모 중에서 민주적 대의절차에 따라 학부모 전체회의에서 직접 선출한다. 다만, 특별한 사유가 있는 경우에는 학급별 대표로 구성된 학부모 대표회의에서 선출할 수 있다.

160
정답 ③

교육재정은 양출제입의 원칙이 적용된다.

161
정답 ④

민간경제는 양입제출의 회계원칙이 적용되는 데 반해, 교육재정은 양출제입의 원칙이 적용된다.

구분	민간경제	정부경제
수입조달 방법	합의원칙(등가교환경제)	강제원칙(강제획득경제)
기본원리	시장원리	예산원리
목적	이윤 극대화	공공성(일반이익)
회계원칙	양입제출	양출제입
존속기간	단기성	영속성
생산물	유형재	무형재
수지관계	불균형(잉여획득)	균형(균형예산)
보상	특수보상	일반보상

162
정답 ④

시·도교육비 특별회계의 세입 중에서 가장 큰 비중을 차지하는 것은 지방교육재정교부금이다.

163
정답 ④

교육재정의 지출 가운데 시설비가 차지하는 비중이 인건비보다 작다.

164
정답 ①

사립학교 교비회계 : 사립학교의 재원은 학생등록금, 학교법인으로부터의 전입금, 국고 또는 각종 단체로부터의 원조·보조금으로 구성되어 있다.

165
정답 ②

지방자치단체 일반회계로부터의 전입금은 시·도세 총액 전입금(특별시세의 10%, 광역시세·경기도세의 5%, 도세의 3.6%), 지방교육세 전입금, 담배소비세 전입금(특별시 및 광역시 45%)등이 있다.

166
정답 ②

기준재정수요액은 각 측정단위의 가치를 그 단위비용에 곱하여 얻은 금액을 합산한 금액으로 한다.

167
정답 ④

학교회계는 다음 각 호의 수입을 세입(歲入)으로 한다.
① 국가의 일반회계나 지방자치단체의 교육비특별회계로부터 받은 전입금
② 학교운영위원회 심의를 거쳐 학부모가 부담하는 경비
③ 학교발전기금으로부터 받은 전입금
④ 국가나 지방자치단체의 보조금 및 지원금
⑤ 사용료 및 수수료, 이월금, 물품매각대금, 그 밖의 수입

168
정답 ④

학교회계는 국가의 일반회계나 지방자치단체의 교육비특별회계로부터 받은 전입금을 세입(歲入)으로 한다.

169
정답 ②

학교회계 세입세출 예산안은 학교운영위원회의 심의를 거쳐야 한다.

170
정답 ②

학부모가 지출한 교재비는 직접교육비, 사교육비, 사부담 교육비로 분류 할 수 있다.

171
정답 ②

학생이 사설학원에 내는 학원비는 사교육비이다.

172
정답 ②

직접교육비는 공교육비와 사교육비로 나눈다.

173
정답 ③

점증주의적 예산 편성 방식은 기존 안을 참고로 하지만 영기준 예산제도는 새롭게 예산을 기획한다.

174
정답 ③

전년도 예산편성과 상관없이 신년도 사업을 평가하여 예산을 결정하는 것은 영기준 예산제도이다.

175
정답 ④

훈련(training)은 주로 특정한 직종에서의 업무능력 개발을 의미한다. 예 군대에서 사격훈련

176
정답 ①

- 규범적 준거 : ㄱ. '무엇인가 가치 있는 것'을 추구하는 활동이다.
- 과정적 준거 : ㄴ. 학습자의 의식과 자발성을 전제하는 것이다.
- 인지적 준거 : ㄷ. 지식, 이해, 인지적 안목을 길러주는 것이다.

177
정답 ③

인식론(지식론)은 인간이 지식을 획득하는 과정에 대해 관심을 가지는 것이다. 가치론(행위론)은 인간의 인식과 선악을 구분하는 기준에 대해 관심을 가지는 것이다.

178
정답 ①

객관주의(objectivism)는 표준적, 보편적 진리를 추구 한다.

179
정답 ①

구성주의는 역사적 · 문화적 · 사회적 상황을 바탕으로 하여 의미와 지식을 만들어 간다.

180
정답 ②

지적(知的)인 혼란에 빠진 학생은 교사와의 끊임없는 대화를 통해 진리를 성찰하게 되면서 점차 참된 지식에 이르도록 하는 문답법은 소크라테스(Socrates)가 주로 사용하던 교육방법이다.

181
정답 ①

플라톤(Platon)의 『국가론』 핵심 주제는 정의, 즉 올바른 삶이다. 올바른 삶을 위해 가장 중요한 것은 이성의 덕인 지혜를 갖추는 것이며 『국가론』에서 초기 교육은 음악과 체육을 중심으로 하고, 후기 교육은 철학 또는 변증법을 강조한다.

182
정답 ④

아리스토텔레스는
ㄱ. 모든 인간은 장차 실현될 모습을 스스로 지니고 있다는 목적론적 세계관을 지향하였으며 ㄴ. 교육의 최종적인 목적은 행복한 삶이라 주장하였다. ㄷ. 자유교육이란 직업을 준비하거나 실용적인 목적을 위해 행해지는 것이 아니라 지식 그 자체에 있다고 하였다.

183
정답 ②

감각적 실학주의는 르네상스 시기 인문주의 교육 이후의 교육 사조이다.

184
정답 ③

이해와 판단을 중시하는 교육방법을 강조한 것은 사회적 실학주의 관점이다.

185
정답 ③

인문 · 예술 교과를 통한 감성 교육을 강조한 것은 계몽주의에 대한 비판적 관점의 낭만주의 교육사조이다.

186
정답 ②

"모든 것은 조물주의 손에서 나올 때는 순전히 선하나 인간의 손에 넘어오면서 타락한다."는 루소(J. J. Rousseau)의 저작 『에밀』에 나오는 문장이다.

187
정답 ④

흥미와 관심 등 아동의 본성에 따라 가르치는 아동중심교육을 의미한다.

188
정답 ①

듀이는 민주주의가 의미를 갖기 위해서는 '사회적 · 도덕적' 측면에서 그 가치가 실현되어야 한다고 주장했다. 사회적 가치와 아동의 흥미 모두를 중시했다.

189
정답 ①

반성적 사고를 통해 변화를 추구하며 과학적 탐구과정의 수단으로 활용될 수 있다.

190
정답 ④

인간의 본질을 규격화하는 것에 대한 비판적 관점이 실존주의 교육철학관이다.

191
정답 ①

삶의 긍정적 · 부정적 측면을 통해 학습자 스스로가 삶의 문제를 해결하고 주체적으로 성장할 수 있다.

192
정답 ①

만남이 교육에 선행한다. 교육에서 만남을 강조한 실존주의 사상가는 볼노우와 마틴 부버이다.

193
정답 ①

분석적 교육철학은 철학 고유의 기능을 언어와 그 언어에 의해 표현되는 개념의 분석을 통해 사물을 이해하는 데 두고 있다.

194
정답 ①

소크라테스나 합리론을 철학적 토대로 한다. 소피스트가 당시에 상대적인 지식을 강조하고 소크라테스는 보편적인 지식을 추구하였다. 프래그머티즘(pragmatism)은 고대 그리스어 'pragma'에서 유래된 것으로 원래 행위 · 사실 · 활동 · 상호작용을 의미하는 말로서 소피스트가 추구한 상대적인 지식의 관점이다.

195
정답 ①

인간은 자신을 둘러싸고 있는 여타의 생명체 또는 비생명체와 함께 살면서 상호작용하기 때문에, 그러한 상호작용의 결과 필연적으로 어떤 경험을 획득한다. 프래그머티즘에서 지식이란 살아있는 유기체와 그를 둘러싸고 있는 환경 간 상호작용의 산물이다.

196
정답 ③

진보주의 교육은 전통적 교육과의 대결에서 그 존재 가치를 드러낸다. 전통적 교육은 교사와 교재 중심의 전달과 주입식 교육이다. 진보주의자들은 교육의 출발점을 학습자의 흥미와 필요에서 찾는다.

197
정답 ②

항존주의는 절대적 진리와 절대적 원리를 중시하였으며, 대표적인 학자 허친스는 지식과 진리는 영원한 것이며, 시대와 장소를 초월하는 보편적인 가치를 지닌다고 보았다.

198
정답 ①

②는 진보주의 관점, ③은 항존주의 관점, ④는 재건주의 관점이다.

199
정답 ③

비판적 교육철학 또는 비판교육학(critical pedagogy)은 교과지식의 획득보다는 사회의 구조적 문제해결에 더 관심을 갖고 교육문제에 대해 좀 더 실제적이고 정치사회적인 관점을 취한다.

200

정답 ③

비판적 교육철학의 특징
① 교과지식의 획득보다는 사회의 구조적 문제해결에 더 관심을 둔다.
② 교육문제에 대해 좀 더 실제적이고 정치사회적인 관점을 취한다.
③ 교육이 처해 있는 사회 구조나 제도에 대해 의문을 제기한다.
④ 교육을 교육의 논리가 아니라 정치 · 경제 · 사회의 논리에 의해 해석하는 경향이 있다.
⑤ 교과지식의 획득보다는 사회의 구조적 문제해결에 더 관심을 둔다.

201

정답 ③

포스트모더니즘의 특징 중 연대의식은 다른 사람에게 해를 끼치는 권력, 착취, 폭력 등을 거부하고 공동체를 존중하는 것이다.

202

정답 ④

포스트모던 철학은 학습 과정에서 지식의 실재성보다 지식의 상대성과 다원성을 강조한다.

203

정답 ③

고구려 태학은 소수림왕(小獸林王) 2년(372년)에 설립된 우리나라 최초의 관학(官學)이며 고등 교육기관이다.
통일신라 국학(國學) 682년(신문왕 2)에 설치하였다.
고려 십이도(十二徒) : 고려시대 개경에 있었던 12개 사학(私學)의 총칭. 십이공도의 시초는 1055년(문종 9) 벼슬에서 물러난 최충(崔沖)이 자신의 집 사랑채에 사숙(私塾)을 열어 후진을 양성한 데서 비롯되었다.
향교 : 고려와 조선시대의 지방에서 유학을 교육하기 위하여 설립된 관학교육기관.

204

정답 ③

신라시대에 실시한 독서삼품과는 788년(원성왕4) 인재 선발을 목적으로 국학 내에 설치하였다. 유교 경전의 이해 수준을 평가하여 관리 선발에 이용하려 한 것이다.

205

정답 ②

• 통일신라 국학 : 국학의 교수 과목은 『논어』와 『효경』을 비롯해 『예기』 · 『주역』 · 『상서(尙書)』 · 『모시(毛詩)』 · 『춘추좌씨전(春秋左氏傳)』 · 『문선(文選)』 등이었다. 이것은 경학(經學)이 주가 되고, 거기에 문학(文學)이 부수되었음을 말해 준다. 그런데 이 교수 과목은 전공을 3분과(分科)로 나누고 『논어』와 『효경』을 공통 필수로 하였다. 특히 『논어』와 『효경』을 3과 공통의 일반 필수로 한 것은, 그것이 유교의 윤리수신(倫理修身)에 관한 중요 과목으로 인식되었기 때문이다.
• 고려 국자감 : 교과과정은 유학학부에 있어서 교양필수과목이 『논어』와 『효경』이었으며 전공과목은 『주역』과 『상서』 · 『주례』 · 『예기』 · 『의례』 · 『모시』 · 『좌전』 · 『공양전』 · 『곡량전』의 9경으로 되어 있다.

206

정답 ④

입학자격은 과거 시험의 소과에 합격한 생원과 진사를 원칙으로 하였다.

207

정답 ③

성균관의 교육과정은 4서와 5경, 역사서의 강독과 제술 및 서법으로 구성되었다.

208

정답 ④

정규시험은 식년시(式年試)이다. : 조선시대에 3년마다 정기적으로 시행된 과거시험.

209

정답 ②

성균관 유생들은 재학 중 학령(學令)의 적용을 받았는데, 학령은 성균관 학칙인 동시에 관학(官學) 일반의 학칙이다.

210

정답 ①

《천자문》을 익히고 난 후의 학동들이 배우는 초급교재로서 유학 입문용 교재, 먼저 부자유친(父子有親) · 군신유의(君臣有義) · 부부유별(夫婦有別) · 장유유서(長幼有序) · 붕우유신(朋友有信)의 오륜(五倫)을 설명하였다.

211

정답 ①

《천자문》이 체계적인 글자의 배열과 초학자를 배려한 학습의 단계성이나 난이도를 전적으로 무시하고 있음을 지적하고, 이러한 내용 및 체계상의 결점을 극복하고자 저술했다.

212

정답 ④

개화기 관립 신식 학교에는 동문학(1883), 육영공원(1886), 연무공원(1888)이다.

213

정답 ④

교육입국조서(敎育立國詔書) : 갑오개혁 이후 1895년(국가 부강은 교육 + 실용성)
① 갑오개혁에 의해 근대적 교육제도들이 마련되었고, 이어서 교육입국조서가 반포되었다.
② 교육입국조서는 '국가의 부강은 지식의 개명에 달려 있으니, 교육은 실로 국가를 보존하는 근본이라.'는 내용으로, 이 교육입국정신에 따라 정부는 소학교, 중학교, 사범학교, 외국어학교 등 각종 관립학교를 세웠다.
③ 교육의 3대 강령으로 덕양(德養), 체양(體養), 지양(智養)을 제시
④ 과거의 허명(虛名)교육을 버리고 실용(實用)교육을 중시

214

정답 ②

제2차 「조선교육령」 : 1919년 3 · 1운동 이후 개정, 반일감정에 대한 회유책
① '문화정치'를 표방하여, 형식상으로는 일본 학제와 동일하게 융화정책을 사용하였다.
② 그러나 이면에 숨겨진 교육정책은, 동일한 교육제도와 교육기간을 확충함으로써 일본식 교육을 강화하여 우리 민족의 사상을 일본화 또는 말살하려는 데 있었다.
③ 종래 4년이던 보통학교의 수업연한을 6년으로 연장하고, 각급 학교의 교과목 중 종래에는 폐지되었던 국어를 필수 과목으로 하였다.
④ 고등보통학교는 5년, 여자고등보통학교 4년, 사범학교 및 대학설립 조항을 둠
⑤ 독립운동가들이 조선교육회를 발기하고 '조선민립대학설립운동'을 전개하여 종합대학의 설립을 추진하자, 일제(日帝)가 한국인의 고등교육기관을 봉쇄할 목적으로 경성제국대학설립
⑥ 일제의 우민화 정책에도 불구하고 제2차 조선교육령 시기에 조선인의 보통학교 재학생 수는 증가하였다.

215

정답 ②

고등보통학교는 5년, 여자고등보통학교 4년, 사범학교 및 대학설립 조항을 두었다.

216
정답 ③

지배집단의 신념과 가치를 보편적 가치로 내면화시키는 관점은 갈등론 관점이다.

217
정답 ①

갈등론이 학교는 불평등한 경제적 구조를 재생산한다고 본다.

218
정답 ②

㉠ 기존의 계층 간 사회불평등을 유지·심화한다. : 갈등론
㉡ 자본주의 이데올로기에 순응하는 노동력을 양산한다. : 갈등론

219
정답 ②

뒤르껭(E. Durkheim)은 아동에게 도덕적, 지적, 신체적 계발을 중요하게 보았다.

220
정답 ②

파슨스(Parsons)는 기능론자로 사회화와 인재 선발을 강조하였다. ㄴ은 갈등론 관점이다.

221
정답 ①

드리븐(R. Dreeben)은 독립성(independence)을 통해 자신들의 행위에 대해 개인적으로 책임져야 한다는 것을 배워야 함을 강조하였다.

222
정답 ③

학교교육은 사회의 안정과 질서에 기여하는 제도로 보는 것은 기능론적 관점이다.

223
정답 ④

사회를 유기체와 마찬가지로 각 부분이 전체의 존속을 위해 각기 기능을 수행한다고 보는 것은 기능론 관점이다.

224
정답 ②

보울스와 긴티스(Bowles & Gintis)는 경제적 재생산이라는 개념을 사용하여 학교교육이 자본주의 경제체제를 재생산하는 제도적 장치라고 보았다.

225
정답 ④

지식의 단편화와 분업을 통한 효율성은 대응이론과 반대의 입장이다.

226
정답 ④

부르디외(P. Bourdieu)의 문화재생산 이론은 갈등론적 관점의 이론이며 학교교육에 비판적이다.
ㄱ은 기능론적 관점이다.
ㄴ에서 문화적 자본(cultural capital)은 특정 문화에 계급적 가치가 부여되어 자본적 역할을 수행하는 것을 의미하며 해당 선지는 경제적 자본에 해당한다.

227
정답 ④

몸과 마음속에 오랫동안 지속적인 상태로 남아 있는 성향들의 형태인 아비투스적 자본(habitus capital).

228
정답 ②

프레이리는 교사와 학생의 수평적 관계 속에서 사회 현실에 대한 올바른 이해와 성찰적 사고를 통해 비판적 사고를 형성하게 하는 문제제기식 교육(problem-posing education)을 제안하였다.

229
정답 ①

일리치는 교육의 이러한 모순적 기능을 극복하기 위해서 제도화되고, 정형화된 틀을 강요하는 교육에서 벗어나는 '탈학교'를 주장하였다.

230
정답 ④

신교육사회학은 거시적 수준에서 벗어나 미시적 수준의 학교 내부에 숨어 있는 사회적 역학관계를 밝히기 위한 것이다. 따라서 구조 기능주의와는 거리가 멀다.

231
정답 ③

신교육사회학은 미시적 관점에서 학교교육의 문제를 이해하며 학교교육의 내적 과정에 관심을 가진다.

232
정답 ③

신교육사회학은 미시적 관점으로 사회구조적 문제를 도외시했던 점을 비판받는다.

233
정답 ③

"학교의 시설, 교사의 자질, 교육과정 등의 측면에서 학교 간의 차이가 없어야 한다."라는 관점은 교육과정(조건)의 평등이다.

234
정답 ②

저소득층의 취학 전 어린이들을 위한 보상교육(compensatory education), 미국의 Head Start Project, 영국의 교육우선지역(Educational Priority Area)사업, 한국의 농어촌학생특별전형제, 한국의 교육복지우선지원사업 등이 있다.

235
정답 ④

교육 결과의 평등은 교육결과 즉 학업성취의 평등을 위한 적극적 조치를 취해야 한다는 입장이다. 배워야 하는 것을 배우는 데 목적이 있으므로 교육결과가 같지 않으면 결코 평등이 이루어진 것이 아니라고 본다. 따라서 저소득층 아동들의 기초학습 능력을 길러주기 위해 보상교육을 제공한다.

236
정답 ①

누구나 원하면 자신의 능력에 따라 교육받을 수 있도록 해야 한다는 것은 허용적 평등관이다.

237
정답 ④

사회자본(social capital)은 가정환경이 지역사회 및 학교와의 사회적 관계를 통하여 학업성취에 영향을 미치는 것으로 부모가 이웃에 사는 친구 부모들과 자녀교육, 학습 보조방법, 학습 분위기 조성에 관하여 대화하는 것은 사회자본에 해당한다.

238
정답 ④

교육과정(조건)의 평등을 연구하던 콜맨은 사회자본의 중요성을 발견한다. 즉 학생 가정의 문화적 환경이 학업성취도에 영향을 준다는 것이다.

239
정답 ③

"보상적 평등주의" : 미국의 Head Start Project, 영국의 교육우선지역(Educational Priority Area)사업, 한국의 농어촌학생특별전형제, 한국의 교육복지우선지원사업 등.

240
정답 ③

롤스의 교육관은 '차등의 원칙'을 고려하여, 모든 사람의 최대 이익을 구현하는 사회적·집단적 공동선을 실현하는 자유를 통해서 모두가 행복할 수 있는 사회적 평등의 최대화에 있다. 롤스는 개인의 자유 가치를 존중하면서 사회의 평등 원리를 지향하고 있지만, 궁극적으로 평등 원리에 비중을 더 두고 있다.

241
정답 ①

다문화교육의 목적 : 개인들로 하여금 다른 문화의 관점을 통해 자신의 문화를 바라보게 함으로써 자기 이해를 증진시키는 것이다. 다문화 교육은 이해와 지식을 통해 존경이 나올 수 있다고 가정한다.

242
정답 ②

"평생교육"이란 학교의 정규교육과정을 제외한 학력보완교육, 성인 문자해득교육, 직업능력 향상교육, 인문교양교육, 문화예술교육, 시민참여교육 등을 포함하는 모든 형태의 조직적인 교육활동을 말한다.

243
정답 ①

각급 학교의 장은 해당 학교의 교육여건을 고려하여 학생·학부모와 지역주민의 요구에 부합하는 평생교육을 직접 실시하거나 지방자치단체 또는 민간에 위탁하여 실시할 수 있다. 다만, 영리를 목적으로 하는 법인 및 단체는 제외한다.

244
정답 ②

비형식 교육은 형식교육과 무형식교육의 중간 형식을 갖춘 교육이라 할 수 있다.

245
정답 ④

교육사회에서 기능론 관점이다.

246
정답 ①

평생교육 개념 확산에 크게 기여한 사람은 렝그랑(Lengrand)이다. 평생교육에 대한 입문은 평생교육의 개념 정립보다는 평생교육의 대두 배경을 제시한 입문서로 볼 수 있다.

247
정답 ②

들로어(J. Delors) :「학습: 그 안에 담긴 보물(Learning: The Treasure Within)」(1996) 유네스코 1996년에 보물을 담은 학습이라는 보고서를 발간하였다.

248
정답 ①

경제협력개발기구(OECD)가 제안한 순환교육은 모든 형태의 학습이나 교육이 모든 연령 계층에게 필요하고 그로 인하여 수시로 일과 학습이 번갈아 가며 이루어지는 현상을 설명하는 개념이다.

249
정답 ④

제시된 지문은 전환학습으로 메지로우가 주장한 개념이며 지식을 습득, 축적하는 전통적 학습과는 달리 개인이 가진 많은 기본적인 가치와 가정들이 학습을 통해 변화하는 하나의 과정을 의미한다.

250
정답 ①

- 평생학습 계좌제 : (가) 개인의 다양한 학습경험을 공식적인 이력부에 종합적으로 누적·관리하고 그 결과를 학력이나 자격 인정과 연계하거나 고용정보로 활용하는 제도이다.
- 학점은행제 : (나) 학교에서뿐만 아니라 학교 밖에서 이루어지는 다양한 형태의 학습경험 및 자격을 학점으로 인정하고, 학점이 누적되어 일정 기준을 충족하면 학위취득을 가능하게 하는 제도이다.

251
정답 ②

학점은행제는 "학교에서뿐만 아니라 학교 밖에서 이루어지는 다양한 형태의 학습 및 자격을 대학 학점으로 인정받을 수 있도록 하고, 이 학점이 누적되어 일정 기준을 충족시키면 대학 학위 취득을 가능하게 함으로써 궁극적으로 열린교육사회와 평생학습사회를 구현하기 위한 제도이다"

252
정답 ②

학습계좌제는 성인학습자가 자신의 학습과 자격에 관한 것을 공적으로 누적·기록함으로써 자신의 평생에 걸친 계발과 상급학교 진학, 취업 등에 활용할 수 있도록 지원하기 위한 목적의 제도이다. 평생교육을 촉진하고 인적자원의 개발·관리를 위하여 국민의 개인적 학습경험을 종합적으로 집중 관리하는 제도

253
정답 ④

ㄱ. 마지막 4단계 학위취득 종합시험을 합격해야 한다.
ㄷ. 특성화고등학교를 졸업한 사람은 독학학위제에 응시할 수 있다.

254
정답 ②

4단계 학위취득 종합시험

255
정답 ④

우리나라의 최초로 평생학습도시는 경기도 광명시이다.

256
정답 ④

내일배움카드제는 고용노동부에서 운영하고 있다.

257
정답 ③

시간제 등록제는 대학의 입학 자격이 있는 사람이 시간제로 등록하여 수업을 받을 수 있게 하는 제도이다.